LINQUAN LIUZHUAN ZHENGCE YU
CHENGXIANG YITIHUA YANJIU

林权流转政策与
城乡一体化研究

朱善利 赵锦勇 陈骐 等◎著

中国财经出版传媒集团

经济科学出版社
Economic Science Press

目　录

Contents

第一章

城镇化背景下山区、林区
小城镇发展现状

自新中国成立以来，我国城镇化的发展经历过不同程度的起伏波动，大致可以分为四个阶段，直至 1978 年改革开放后，城镇化方才开始正常发展。随着我国城镇化快速发展，机械性扩张加快，大量人口不断涌入，已经使得城市不堪重负，无法有效吸纳农村劳动力，并由此引发了一系列的城市问题，如产业结构不合理、城市功能不全等。在我国完成集体林权制度改革之后，我国林业开始由传统经营模式向现代化方向发展，而为更好的解决发展过程中的问题，山区小城镇的建设将是一个重要突破口，是未来实现小城镇人性化、天人合一的关键环节。山区小城镇具有集聚功能、辐射功能、文化繁荣功能。但目前山区小城镇面临着城镇化率偏低、城镇规模较小、城市建设缺乏有效整治等问题。未来我国山区小城镇的发展必须根据其相对封闭、生态环境脆弱、经济产业单一、空间布局分散的特殊性，秉持可持续开发、因地制宜、市场主导、区域协同等原则，进行规划开发。

一、我国城镇化发展进程

自新中国成立以来，我国城镇化的发展经历过不同程度的起伏波动，大致可以分为四个阶段，直至 1978 年改革开放后，城镇化方才开始正常发展。近年来我国城镇化进程发展较快，根据国家统计局数据显示，以城镇常住人口占总人口计，城镇化率已经从 1978 年的 17.9% 上升至 2014 年的 54.77%，年均以 1 个百分点的速度增长。

1. 我国城镇化的发展阶段

中国城镇化发展所经历的四个阶段都伴随着国家战略的转变，每一阶段都充分体现了当时经济条件下党和国家的战略意图，并且为社会主义的建设做出了突出的贡献。

(1) 1949~1957 年，城镇化良性发展阶段。自新中国成立至 1957 年，我国国民经济处于工业化发展的起步期，全国城镇化发展较为平稳，处于良性发展阶段。这一时期，我国经历了 3 年国民经济恢复时期并且完成了"一五"的建设，特别是在"一五"期间，我国经济遵循充分利用沿海，大力发展内地，平衡布置生产力的原则，将工业建设重心逐渐转移至内地，随之我国城市建设也向内地倾斜。在这一阶段，党和政府通过布局 156 项重点工程以及 694 项大型工业项目，在内陆地区建设了一大批新兴工矿城市，促使我国城市数从 1949 年的 136 座上升至 1957 年的 176 座，城市人口增加至 9949 万，城镇化率达到 15.4%。[①] 1949~1957 年的 8 年中，我国城镇化进程伴随着全国工业化的发展得以快速提升，并且由此建立了一批资源型工矿城市。大量资源型城市的出现满足了我国大中型城市对资源的需求，同时也改变了全国范围内城市偏安一隅的布局，使我国城镇化进程呈现良性发展的势头。

(2) 1958~1965 年，城镇化波动发展阶段。1958~1965 年，国民经济经历了人民公社化运动、"大跃进"以及三年困难时期的调整，而相应的全国城镇化进程也承受了剧烈的波动。由于当时我国工业经济相对薄弱，无法满足快速城镇化所需的城市消费需求，使得我国城市压力激增，城市出现社会不稳、供给不足等问题。为此国务院于 1958 年颁布了《户口管理条例》，通过区分农业户口以及非农户口，严格控制人口城乡流动，从而使得我国城乡二元体制得以形成。虽然我国城镇化进程将长期受到《户口管理条例》的限制，但是在条例颁布初期，由于受到国家经济政策的影响，我国城镇化率却在波动中得以提升。"大跃进"时期，城市工厂

---

① 资料来源：笔者根据《新中国 60 年统计资料汇编》和《中国统计年鉴 2012》整理得出。

为完成国家指标，需扩大生产，从而从农村招募大量职工，这使得我国城镇化率在1958～1960年得以激升4个百分点，达到19.3%，而全国城市数也从176座上升至1960年的208座。但之后国民经济的波动造成了我国城镇化进程的大起大落，"大跃进"的失利以及三年困难时期的发生，促使国家从1961年为减轻自然灾害时期城市压力，开始精简职工、压缩城市数目，使得我国城镇化率快速下降至1963年的16.8%。全国度过三年困难时期后，国民经济获得两年的恢复期，期间我国城镇化率较1963年有所增加，达到18%，但城市数却下降至169座。

（3）1966～1977年，城镇化停滞发展阶段。1966～1977年主要为我国"文化大革命"时期，期间我国国家发展战略发生巨大调整，使得国民经济遭受全面挫折，同时城镇化进程也停滞不前。"文化大革命"10年间，虽然我国城镇人口有所增加，但城镇化率却止步不前，至1978年，我国城镇化率仅为17.9%，反而比1965年降低0.1个百分点。1966～1977年间，我国城乡二元体制发挥作用，严格限制了城乡之间的人口流动，这是阻碍我国城镇化进程的一个重要因素。此外，这一历史时期，我国所面临的国际形势发生变化，苏联陈兵百万，为应对有可能发展的中苏战争，党和政府开始号召备战备荒建设三线。城市以及工业布局以"山、散、洞"为标准，在不考虑交通、自然等条件的情况下，分散布局，开山凿洞，阻碍了城市的发展。同时为促进资本积累，国家提出"先生产、后生活"的号召，大量压缩城市投资建设，城市建设进一步滞后。而这一时期的上山下乡和干部下放运动，也使得大量人口从城市流出，影响了我国城镇化率的提高。综合因素的影响，造成了我国在"文化大革命"时期，城镇化进程的停滞，但相较国民经济所遭受的损失，我国城镇化进程受影响相对较小。

（4）1978年至今，城镇化正常发展阶段。改革开放后，党和国家的工作重心由"阶级斗争为纲"向经济建设转变，全国经济得以快速发展，而从此我国城镇化进程也步入正轨，进入正常发展阶段。根据1978年后我国体制改革政策的不断演化，具体可分为四个时期。

第一，农村体制改革时期。1979～1984年，全国范围的农村体制改革促进城镇化进程。改革开放初期我国经济工作的重点在于开展以推行"家庭联产承包责任制"为核心的农村体制改革，这一措施极大地激发了广大农民的生产积极性，大幅提升了农业生产效率，从而保障了城市农产品的供给，同时随着农民剩余农产品的增多，商品粮等开始出现，这为我国城镇化进程的发展提供了坚强的后勤供给保障。这一阶段，我国城镇化率上升至1984年的23%，年均增长0.83%，而全国城市数也由1978年的193座增加至1984年的300座。

第二，城市体制改革时期。1985~1992年，我国城市体制改革有效推动了城镇化的发展。随着我国农村体制工作得以成功，党和政府的工作重点逐渐向城市体制改革倾斜，并出台了一系列政策措施，以扩大地方政府以及相关企业的自主经营权。这一时期，我国劳动密集型产业快速发展，吸引了大量农村剩余劳动力进城就业，从而加快了我国城镇化的进程。1984年《国务院关于农民进入集镇落户问题的通知》允许农民可以自理口粮进集镇落户，并同集镇居民享有同等权利，这松动了严格的户籍管理制度，极大地刺激了农村剩余劳动力进城务工的积极性，加快了我国城镇化的进程。同时，1984年、1986年国务院批准从新制定了市、镇建制标准，降低了我国设立建制镇的条件要求，这也在一定程度上促进了我国城镇化的发展。截至1992年，我国城镇化率达到27.6%，年均增长0.58%，城市数增加至517个，建制镇由1984年的7186个增加至14539个。

第三，社会主义市场经济建立时期。1993~2012年，我国社会主义市场经济地位逐步确立，使得我国城镇化发展得以快速提升。自党的十四大确立建立社会主义市场经济体制以来，我国城镇化以及城市建设快速发展，特别是住房市场完全市场化经营以来，城市基础设施建设和房地产开发成为促进我国城镇化进程的主要动力。截至2012年，我国城镇化率达到52.57%，年均增长1.24%，而这一时期，我国城市数目也呈现出由快速递增向平稳发展的趋势，如图1-1所示。

第四，深化改革时期。2013年至今，深化改革战略的实施助推了我国城镇化科学发展。2013年党的十八届三中全会《关于深化改革若干重大问题的决定》提出发挥市场在资源配置中的决定性作用，并要求完善城镇化监控发展体制机制，这使得我国城镇化发展历程进入了新阶段，步入可科学、人性化发展的轨道。2013年12月，中央城镇化工作会议将人性化发展提至我国未来城镇化工作的核心，而2014年7月国务院颁布的《关于进一步推进户籍制度改革的要求》则更是取消了农村户籍与非农户籍的界限，可谓是我国城镇化进程中的里程碑。

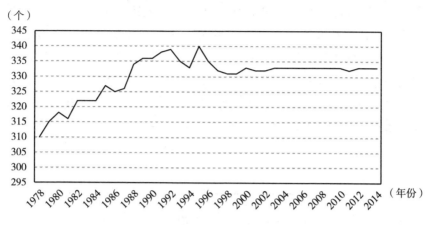

图 1 - 1　1978 ~ 2014 年我国地级区划数

2. 我国城镇化发展的问题

　　虽然改革开放以来，我国城镇化进程得以快速发展，至 2014 年已经达到 54.77% 的水平，但是与世界发达国家相比仍明显落后，未来仍将保持一定的增长速度。在我国城镇化快速发展的背后是我国城市的机械性扩张，大量人口的不断涌入，已经使城市不堪重负，无法有效吸纳农村劳动力，并由此引发了一系列的城市问题，如产业结构不合理、城市功能不全等。本节将简单介绍目前我国城镇发展的问题，为本章论述林区城镇化发展现状作为背景介绍。

　　（1）产业结构有待调整。随着我国城镇化的发展，各城市产业结构不合理的问题逐渐凸显，未来亟须调整产业结构，以促进人性城镇化发展。自 1993 年以来，首先我国城镇化在社会主义市场经济的大背景下得以快速发展，而这其中，城市基础设施建设和房地产市场开发成为推动我国城镇化发展的主要动力。由此，在市场的作用下使得水泥、钢铁、电解铝等行业快速发展，各地区重复建设、重复投资，最终导致相关部门产能严重过剩，产品严重积压等问题，甚至出现了生产小亏、停产巨亏的尴尬窘境。其次，在城镇化过程中，各级政府出于政治、民生等问题的考虑，将产业扶持重点放在收益高、投资短、投入少的行业，这造成了在社会主义市场经济建立健全的初期高新技术产业的发展严重滞后。但在我国经济发展后急需产业升级的大背景下，薄弱的高新产业基础已经无法满足未来经济发展所需，更是无法满足未来科技城镇化、人性城镇化发展的要求。此外，由于我国近几年在城镇化发展中主要是依托工业化的发展，使得我国第二、三产业之间比例失衡。虽然近几年第三产业所占国民经济比重已经超过第二产业，但与西方发达国家60%以上的占比相去甚远。图1-2列举了我国三大产业所占比重，可以发现，1993年以来第一产业所占比重逐渐下降，而第三产业比重在90年代发展相对滞后，之后呈现出连续增长的趋势。

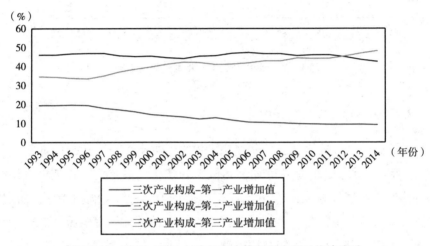

图1-2 1993~2014年我国三大产业所占国民经济比重

资料来源：国家统计局网站。

（2）功能布局有待整合。由于近年来我国城镇化速度太快，各地区城镇化改造以速度为第一标准，使得我国城市功能布局不合理，有待进一步整合。首先，东部地区大城市过多且资源过于集中，在一定程度上剥夺了中小城市发展所需资源，而中西部地区以中小型城市为主，其区域经济带动能力不足。其次，城市发展缺乏协调，各地区在设施设计建设时往往仅以自身利益最大化为追求目标而缺乏区域性统筹规划，使得我国各城市重复建设严重，大量机场、深水港涌现，从而加剧了城市竞争。再其次，我国小城镇发展相对无序。小城镇作为大中型城市的卫星城，本应承担解决我国农村剩余劳动力、弥补大中型城市产业不足的责任。但实际却是，虽然近年来小城镇数量快速增加，但作为小城镇产业和经济依托的乡镇企业却发展受阻、规模较小、分布分散，空间形态极不合理，造成了小城镇发展的无序和对土地资源的浪费，完全不利于小城镇人性化的发展。最后，行政规划阻碍了城市功能的互补互助。由于我国城市公共事业管理受到传统计划经济的影响，行政区划将各城市公共事业体制分割，人为的切断了各城市之间、城乡之间经济、技术、教育、医疗的互补互助，从而阻碍了大型城市带动作用的发挥。

（3）城乡收入差距拉大。自改革开放以来，随着我国城镇化进程的加快，城乡居民家庭人均纯收入都有显著上升，但二者之间的绝对差距逐渐拉大（如图1－3所示）。而城乡居民家庭人均可支配收入比则在波动震荡中逐渐加大（如图1－4所示）。在改革开放初期，由于我国首先在农村实行改革，推广家庭联产承包责任制，农民生产积极性被调动，收入增加速度较城市更为显著，所以在1985年以前，城乡收入差距比有所相继。但随着党和国家将经济工作重心向城市转移，并给予了城市在金融、财政、教育、社保等各方面的优惠和改革，促使城市发展加力，而这一时期，农村改革滞后，最终导致城乡收入差距逐渐拉大。从图1－4可以发现，从1994年开始城乡收入相对差距有所减少，这是由于当时全国范围内大量国有企业破产、职工下岗导致城市家庭人均收入相对减少所致，而随着经济发展，新产业重新吸纳了大量下岗职工，城市家庭人均收入增长又得以提速，使得城乡家庭人均相对收入进一步拉大。

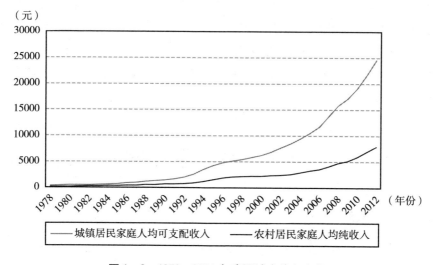

图1－3　1978～2011年我国城乡收入变化

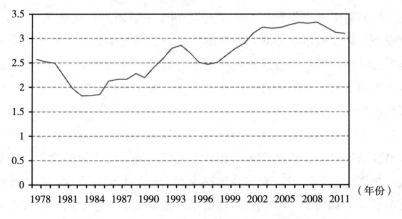

图 1 – 4　1978～2011 年城乡家庭人均可支配收入比

（4）环境问题逐渐凸显。改革开放以来，我国城镇化是伴随着工业化的发展而发展，而城市中因粗放型的工业产业所带来的环境问题也逐渐凸显。首先，全国各城市大气质量符合国家一级标准的不足 1%，且近年来雾霾问题日趋严重，呼吸道疾病已经成为我国最易感染的疾病之一。其次，我国水污染问题严重，每年排放约 380 亿吨废水，其中一些未经处理直接排入江、河、湖、海，不仅污染了地表水资源，破坏了地表水生态系统，而且污水渗入地下，对地下水造成了严重污染。据环保部统计，我国110 个重点地表水河段，符合一、二类水标准的仅为 32%。此外，城市垃圾也成为又一污染环境的主要源头。目前，我国已有数十座城市其垃圾堆存量超过 1000 万吨，这些垃圾长年暴露在空气中，风吹雨淋，产生大量有毒有害物质侵入水体、大气和土壤，造成二次污染，不仅影响了城市美观，而且极易引发群体性疾病。①

二、林区小城镇概念的界定

1. 小城镇的定义

小城镇在我国人居体系中是介于城市与农村之间的聚集区域，是连接

---

① 李秉成：《中国城市生态环境问题及可持续发展》，载于《干旱区资源与环境》2006 年第 2 期。

我国城市和农村的桥梁纽带。我国针对城乡体系制定明确的行政分级，且实施不同的管理方式，其中镇通常包括建制镇、城关镇，以及不具备建制的农村、农场的集镇。虽然国家对镇的概念有一定约定俗成的归纳，但就学术界对"小城镇"的概念却定义模糊、内涵不清。

我国根据经济、社会、文化等因素被划分为城、乡两大体系，而小城镇应该是连接城、乡两大社会体系的过渡区域，兼具二者的特点，但又不十分显著。小城镇可谓是城市在农村的延伸，也是农村向城市演变的雏形，可以被认为是城市，但却有着明显的农村特点。正如费孝通先生所言，"小城镇是个新兴的正在从乡村性的社区变成多种产业并存的向着现代化城市转变的过渡性社区。它基本上已经脱离了乡村社区的性质，但还没有完成城市化的过程。"①

国内外学者在对小城镇进行定义时，认为小城镇的划分应该以所在国家城镇化过程中的功能为主要标志，但是目前由于我国小城镇所承担的功能过多，从而造成了学术界对小城镇定义的分歧。

社会学家威廉·斯金纳（1980）认为，小城镇的界定在城乡二元体制中应该更多体现乡村的特点。小城镇是众多农民进行贸易交换的中心，是整合农村小社区的关键。而小城镇的人口组成，应该是以刚刚从农业人口蜕变而来，又不从事农业生产的农村人口组成。小城镇虽然在经济、文化等方面与农村有所区别，但却和农村密不可分。

英国李才德（1994）教授认为，中国的小城镇按照规模应该分为县镇、县辖镇和农村集镇，其中，县镇是县政府所在镇，县辖镇则是县域范围内的建制镇、城关镇等，而农村集镇过去是人民公社所在地现在是乡政府所在地。

不同于社会学家的定义，地理学家认为小城镇应该仅分为获得政府认可的建制镇和未获得官方承认的非建制镇。

我国官方统计而言仅将建制镇定义为小城镇。改革开放后我国建制镇始于1983年，规定建制镇是县级单位下辖行政单位，是工商业和手工业相对集中的场所。建制镇要求居住人口在3000以上，其中非农人口占70%以上，若人口在2500~3000人之间，则非农人口比重必须达到80%以上。

---

① 费孝通：《费孝通论小城镇建设》，群言出版社2000年版。

1984 年民政部经国务院批准发布了《关于调整建制镇标准的报告》，对建制镇的标准进行了调整，并沿用至今。报告要求：凡县政府所在地都应设置建制镇；人口在 20000 人及以上的乡，且乡政府驻地非农人口占全乡人口超 10% 的，可以设立建制镇；对少数民族地区、边远地区、口岸、山区、矿区、港口和旅游景区，即使非农人口未达到 2000 人，在必要时也可设立建制镇。

除以上介绍的三种小城镇定义外，学术界根据功能范畴提出了几种小城镇定义，以区分城市、小城镇和农村的界限。综合一些观点，本书认为小城镇作为农村文化、经济的中线，以及城市的雏形，至少应具有初具规模但体系不完善的商贸，具有相对分散的产业布局，当然小城镇基础设施可能不完备且功能单一。

2. 国内研究文献综述

改革开放以来，小城镇发展越来越受到社会各界的重视，2013 年的中央城镇化工作会议将小城镇的人性化发展提升至国家战略高度，要求未来小城镇建设水平必须达到天人合一的境界。国内学术界对小城镇的研究在三十多年的历程中越来越受到重视，各界专业和相关政策研究部门都对小城镇进行了严谨的探索和研究。

李云才所著《小城镇新论》（1994）一书从农村城市化的角度，认为小城镇建设具有尤其特殊的重要性。我国目前处于从农业经济向现代工业化转型的过程中，而小城镇的发展是由我国国情决定的能够有效推进城市化和现代化的道路。为此，李云才在书中就小城镇建设的机遇、矛盾、特色、动力、规划、管理等一系列问题展开了研究，并指出小城镇是农村一定区域内经济、政治的中心，承担着推动城镇化的历史责任。

潘秀玲所著《中国小城镇建设》（1995）一书系统地分析了我国小城镇形成的原因、现状发展趋势，特别就我国主要经济区的特点对区域性小城镇发展进行了系统研究。该书可谓是我国目前最为详尽的探讨小城镇建设体系的专著，为中国特色小城镇的建设提供了有力的理论支持。

水延凯撰写的《小城镇社会建设教程》（2006）围绕小城镇社区的建设，探讨了小城镇社区的概况、规划、建设、管理等问题，对转变小城镇建设中重硬件轻软件、重建设轻管理、重经济轻生态的现状有着重要意义，有利于我国生态文明战略的实施和人性化小城镇的建设。

就小城镇在我国经济发展和深化改革中的重要意义，学术界从 20 世纪 80 年代开始就展开研究，并经历了一个由浅及深的过程。

1996 年国家计委规划司就小城镇发展问题开展课题研究，认为小城镇发展是我国城镇化发展的必经之路，是中国特色城镇化道路的战略性选择，更在我国经济实现两个根本转变中有着关键性的影响。课题组认为小城镇深入触及我国农村的根本，是解决我国"三农"问题的重要环节，可以从本质上加强农业基础地位、促进农村发展、增加农民收入。

温铁军（2014）认为发展小城镇的目的是解决"三农"问题，农村以小城镇建设为核心开展城镇化能够帮助我国农村经济突破制度局限、实现可持续发展。温铁军指出，我国发展小城镇旨在调整农业产业结构、就业结构和城乡关系，以防止城镇化过程中农业经济衰败甚至大量农民失业的现象出现。

辜胜阻（2013）认为小城镇的发展不仅能够解决"三农"问题，也可以缓解城市承载压力，减缓农村人口向城市流动的速度。小城镇的发展能够创造经济增长空间，有利于规避因产能不均造成的城市病和农村病，实现经济的可持续发展。

当然，在小城镇发展获得肯定的同时，部分学者也对片面地强调小城镇发展意义提出了质疑。

史培龙（2014）指出小城镇是我国城镇化发展中的一个方面，如果不在人性化和提升发展质量上做文章，而仅仅依靠行政手段，盲目增加小城镇数量，可能会引起土地资源的浪费或造成生态系统的破坏，不利于我国生态文明社会的建设。

3. 山区小城镇的界定

近年来我国对小城镇的定位、分类、政策、发展趋势等进行了深入的研究，但是针对山区小城镇的研究鲜有涉及，但随着我国集体林权制度改革的完成，林业开始由传统经营模式向现代化方向发展。为更好的解决发展过程中的问题，山区小城镇的建设将是一个重要突破口，是未来实现小城镇人性化、天人合一的关键环节。

（1）山区小城镇的概念。区域是人类因为生产生活根据自然和社会因素划定的地域。各地因不同的自然和社会条件被划分为不同的区域。山区是根据林业发展和地理特点而划定的区域，是一种特殊的生产关系的纽带，是一定人口为适应特殊的生产生活条件而产生的社区实体。

山区相对于普通的农村和城市有其自有的特点。山区一般地处偏远，交通不便，远离商业、工业核心区域。其次山区人口密度较低，以黑龙江为例，大小兴安岭地区人口密度仅为 19 人/平方千米，而松嫩平原地区人口密度为 144 人/平方千米。再者，山区林业资源比较丰富，山区拥有丰富的天然林和人造林资源，这也是山区发展林业的基础和根本保障。

《费孝通论小城镇建设》（2000）一书指出小城镇就是一种比农村地区高一层次的社会实体，这种社会实体是以一批并不从事农业生产活动的人口为主体组成的社区，从地域、人口、经济、环境等因素看，它们都具有与农村社区相异的特点，又都与周围的农村保持着不能缺少的联系。据此，山区小城镇可以认为是一种比山区农场高一层次的社会实体，并且以林业及相关第二、第三产业为基础形成的社会生活生产集中区域和居民点。

（2）山区小城镇的功能。山区小城镇的发展除了简单的居住功能外，还有着其他重要功能。

山区小城镇具有集聚功能。山区小城镇凭借其相对完善的基础社会设施和初具规模的商贸网络能够吸引一定数量的山民集聚，成为常住人口。其次，山区小城镇有着相对完备的交通、通信设施，能够吸引相关产业入驻，同时伴随着资金、技术、人才的流入，甚至若产业达到一定规模，能够产生产业的集聚协调效益。再者，山区小城镇相对经济发达、人员构成复杂、产业齐全，能够集聚一定的生产生活信息，以便周边居民使用。

山区小城镇具有一定的辐射功能。山区小城镇作为一定区域内的经济核心，能够对区域内经济产生一定的辐射作用，如通过资金支持林业及相关产业的扩大再生产，通过联营等合作模式为周边区域提供科技服务，通过产业发展吸引剩余劳动力从事二、三产业，减轻第一产业就业压力。

山区小城镇具有文化繁荣功能。山区小城镇作为周边区域的政治、文化中心，能够为周边居民提供良好的精神文化消费设施，以促进山区人民的精神文化建设。同时山区小城镇政府也可以利用小城镇的集聚和辐射功能，有组织、有计划地开展大众文化体育活动，以丰富山区人民的生活，创造积极向上的生活环境。

三、我国山区城乡一体化现状

1. 山区城乡一体化现状

我国山区面积 663.6 万平方千米，占国土面积的 69.1%，主要分布在东北、西南和东南地区。我国山区县约有 1564 个，其城镇化现状与城市相比有其固有的特点。

（1）城镇化率偏低，城镇规模较小[①]。山区县域城镇化水平较低。据 2010 年数据，我国山区人口达到 6.08 亿，约占全国人口的 45%，其中非农人口数为 1.29 亿，城镇化率仅为 21%，远低于当时全国平均水平。由表 1-1 可知，城镇化率在 20% 以下的山区县占全国山区县总数的 54%，而仅有 10% 的山区县城镇化率在 40% 以上。

表 1-1	山区县域城镇化率统计	
城镇化率（%）	山区县数（个）	占山区县总数比重（%）
<10	229	17
10~20	527	37
20~30	313	22
30~40	198	14
40~50	76	5
>50	76	5

山区城镇化程度偏低的现象在我国东部发达地区尤为明显，表 1-2 列举了我国东西部代表性省份山区城镇化率和整体成长率数据。通过比较可以发展，越是发达地区，其内部城镇化水平差距越明显。

---

① 邓伟、唐伟：《试论中国山区城镇化方向选择及对策》，载于《山地学报》2013 年第 2 期。

表1-2　　　　　　　山区城镇化率与所在地城镇化率比较　　　　　单位：%

地区	山区城镇化率	整体城镇化率	二者相差
北京	33	86	53
广东	21	52	31
江苏	31	60	29
四川	17	40	23
云南	12	17	5
重庆	23	34	11

我国山区城市主要以小城市和小城镇为主，城镇规模较小。以2010年为例，山区非农业人口约1.29亿人分布在1564个县级行政区划内，平均每个县非农业人口仅为82480人，远低于平原地区数据。

（2）特殊产业对山区城镇化带动明显。特殊产业如资源开发业或旅游业对我国山区城镇化带动作用明显。自然资源的开发在过去对我国山区县域的城镇化有着显著的带动作用，由此产生了一批山区资源型城市，如攀枝花、六盘水等。但资源开发型城市虽然经济增长速度较快，但城乡二元结构矛盾十分突出，资源开发未能惠及当地农民。同时，我国山区资源开发型城市由于缺乏科学的规划，其不可避免的无法逃脱资源诅咒的风险，一些城市存在严重的经济结构失衡、人口失业等问题。旅游业作为新兴产业对山区的经济发展有着不可替代的推动作用。我国旅游资源丰富的地区，如泰安市、峨眉山市、五大连池市等都凭借其得天独厚的旅游资源获得了经济的快速发展。但旅游型城市和资源开发型城市一样，存在管理不善、规划落后等问题，也严重阻碍了经济长期可持续发展。

（3）山区城镇缺乏有效治理。我国山区城镇与平原地区城市相比缺乏有效的规划，难以长期科学发展。由于长期以来山区经济相对落后且经济增长缓慢，容易成为我国政府和学界所忽视的地区，缺乏对其有针对性的研究，以及相应扶持政策和科学指导，致使山区城市发展相对无序，急需科学规划、合理统筹。目前，我国山区城镇土地使用效率低下、功能布局不完备、区域分工不明显等问题突出，特别是在城镇规划方面缺乏科学的论证，容易受到山区自然灾害的影响，引发巨大灾难，如甘肃舟曲特大泥石流灾害就是很好的案例。

2. 山区城镇化的特殊性

山区城镇化之所以表现出与平原地区不同的特点，究其原因，有其自然、人文等方面的特殊性，只有充分认识山区城镇化的特殊性后才能因地制宜开展相关探索。

（1）山区地处偏远相对封闭。山区由于其复杂的地理环境，使其在客观条件上往往处于偏远地区，同时由于交通不便和通信设施不健全等原因，山区也游离在核心经济区域之外，使其在经济上也处于边缘化的状态。目前，我国针对山区经济发展给予了众多优惠政策，如西部大开发、振兴东北老工业基地等，虽然这些战略的实施确实带动了落后地区经济发展，但对大部分山区而言，其经济作用有限。以西部为例，在西部大开发的推动下，西部重要城市如成都、重庆、西安等经济发展快速，但由于分布零散、资源过于集中等原因，对西部广大地区的经济实际带动作用不明显，未能从根本上改变山区边缘化的特征。

再者，山区往往是我国少数民族聚居区，文化、宗教等传统呈现出巨大的差异，并且由于大山阻隔，山区被分割为特别零散的聚居区域。自然和人文条件的限制，加上当地经济自给自足的特点，使得山区难于与周边地区或者发达地区形成生产要素的双向流转，形成了相对封闭的环境。

（2）山区生态环境脆弱。山区虽然在经济重要性上不及平原地区，但是其承担着生态环境的责任。山区不仅是江河的发源地，也承担着保障国家水资源的重担，更是我国应对气候变化、保护生态环境、建立生态屏障的核心工作区域。山区在自然生态系统中占据十分重要的地位，但生态环境十分脆弱，易出现水土流失、山洪泥石流频发等问题，而人类活动特别是大规模城镇将会加剧山区发生意外灾害或者破坏生态的可能。山区生态系统的脆弱给山区城镇化的发展带来了更多的挑战与问题。

（3）山区经济产业单一。我国山区县域分布广泛，但多数以农业或者林业产业为基础。由于林农产业在全国范围看差异不大，故而以此为基础的城镇化水平和现状也相差不大，造成区域内产业结构单一，城市功能不全。

（4）城镇空间布局分散。山区小城镇由于受到地形影响，布局相对分散，未能如平原地区般拥有多层次的经济交流渠道。区域的限制，致使小城镇间经济联系受阻，相应大城市的辐射作用较弱。中心城市带动作用未能有效凸显，最终造成了山区小城镇在空间布局上的封闭性、局限性及发展的不平衡性。

3. 山区小城镇建立的原则

依据 2013 年 12 月中央城镇化工作会议精神，人性化小城镇的发展将成为未来小城镇建设的重点，而山区小城镇更是应该践行会议中提出的小城镇建设天人合一的精神理念，这就需要各地区在探索小城镇发展模式时，严格秉持相关原则，因地制宜开发探索。

（1）可持续性原则。山区、林区小城镇发展必须坚持可持续发展的理念，促进经济、社会、环境协同、协调发展。

山区、林区小城镇发展首先应寻找合理产业结构的支撑，以此完善道路、能源、通信等城市配套设施体系。当然可持续发展原则也要求山区、林区小城镇建立健全文化、教育、科普、体育等软件体系，以形成小城镇自我完善的内在动力。

山区、林区小城镇可持续发展必须以人与自然和谐共处为前提，协调经济、社会、资源、环境等方面的关系，规范人为行为，正确利用开发资源，保护环境，增强自然环境的经济承载力，以提高长期经济效益。

（2）因地制宜原则。鉴于山区、林区其自然条件具有明显的差异性，这些地区的小城镇建设必须秉持实事求是的态度，根据各地的特点、条件、优势、问题综合分析，因地制宜，确定适合自身发展的目标，稳步推进，形成各自风格特色。

因地制宜发展山区、林区小城镇必须具有长远发展目标，合理规划、科学配置，提升小城镇对山区、林区经济的带动作用。山区、林区小城镇发展必须与区域内经济发展水平相一致，不断稳步提升，同时稳健提升区域内居民生活水平。因地制宜发展山区、林区小城镇旨在为区域内居民提供适宜的生产、生活环境，以促进山区、林区内民众生产、生活方式的转变。

（3）市场主导原则。党的十八届三中全会《关于深化改革若干重大问题的决定》要求市场在资源配置中发挥决定性作用，所以在山区、林区小城镇建设过程中，必须发挥市场的主导作用。山区、林区小城镇在建设重点、规划制定、资金投入、特点探索等方面应该以市场为主导，发挥"无形的手"的作用。在小城镇构建过程中，必须注意市场主体的培养，培育具有较强价格敏感度的市场行为者，以此为市场主导小城镇发展提供有力的微观主体保障和经济环境的支持。

（4）区域协同原则。山区、林区小城镇建设过程中必须注重区域内经济协同发展，突破城乡二元体制的局限，由点到面，带动整个山区、林区范围内广大农村的发展。区域协同发展要求山区、林区各个地域在因地制宜发展特色经济的背景下承担一定的经济职能，分工合作，专业经营。对于小城镇而言，必须成为区域内经济增长极，促进资金、人才、技术产生集聚效益，并将聚集产生的收益不断向外转移，辐射周边农村发展，带动区域经济稳步健康增长。而对于山区、林区小城镇周边的农村，则必须在结合特色小镇发展趋势的基础上，不断转变自身职能，以便更好适应小城镇发展，更好承接小城镇辐射带动作用。

参考文献

［1］耿玉德、付存军、张朝辉：《黑龙江省国有林区人力资源管理研究》，载于《中国林业经济》2011 年第 6 期。

［2］郭振家：《解放初期的林业》，载于《内蒙古林业》1986 年第 3 期。

［3］李靖宇：《大兴安岭林区城镇规划与经营城镇的三点建议》，载于《吉林农业》（学术版）2012 年第 8 期。

［4］马长凤、安增龙、姚增福：《城镇化进程中林区土地流转的发展现状、挑战及保障措施——以伊春市调查为例》，载于《黑龙江八一农垦大学学报》2014 年第 3 期。

［5］孙延华：《国有林区公用事业民营化改革探讨》，载于《中国林业经济》2006 年第 3 期。

［6］王玉昭、蒋敏元：《以产业集群发展提升东北内蒙古国有林区综合竞争力的构想》，载于《中国林业经济》2008 年第 2 期。

［7］张伟、张晓梅：《国有林地流转市场保障体系研究》，载于《东北农业大学学报》（社会科学版）2008 年第 6 卷第 2 期。

［8］张於倩、尹志娟、刘华根：《大兴安岭地区社会经济协调发展状况评价》，载于《中南林业调查规划》2008 年第 35 卷第 1 期。

［9］赵学山：《林区农村城镇化建设存在的问题及建议——以大兴安岭地区为例》，载于《黑龙江金融》2013 年第 10 期。

第二章

我国林权流转的现状

一、我国林权流转的内涵

1. 林权流转的概念

从法律意义上来讲，林权是对林地、林木、森林等的所有权、使用权、经营权等权利的统称。所有权是指所有者对林业资产所完全享有的占有、处置的权利；而使用权是指使用者对林业资源限制性地使用、处置的权利。

林权流转则是指不同主体通过各种有偿或者无偿的方式交接林权的过程。在我国法律下，林地的所有权始终归国家和集体所有。同时，由于林地资源的特殊性，在未经许可的情况下，林地的用途也不能随意变更，因此与林地相关的林权流转仅限于使用权的范畴。另外，林木的所有权和使用权、森林景观开发利用权也可作为林权流转的客体。

2. 林权流转的内容

（1）林地的权利流转。林木和森林景观都是林地的依附，若林地相关权利缺位，其他的林权也无从谈起，因此，林地权利一直是林权的核心，林地流转也一直是政策制定者和学界的关注重点。我国法律规定，国家或集体是林地的所有者，因此林地的所有权不能进入林权流转范畴，而与林地相关的流转仅限于林地使用权的流转和承包经营权的流转。

第一，林地使用权的流转。在法律范围内，只要林地的所有权不受到改变，使用权便可以流转。权利主体获得林地使用权后可依法占有、使用、处置相应林地，同时，在林地用途不受到非法改变的前提下，权利主体还可依据自身生产生活的实际需要，以自由的意志使用林地并获取相应收益。

第二，林地承包经营权的流转。《中华人民共和国农村土地承包法》中规定："林地承包经营权就是法人、自然人或其他组织，对国家所有或者集体所有而依法由农民集体使用的林地，依据承包合同的规定而依法享有占有、使用和收益的权利。"林地承包经营权的流转方式包括以下两种：一是以家庭承包方式取得的林地承包权，包括使用、收益、林地承包经营权流转的权利，以及自由组织林业生产并处置林业产品的权利；二是以其他方式承包取得的林地承包经营权，具体权责应在不违反法律的前提下由承包方和发包方在承包合同中提前约定。

（2）林木的权利流转。

第一，林木所有权的流转。尽管法律对林木所有权有单独的规定（即权利主体对林木的依法占有、使用、处置和收益的权利），然而林木是林地上重要的依附物，因此林木的所有权往往和林地的使用权有着紧密的互补联系，即拥有林地使用权的主体往往也拥有林地上林木的所有权，反之亦然。需要强调的是，对林木的使用和处置的权利必须在法律范围内行使。例如，为避免林木所有者受短期利益影响而过度采伐破坏生态，我国法律单独设置了林木的采伐权，需要林木所有者取得采伐许可证后才可以受限制地进行采伐。

第二，林木使用权的流转。《中华人民共和国森林法》（以下简称《森林法》）中规定："用材林、薪炭林、经济林的使用权利及国务院规定的其他林木使用权可以依法转让，也可以依法作为合资、合作造林、经营林木的出资、合作条件或者作价入股。"另外，《森林法》规定已经取得的林木采伐许可证也可以同时转让。

（3）森林景观开发利用权的流转。国家经济的飞速发展，带来的是国民生活水平的提高和精神文明的强烈需求，加之我国森林资源丰富多样，使得与森林相关的生态旅游产业也相应发展起来。森林景观的开发和利用权则相应的定义为针对林地及依附林地的木竹植被和鸟虫生物等进行综合开发并形成旅游景观的权利。这项林权流转的主要形式是通过官方，通常是当地政府或林业主管部门，向社会进行公开拍卖而完成的。

3. 林权流转的分类

（1）一级流转与二级流转。与股票权证的一级市场、二级市场概念类似，林权流转也可依据流转是否为首次流转而分为一级流转与二级流转。集体林权改革的第一步是将林权确权到户，确权阶段是林权与林农的"首次接触"，是林权的一级流转。一级流转的流转方式包括招标、拍卖、公开协商等方式。

确权后林权在不同主体之间的传递过程则被称为二级流转。二级流转的流转方式包括转让、出租、入股、抵押等方式。二级流转过程是森林资源配置优化的主要阶段，也是潜在不确定因素较大的阶段，因此，政策文件和学术文献将林权流转的讨论重点集中在二级流转之上。

（2）场内流转与私下流转。林权的场内流转是指林权流转双方在正规的场合或平台，在有林业主管部门或其他有资质的第三方的监督下，办理正式书面林权变更协议，并及时办理林权变更登记手续的流转过程。由于程序正规、手续齐全，场内流转避免了许多不必要的纠纷。

然而，受制于林权流转市场搭建不完善及林农法律意识淡薄等方面的影响，林权的流转双方常常通过私下的口头或者不正规的文本协议完成林权的流转，这便是林权的私下流转。大部分私下流转都未在当地林业主管部门登记林权变更，同时不正规的文本协议法律效力模糊，导致后续纠纷的风险较大，影响了林业的正常生产。

4. 林权流转的必要性与可行性

科斯定理告诉我们，在交易成本存在时，不同的权利界定和分配会导致不同的资源配置效率，因此合理的产权制度是社会演化出帕累托最优均衡的前提。通过法律从制度层面合理地界定权利，一方面可以降低交易成本；另一方面可以使初始资源配置接近帕累托最优的资源配置，减少演化过程的摩擦并缩短演化时间。需要明确的一点是，受制于现实中信息不对称、社会体制、社会观念等情况，任何权利的初始分配都无法直接达到帕累托均衡。这使得权利的二级流转有了重要的意义：权利的自由流动和交换可以促使资源从边际价值小的地方流向边际价值大的地方。

就林业生产来说，许多林农由于税费、采伐限制、生产资料成本等交易成本在市场中面临劣势，风险大、收益少的林业不如外出打工。因此，林权流转不但可以解放这部分劳动力，促进周围区域的城镇化，还可以将林地流转到愿意从事林业、擅长从事林业的林农手中，实现林业资源配置的优化。

从法律的角度来看，林权流转是完全可行的。林权本质属于物权，而物权是权利主体依法支配该物体的权利，具有支配性、排他性和不可侵犯性，这为林权的顺利流转和发挥经济效益提供了必要的保障。

二、我国林权流转的主要形式

我国的林权流转形式多种多样，包括转让、互换、出租、转包等，不同形式依据的法律法规不同、定义侧重点不同，不同形式也可能有重合的情形，而官方并未给出统一的流转形式的目录，各地也依据自身情况采用了因地制宜地方式。本节主要介绍受到各类政策、法规认可，并在各地普遍使用的林权流转形式。

1. 林地流转形式的政策和法律依据

由于林地使用权的流转是林权流转的核心所在，此处我们只列举林地使用权的政策和法律依据。

《中华人民共和国物权法》规定，合法的林地使用权包括承包、转包、互换、转让、招标、拍卖、公开协商、入股、抵押等。《中华人民共和国农村土地承包法》规定，合法的林地使用权包括转包、出租、互换、转让、招标、拍卖、公开协商、作价入股等。《森林法》规定，合法的林地使用权包括承包、转让、作价入股或作为合资及合作造林、经营林木的出资合作条件等。《中共中央国务院关于加快林业发展的决定》提出，林地使用权流转形式包括承包、租赁、转让、拍卖、协商、划拨、继承、抵押、担保、入股和作为合资、合作的出资或条件等。

可以看到，大部分林地使用权的流转形式已经被各类政策、法规所涵盖，只有租赁和抵押两种形式仅被部分政策、法规所认可，而这两种方式恰是灵活性较高、风险较小且被相当部分地区采用的流转形式。法律之间的冲突和限定不明，限制了林权流转的效率，也为日后的纠纷埋下隐患。《中共中央国务院关于加快林业发展的决定》涵盖了现有法律中规定的所有流转形式，同时包含了租赁和抵押，因此加强法律的协调一致，加快法律与党的政策的同步性是十分必要的。

2. 林权的转让与互换

林权的转让泛指权利人以某种合法的方式和条件，转移其未到期的林权到他人手中的过程。林权的受让方没有过多的限定，可以是所属集体经济内部的组织或个人，也可以是集体以外的组织或个人。在某些学术文献和政策文件中将林权的转让细分为林地使用权的协商转让和林木所有权的有偿转让等形式。协商转让针对林地使用权，在征得林地所有者（国家或集体）认可的情况下，将未到期的林地使用权及林地上的林木及其他附着物转移至其他组织或个人手中，同时受让方需支付转让金，并履行合同义务，经营自主的同时盈亏自负，林地收益除缴纳税费外全部归己所有。有偿转让针对林木的使用权和所有权，往往在对林木进行价值评估后进行有偿转让，同时受让者从林木经营中获取收益。林权的转让是较为彻底的一种流转方式，林地使用权的转出会造成原权利人不可逆地失去相应权利；而林木的所有权和使用权的转让从客观上导致权利受让人对林地使用权在较长的一段时间内进行实际的占用，因此对于抵抗风险能力较差的个人来说，不应过度鼓励其转让林地林木所有权或使用权。

林权的互换本质上是林权转让的一种特殊形式，它是指集体经济内部成员在合法并且公平协商的前提下，考虑各自生产生活的实际情况而进行的林地林木承包经营权的交换行为。例如，一些林农承包的几块林地较为零散，距离较远，经营不便，按面积或地类进行承包经营权的交换，可以形成连片经营，提高生产效率。

互换作为一种特殊的概念，与一般提到的转让概念略有差别。一是互换的主体范围较窄，主要指林权承包方，常为农户，而一般的转让主体可以是承包方或者集体经济组织。二是互换的受让方范围较窄，主要是集体经济内部同时进行家庭承包经营的其他个人，而一般转让的受让方可以是集体经济外的组织和个人。

无论是转让还是互换，林权的私下流转较为普遍，许多转让是由林农自发促成，只是口头约定或有不正规的文本协议，许多不经过发包方，不约定转让时间，加之转让自身是一种较为彻底的不可逆的流转方式，容易产生纠纷，为林权的稳定性和林业的正常生产埋下隐患。

3. 林权的租赁

林权流转的另一重要形式是林权的租赁，泛指林地经营权的所有者将部分经营权在承包期内租赁给集体经济之外的组织或个人，在约定期限内收取租金，承租人或接包方可依法根据合同使用林地林木，并承担相应风险的过程。虽然租赁出去的林地由受让方使用、经营并获得经营收益，但与转让不同的是，林权主体没有改变，也不必去当地林地主管部门进行林权变更登记。林权主体（农户或者其他发包方）仍然对林地具有承包经营关系，通过租赁合同，他们与承租人或接包人形成的仅是债权关系。另外，这种流转过程是临时的、可逆的，在租赁期满后，租赁关系将终止，林地林木的使用权将得到返还。

林权的出租与转包都是租赁的特殊形式。前者的承租人范围较广，可以是集体经济内的组织或个人，也可以是集体经济外的组织或个人，而后者常指集体经济内部的个人。从林权的获得方式来看，前者可以通过家庭承包、公开招标或拍卖等方式，后者则只能通过家庭承包的方式。租赁的形式多种多样，除了出租和转包外，还包括反租倒包形式，即由村委会或乡镇政府从个体农户手中租入，再向社会公开招标，以便形成规模经营，提高生产效率。然而这种方式由于监管不力和信息不对称等问题，常常出现官方工作人员的寻租行为，侵害林户权益，使得原本值得提倡的租赁形式成为个别地区的争议话题。

4. 林权的抵押

林权的抵押本质上是一种融资行为，是指林权的权利人将相应权利作为一种担保物进而申请贷款获得资金的行为。具体来讲，在集体林权改革的确权阶段向林户颁发林权证，银行根据林权证上所标明的权利和附属的其他物权进行估值，借出资金。一旦权利人无法在到期前偿还债务，或发生了合同约定的其他可实现抵押权的情况，银行或者债权人可依法通过折价变卖、拍卖等方式首先获得赔偿。

林地的使用权、林木的所有权和使用权作为债权人债权的担保，在抵押的过程中都是抵押标的物，权利人不可随意处置相应权利。另外，在抵押权尚不可实现的情况下，林权的权利人仍然拥有林地的使用权、林木的所有权和使用权，在法定范围内，仍然可以继续使用抵押林地或林木。

在各地的实践中，由于林地资产估值制度不完善以及其他政策缺陷，林地抵押仍然比较少见。同时，出于风险防范的考虑，许多银行尚无法将林权认可为合理的抵押物，《中华人民共和国农村土地承包法》《中华人民共和国森林法》也尚未将抵押作为正规的林权流转方式，导致了林权流转不顺畅、林业生产融资难、非公有制林业发展受到制约等问题。

5. 林权的入股与作价出资

林权的作价出资过程又被称为作价入股，作为合资、合作造林以及经营林木的出资、合作条件等，不同称谓依据不同法规和不同地方的实践有细微的差别，但大都泛指林地林木的权利人将承包经营权通过各种估值方法量化为价格，作为股份与其他个体或组织联合组成股份公司等从事林业生产经营的经济实体。作价出资主要有两种形式：一是由林户出林出地，其他投资者投入技术与资本并全权经营，最后按约定比例分配利润；二是林户将林权折算股份进而组成或加入从事林业生产的企业或组织。

与转让一样，林权的所有主体在作价出资的过程中受到了改变，林权流转后属于入股的公司或合作组织，改变了归属的林权应当进行相应的林权变更登记。但与转让不同的是，这种林权的流转是可逆的。股份的折算往往是由林地林木资源估值而来的，股份的比例也成为分配利润的重要依据。

作价出资可以将零散的林地资源集中起来进行规模经营，也可通过外来投资者引进的先进技术得到效率的提高，因此是一种有利于林业生产的林权流转模式。同时可逆的林权流转方式可以避免林户永久丧失土地的情形，为林农长期并稳定获取林权收益提供了保障。另外，由于流转方式的特殊性，作价出资往往通过场内流转的方式进行，保证了程序的规范性和手续的齐全，避免了日后的纠纷，保证了生产的秩序。然而，森林资源的特殊性导致相应的价格评估体系难以建立并为所有人接受，这也是作价出资的发展"瓶颈"所在。

6. 其他林权流转形式

以上主要是从林权流转的流出方式对常见的林权流转形式进行总结和阐述，其他林权流转的流出方式还包括赠予（一种特殊形式的无偿林权转让）和委托（如背有退耕还林任务的农户拿出一部分补助作为劳务费用或额外支付劳务费用，委托林业大户来完成自己应承担的造林任务）等。

从林权的流入方式来看，还包括竞价拍卖（依法面向社会通过竞价转让林地经营权，经营者出资买断一定年限的林地经营权，按要求自主经营、自担风险、自负盈亏，经营收益在缴纳税费后归经营者所有）、继承（当林权的权利人是自然人且死亡的情况下，其继承人依法获取林权的过程）等，这里不再赘述。

三、我国林权流转的特征和趋势

1. 林权流转主体、方式、用途的多样化

（1）林权流转主体的多样化。近年来，集体林权制度改革不断深入，在全国各地倡导发展高效林农业、实现规模化的连片集约生产的大背景下，导致林地的结构不断得到调整，由零散种植经营向连片集约化种植经营转换。在这一过程中，许多地区的林权流转主体从最开始的林农散户在集体经济内部的小范围的转让、互换、租赁，发展到由林业大户、集体合作组织、林业企业、科技组织等多种主体参与甚至是主导的林权流转。在个别林业改革深入缓慢的欠发达地区，林权流转的规模较小，尚未表现出明显的流转主体多样化的特征，但仍然有同样的发展趋势。

首先，全国许多地区通过初期的林地流转阶段，借助政策与媒体的宣传和鼓励，形成了不少林业大户。大户生产模式主要是指一户或几户成规模地开展林业生产经营，形成林木种植和林下经济等方面的示范，带动当地其他农户的林业经营。大户生产模式往往需要产业的标准化和规模化，应用于技术要求较高的林业品种的经营。作为林业大户，发挥的积极作用不仅体现在通过规模化经营组织高产高效的林业生产，还体现在进一步带

动了林权的流转，盘活了当地的林业资源配置。

其次，合作社是另一种能够实现规模经营的流转主体。例如，许多林区的农民自发通过作价出资的形式将林地折价入股，组成集体专业合作社，并按入股比例对效益进行分红。集体合作模式不仅可以实现集约化经营和规模化生产，还能在集体内部有效地分散经营风险，这是林业大户生产模式所不具备的优点。另外，由于合作社往往是由集体经济内部人员组成，相互了解，缓解了团队内部常常面临的信息不对称等委托代理问题。

最后，林业企业同样参与了全国各地的林权流转过程。这种模式往往由林农付出林地和劳动力，企业付出资金和技术，完成生产要素的优化重组，推动林业生产。从前林户或集体经济自身粗放落后的经营模式限制了林地的产出，制约了林农增收和林区的经济发展，因此十分有必要引进先进的技术和管理方式，以改变"大资源、小产业、低效益"的现状。近年来，各地通过政府和林业主管部门的积极引导、市场运作、政策支持，鼓励并促进林业资源向林业龙头企业、工商企业、外商企业，甚至是部分科技组织集中，推动了中低产能林业产业的退出和改造。另外，林业企业参与林权流转和林业生产对林业大户产生了巨大的外部性，带动了大户的生产和管理效率的提高，而林业大户模式对家庭散户的经营模式起到了带动作用，整体形成了链式传导带动作用，同时改进了林业生产格局。

（2）林权流转方式的多样化。受到国家政策和法律法规认可的林权流转方式多种多样，全国各地普遍对这些流转方式进行了较为充分的实践，上一节已进行充分的介绍，这里不再赘述。

据国家林业局经济发展研究中心集体林权制度改革监测数据显示，在全国流转的林地面积中，通过租赁方式流转的林地已达到524.18万公顷，占全国总流转面积的41.27%，成为了最主要的林权流转方式，其中主要的租赁方式为出租和转包；另外，通过转让方式完成流转的林地达到513.21万公顷，占全国总流转面积的40.13%，是其次流行的林权流转方式，发挥的作用也与租赁方式不相上下；作价出资和入股方式仅占10.20%，是第三大重要的流转方式，但从总量上看，与前两种方式相去甚远；其他流转方式完成了剩余8.29%的流转面积，其中抵押由于其灵活的融资方式，受到政策和学界的倡导，却尚未写入全部法律文件中，加之估值困难和银行规避风险的因素，使得民间实践较少。

（3）林权流转用途的多样化。随着农村经济的飞速发展，林农科技的普及以及国家的一系列惠农政策的开展，林农经营林地的收益逐渐上涨，许多林农或组织放弃种粮，退耕还林，从事经济林、竹林等林木种植工作。其他的经营用途还包括种植花卉、水果、蔬菜、核桃、甘蔗、茶叶、咖啡等高效益的种植业，以及其他林下经济的经营，尤其是以生态功能为主的面向游客进行的森林生态景观的开发利用。

令人担心是的，个别地区出现了林地向少数个人或群体集中，却闲置数年的情形。其原因可能包括非公有林业融资困难、资金流转不畅导致的项目搁浅现象，也可能是少数个人或群体利用林地价格评估和林权流转市场机制不完善，以及政府和林业主管部门的监管漏洞，进行的投机行为（包括脱离林业生产的抵押贷款、融资等资本市场运作，等待国家政策趁机进行木材采伐，或再次流转赚取差价）。无论如何，这样的现象都严重影响了林权流转市场的搭建、资源配置的优化、林业产业的推进。而利用林地为表现出来的潜在价值进行倒买倒卖，通过资本运作而非林业生产赚取利润，没有发挥出林地的固有作用，失去了流转的原本意义。

2. 流转规模小，发展不均衡

新一轮集体林权制度改革展开以来，全国累计流转林地面积在逐年增加，但与全国确权林地总面积相比规模仍然较低——截至 2013 年 12月，全国累计流转林地面积占全部确权林地面积的 8.11%，仅为 1460万公顷。同时，近年来各年度的流转面积也呈现逐年下降的趋势。作为资源的二次配置，成规模的林权流转至关重要，尽管能够实现或接近资源最优配置的流转规模还在学界的讨论中没有得出确定结论，但从现实和直观的角度来看，面临仍然粗犷的林业生产方式、仍然不完善的林权流转市场，8.11% 的比例以及逐年递减的绝对规模是远未达到最优的资源配置的。

导致林权流转规模较小的原因之一可能是林权的主体、受体自身的供需尚未完全挖掘。根据谢彦明等人（2011）在云南进行的抽样调查显示，由于林农的观念滞后、对政策趋势不了解，许多人的流转意愿比较低。同时，《中华人民共和国森林法》中允许进行流转的林权仅包括林地使用权、林木的所有权和使用权，限制了其他权利的流转，同样导致了林权流转的供给不足。从需求的角度来看，大多山区的交通状况复杂，其他硬件条件较差，给外界企业进入当地参与林权流转和林业的生产经营增加了天然的壁垒，带来了林权流转的需求不足。

除流转规模较小的现状外，林权流转工作在不同地区的发展表现出了极大的不均衡现象。有些地区对林权的流转较为重视，当地政府及相关林业主管部门会因地制宜地出台相应的流转行为规范，并加大政策宣传和政策解读，顺利地推进了林权流转工作，同时流转形式多样，过程合乎规范。与之对比的某些地区，从政府到农户，对新一轮集体林权制度改革的认识不足，林权流转形式单一，操作不规范，使得林权的流转工作仍在萌芽阶段甚至仍是空白。

3. 私下流转方式普遍，潜在风险大

由于程序便捷、费用低廉、法律意识淡薄等原因，全国各地的林权私下流转成为了一种最为普遍的方式，难以禁止。截至 2013 年 12 月，全国范围内通过林权交易平台完成的正规场内流转林地仅有 460 万公顷，占总流转面积的 1/3，可见，剩余 2/3 的林权流转是由私下流转方式完成的。

私下的林权流转没有可以依据的法律法规或可遵循的正规程序，许多文本合同不够规范，内容模糊不清，缺乏林地具体 GPS 信息采集位置、林地上附属植被、当事人信息等关键要素，有些私下流转甚至没有文本合同，仅有口头协议。这样的流转行为容易导致权利人权益受损，引发纠纷。例如，个别林农在流转林地前对林地的价值和流转权责认识不充分，随意转出林地，却在看到转出的林地获得高额收益后否认之前的不规范协议，进一步讨价还价。这样的行为会为林业生产带来较大的不确定性，令流转双方出于对不受法律保护的协议的担忧而对林权流转采取保守态度：转出、转入意愿受损，转入后经营积极性受损。除了林农个体间的纠纷，私下流转也会被一些不法公司或外部组织所利用，打着好听的旗号，进行着低价收购林地林权、欺骗林农、非法敛财的行为。

这些流转方式大多没有去当地林业主管部门进行林权变更登记，为统一管理和顶层监控带来了一定困难。另外，私下流转还有流转周期短的特点，会导致林权的受让方短期内不爱惜林业资源，过度使用，造成了大规模的生态破坏。

4. 流转价格不合理，差异较大

即便林权是通过场内方式完成流转，程序规范，手续齐全，林权定价也往往是由流转双方协商而定，随意性较大。尽管我国大部分地区存在针对林权估价的服务型机构，但由于自身发展不完善，以及全国林权定价缺乏科学的依据和统一的标准，林权流转时的价格往往是草率确定。加之交易成本较高，信息披露不完全，行政干预较多（往往是压力流转价格），林权价格愈发不合理。

近几年来，多地深化集体林权制度改革，加强宣传，加大政策优惠，提高了林农从事林业生产经营的积极性，进一步推动了林权流转的市场化，提高了流转价格。但是我国地大物博，不同地区不同种类的林业资源情况各异，流转价格和价格的发展趋势差异较大。其他地区的林权流转定价经验无法为本地的林权流转定价提供参考依据，进一步为建立全国范围内科学统一的估价区间带来了阻碍。

5. 林农缺乏相关认知，流转意愿较低

一份在云南进行的抽样调查显示，林户对林地流转政策、程序、流转双方责任和义务、流转出现纠纷和矛盾时正规的解决渠道认知不够，对林权流转市场的供给和需求、流转价格、其他市场行情等信息了解不足，也对区域和国家的宏观经济形势把握不准。同一份调查告诉我们，林权流转价格信息、林权流转政策咨询、林权流转过程监督和方法指导、流转供需双方信息提供、林权价值评估服务和监管、林权流转合同签订审查、林地流转后用途的监管，是广大林农急需的由官方提供的监管与服务。再加上经济实力较弱以及获取信息和技术手段落后，这一现象首先会导致林农在流转过程中处于劣势位置，常被对方哄骗，权益受损。进一步会导致林农对林权流转采取保守的态度，流转意愿低，限制了改革的深入，阻碍了林业产业变革的进程。

国家林业局经济管理研究中心对福建等 7 省进行的 3500 户持续监测数据显示，林户对家庭承包经营权的流转意愿较低，愿意流转林地的农户比例从 2011 年至 2013 年连续 3 年维持在 15% 左右。

在多地的林权流转过程中，还出现了被动流转的情形。例如，由于集

体经济内其他农户率先完成流转后，个别农户没有经过周全思考而进行跟风流转；又如，村委会或地方政府为实现规模经营，或出于吸引企业对当地进行开发的需要，对部分农户施加压力，使其违背自身意愿完成流转过程。这种现象是资源配置效率的倒退，是改革的倒退，需要通过宣传和监管坚决进行避免的。

四、阻碍我国林权流转发展的内在因素

1. 产权主体与权能规定不明确

（1）林地所有权的主体模糊。全国各地许多林地的所有权是归属于集体的，所谓村集体所有的林地，本质上属于全体村民共同拥有。我国的许多法律都为"集体所有"的概念提供了依据，如《中华人民共和国土地管理法》和《中华人民共和国物权法》规定，属于村民集体所有的物产由村委会代表或村民集体经济代表集体行使相应权利。又如《中华人民共和国民法通则》中明确规定："集体所有的土地按照法律规定应该属于村民集体经济所有，由村民委员会或者村农业生产合作社等农业集体经济组织来进行经营、管理。"

然而，"村民集体经济组织"（或"村民集体""村民小组"）这一概念缺乏法律上的明确定义，而在实践中也具有较强的抽象性和不确定性。因此在现实操作中，不是每个村集体经济中的成员都能作为权利主体充分地行使自己对林地的所有权，相反，林地的所有权往往由村委会代为行使，替代村民代表大会进行确权、承包、转让等林权操作。久而久之，"村民集体经济组织"这一权利主体被曲解成了村委会或者村干部，加之缺乏监管，寻租机会大，这一现象滋生了村委会专制腐败，违背法律和村民意愿进行损害集体经济的林地确权工作，扭曲了集体林权制度改革的初始资源分配。同时，村委会违背市场规律进行"暗箱操作"，低价转让集体林权，严重损害了林农的权益，压减了林业资源的真正价值，抑制了集体林权制度改革的效果。另外，由于实质上没有应得的林地使用权和处置权，林农在这样的环境下对集体产业的经营和管理成果漠不关心，为集体林权制度改革的开展及深入埋下了隐患。

（2）林地确权难度大，不彻底。在过去几十年时间里，我国的集体林权制度改革经历较为曲折，也使如今新一轮的改革遭遇到许多历史遗留问题。因此，在各地林地确权工作开展伊始，便出现了许多林农与林农之间、村与村之间、林场与林场之间的林权林地纠纷。以贵州省锦屏县为例，该县在确权工作开展时面临不同形式的争议林地面积达到总林地面积的10%左右。纠纷若不调解顺畅，林权尤其是林地的使用权也就无法确立和分配，进一步使林权流转制度的改革停滞。

林地确权过程中面临的另一个显著问题是股份合作制林业企业的林权归属问题。不同于林农个体或是林农之间组成的集体合作组织，各类股份合作制林业企业是各地多年来历次林业制度改革的成果，常被认定为混合所有制的经济体。这类企业的产权构成复杂，配股多样，有林地所有权的折价入股、林地使用权的折价入股、林木资源的折价入股，以及资金股、技术股、管理股等。各地的确权工作在这里主要面临林权归属不明的问题：林权证应发给企业还是发给将林权折价入股的集体或林农，目前各方持有不同的看法，尚无定论。这样的不确定性给不同类型的企业股东带来了隐忧，一定程度上引发了内部纠纷，阻碍了企业的正常林业生产。

尽管随着各地政府和林业主管部门十余年的努力，林地的确权工作已经取得了初步的进展——全国各地相当一部分的林地得到了确权——然而，部分林地在确权后还未发放林权证。印有"中华人民共和国林权证"的文件是由县级或县级以上的地方政府或林业主管部门依据《中华人民共和国土地承包法》和《中华人民共和国森林法》，按照正规程序确认国家或集体所有森林、林地、林木的权利，个人所使用林地和所有林木的权利，并登记造册所颁发的证明。它是林权归属的法律证明，也是土地确权工作的重要一环。然而较低的林权证发放率带来了权属不明、争议频发的情况。由于临时缺乏法律权证，也进一步阻碍了合法正规的场内林权流转的推进，助长了私下流转现象。

（3）林权的权能不完整，落实困难。我国新一轮的集体林权制度改革明确了森林、林地、林木的所有权和使用权，有《中华人民共和国森林法》等法律的支持，也受到了各地的认可。然而所有权与使用权之内及之间的权责和利益却未得到法律的明确规定，各地的争议也较大。

林权权能不完整的体现之一在于林木处置权和收益权的落实困难。从名义上讲，林农在确立自身林地使用权的林地上进行林业生产，实行"谁造谁有"的制度，个人可以获得完整的造林成果，即林木的完整所有权。在实践操作中，林权的占有很容易实现，但处分和收益的权利作为权利人获取林业生产收益的关键，却受到了诸多限制。首先，《森林法》中限制了林木的采伐额度，而多地作为天然林保护工程的重点区域，有着更加严格的禁伐限伐规定，在自己权利所属的林地上采伐任意林木都需要取得相应的采伐证。天然林保护工程进入第二期阶段，集体林权改革也不断深入，不少地方在进行开放采伐的尝试，但限制依然严格，申请程序依然烦琐。另外，林木的采伐指标在不少地方只能由大型林业企业取得，个体林农望其项背，采伐许可证逐渐成了一种昂贵的商品，成为为官商勾结和权力寻租的工具。从收益权的角度来看，部分地区的林木收购工作被少数受当地政府扶植的企业所垄断，其他企业进入市场的行政壁垒较强，这种统一收购的垄断模式使得林农丧失了林木交易的谈判优势。林木的采伐限制、林木的统一收购现象，本质上都是计划经济的产物，需要重新从生态保护、经济社会发展的角度考虑其完整性和可行性。

林权不稳定得不到保障、林木砍伐和销售的限制、市场建立不完善，从很大程度上剥削了林农的利益，抑制了林农投入林业生产经营的热情和积极性。

2. 流转立法与政策的缺位和冲突

（1）流转立法不健全。目前，我国涉及林权流转的法律主要有《中华人民共和国森林法》《中华人民共和国农村土地承包法》《中华人民共和国土地管理法》和《中华人民共和国物权法》等，由于这些法律法规仅仅是涉及林权流转，却并未对林权流转有明确和详细的阐述，使得流转的相关法律依据不够充足。同时，有部分法律法规没有跟上时代的步伐，制定的年代较早，不能适应当今林业的发展，也不能辅助集体林权制度改革的深化。

具体来讲，1984 年制定的《森林法》对有偿的林权流转没有涉及，造成了相当程度的混乱现象，使得公有资产大量流失。《森林法》于 1998 年修订，明确提出林地、林木的使用权可以作为林业生产要素进入市场进行交易，但这仅是从顶层设计和管理的视角进行的立法，没有考虑下层的民事权利，在现实中的应用性和操作性较差。《中华人民共和国农村土地承包法》的制定虽然是面对所有的土地，但对耕地的适用性较强，对林地的适用性较弱。《中华人民共和国土地管理法》和《中华人民共和国物权法》与前两部法律之间的协调性较弱。另外涉及林权流转的政策文件有《中共中央国务院关于加快林业发展的决定》等中央文件，但这些文件对各地的林权流转仅提供了指导作用，没能够提供强有力的法律支撑。

因此，针对林权流转，我国的立法尚处于不健全的状态，只有尽快健全林权流转相关的法律，才能进一步规范各地林权流转。

（2）政策真空和政策冲突。除了国家的各项法律和中央的指导性政策文件，各地方政府和林业主管部门也都依据当地的实际情况因地制宜地制定了林权流转的相关政策，经过十余年的推广、深入、完善，在林权流转工作中取得了显著的成果，积累了宝贵的经验，但政策真空和制度相互冲突的问题在各地仍然比较普遍。

在核心流转政策的制定中，多地对林权流转仅是做出原则性的规定，甚至是将中央的法规和文件进行了复制阐述，缺乏对流转过程操作细节的规范性规定。另外，这些地方政策在许多方面存在漏洞和冲突，例如，林权主体的称谓不统一，相似的林权流转形式区分不够明确，在实践中带来了相当程度的混淆；林权主体的流转资格往往没有经过全面的审查程序，甚至不存在审查制度，为市场秩序、林农的切身利益、森林的生态保护带来了极大的风险；抑或是流转程序过于烦琐（如湖北省宜都市的场内流转过程需经过提出申请、申请接受、申请公示、评估林权、交易公告、组织交易、合同签订、交易产权、林权登记变更这九个程序，平均历时两三个月），准入门槛过高，抑制了林权流转的总需求，等等。

3. 政府服务和管理不到位，市场平台建立不完善

各地方政府和林业主管部门过于关注林权流转本身，却忽略了集体林权制度改革的相关配套服务政策的跟进和调整工作。

（1）政策与流转信息的咨询平台搭建不完善。前面提到，林农对林地流转政策、程序、流转双方责任和义务、流转出现纠纷和矛盾时正规的解决渠道认知不够，对林权流转市场的供给和需求、流转价格、其他市场行

情等信息了解不足，也对区域和国家的宏观经济形势把握不准。因此，急需一个完善的平台来提供林权流转政策咨询、林权流转过程监督和方法指导、林权流转价格等各方面的信息。尽管目前我国各地的林权流转的改革中已经初步建立了信息交易平台，但仍然面临较多的问题。

首先，信息平台的方式单一，信息的宣传强度不够。例如，许多地方的政策信息仅仅张贴在村委会的公告栏上供村民阅览，却没有进行挨家挨户的宣传和政策解读。再如，个别地方仅建立了网上信息平台，却忽略了大部分林农接触网络信息的能力，提高了信息发布效率却丧失了信息宣传的覆盖面。

其次，信息平台上提供的信息十分有限。例如，林权流转的供需信息都是来自于并且面向于当地的流转，范围再广也不过是省内的区域信息流通，并没有把外地林权流转供需信息吸收进平台中，也没有把当地的林权流转供需信息推广到外地去。这导致了区域间较强的流转壁垒，使得想流出林权的林农找不到合适的流入方，想流出林权的林农找不到合适的流出方，出现资源错配、流转效率低的现象。再如，除流转政策和流转信息的咨询与披露外，林农在林业的生产经营中，经常需要优良林苗的抚育、森林防火、林木防治病虫害等专业知识，以及投资效益、林木市场供需、市场前景等信息，在这方面各地的信息平台仍然存在着不足。

最后，各地的林权流转信息平台，尤其是网络信息平台的更新不及时，也为林权流转工作和林农的林业生产带来了诸多不便。

（2）林权价值评估不规范。林业资源价值的评估是林权顺利流转的基础和前提，也是有效配置资源的手段，有利于避免流转双方权益受损及其他纠纷隐患。

我国地大物博，森林资源分布广泛，不同地区的林地林木因为所处地域、周边环境的差异等因素，导致林权价值在各地差异较大，估值经验无法互相参考、互相借鉴。而同一区域，在林种构成、立地条件、林分质量等方面也面临各异的情况。即便是情况几乎完全相同的林业资源，也由于林权流转的市场化程度不高，而表现出不同的价格趋势。加之林业资源是固定资产的特殊属性，为林权价值的评估造成了极大的困难。总之当前的林权估价完全脱离了林业资源本身的价值，而是基于流入流出目的、经营目的、流转双方背景等无关因素。另外，行政干预导致林权低价流转的现象较为普遍，使林权价格更加偏离真实水平，森林资源大量流失，扰乱林权流转市场。

我国的集体林权制度改革发展迅速，与之相对的是林业资源的价值评估发展滞后。从国家的角度讲，缺乏权威且科学的法律法规或准则。尽管原林业部与国有资产管理局于1996年颁布了森林资源资产评估技术规范，但在全国范围认可度低，推广缓慢，如今也逐渐不能适应当前的集体林权制度改革的需要。从地方的角度讲，缺乏专业的林业资源价值评估机构和专业的评估人员。尽管各地的房产、土地等资产评估机构较多，且暂时能承担林权评估的职责，但始终无法做到系统、准确、科学地评估。因此，从全国范围确立林权价值评估的法规和准则，在各地设立专业的林业资源价值评估机构，培养专业的评估人员，是亟待落实的任务。

（3）林权抵押受限，林业融资困难。如前所述，目前林权抵押尚不受大多数法律认可，银行对林权抵押尚有疑虑。另外，国家林业局在2004年颁发了《森林资源资产抵押登记办法（试行）》，明确提到："不得抵押自留山等集体所有的林地使用权"以及"在进行森林或林木资产抵押时，其林地使用权必须同时进行抵押"，对林权的抵押做了进一步的限制。因此，从外部法律法规环境来看，使借贷市场尚无法充分而有效地为林权流转服务。

从林权抵押自身的操作细节来看，仍然存在许多问题。一方面，由于林业资源的特殊性以及林权流转信息的狭窄性，银行等金融机构并不能完善地对林权进行估值，也不能及时地将获得的林权进行变现，这都增大了银行提供林权抵押贷款的风险，逐渐降低了银行向林农发放林权抵押贷款服务的积极性，同时使得林权抵押贷款的门槛越来越高。另一方面，林权抵押的融资和投资方式常常会出现期限错配——由于林木生长特点、前期投资较大、中后期也需要持续注入资金流，导致林业投资周期较长；与之相对的，林权抵押贷款期一般只有1~2年，期限较短，无法与投资周期相匹配，会出现资金流转不畅的情况，最后往往导致林农债务违约，银行不得已行使抵押权的情况。归根结底，出现上述两种情况主要是由于林权抵押贷款市场的不完善与森林资源特殊性的不协调、不统一所导致的。

（4）保障体系发展滞后。各地的保障体系发展不足，主要体现在森林保险的提供和林农的社保机制设计方面。

首先，作为林农，林业生产经营是主要的，甚至是唯一的生活来源，森林资源和林业资产自然也就成了林农们最重要的财产之一。然而，林业生产自身容易受到天气、气候等自然因素的影响，林产品的销售也容易受到市场和政策等宏观因素的影响，因此，投身林业生产经营的林农往往面临较大的风险。这些风险会严重影响林农对林业生产经营的积极性和持久性，也会间接影响到金融机构放贷量和整体林权流转改革的深化。面对这些风险，有效的森林保险制度是最佳的解决方式，它不但可以对冲林农的经营风险，也可以缓解银行的借贷风险，同时将提高林业经营和林权流转的积极性，盘活流转市场，促进集体林权制度改革的成果。但是目前，由于我国的森林保险业起步较晚，发展不够成熟，加之林业估值难和风险大等因素，全国各地的保险公司都不愿开展相关的业务，少数地区在当地政府和林业主管部门的主导下进行了尝试，但仍在存在保险定价不规范和林农购买意愿低的现象。

其次，长久以来，林农的生活保障仅来自于自身的林业生产经营，其他的社会保障无从谈起，这一现状在集体林权制度改革开展十余年来仍未有任何显著改善。当林地是林农唯一的生活保障时，林农不愿轻易将林地流转出去，即便手中的林地并不能给予他们丰厚的收益。这便导致了林地被闲置却没有出现在流转市场的情况：林农为了避免未来生活的不确定性（如生大病急需用钱时），不愿意转出林权，但又为了保证当前生活的丰裕而外出打工，不去打理林地，造成了极大的资源浪费。我国农村养老保险制度、农村合作医疗制度、最低生活保障制度等农村社会保障体系仍然不完善，这一社保漏洞在山区更为明显，因此山区的社保制度必须配套集体林权制度改革一同推进，才能充分保证改革效果。

（5）监督管理的空缺。除了林权流转过程中的各项服务外，各地政府和林业主管部门对于林权流转的前期审查和后期监察也存在较大的不足。这方面的主要表现为：对林权的私下流转方式审查和把控力度不够；对流转过程的公平性、合规性监控力度不强，容易出现集体林业财产流失现象和强买强卖行为；对林地流转的登记备案和变更登记重视程度不够，林权信息更新不及时造成管理困难；对流转林地使用状况缺乏后期监管，出现原流转林地被用作粮食耕种、房地产开发等经营项目，甚至是闲置林地待价而沽，脱离了林权流转的原始目的。

五、林权流转案例分析

1. 四川省大邑县的林权流转改革实践经验

（1）大邑县的基本情况。大邑县隶属四川省成都市，地处成都平原西部，拥有51万人口，总面积88557.45公顷。大邑县属于林业大县，森林与相关林业用地总面积占大邑县总面积的69%，即5160.19公顷。在这些林业用地中，林地面积占80%，疏林地面积占0.1%，灌木林地占13%，未成林造林地占2%，苗圃地占0.004%，无林地占6.9%，分别占有4101.63公顷、18.99公顷、633.63公顷、62.43公顷、0.23公顷和343.27公顷的绝对面积。在有林地中，木材林占85%，经济林占7%，竹林占8%，分别占有3469.75公顷、278.69公顷和326.53公顷的总面积。

作为四川省的林业大县，四川省和成都市于2007年8月将大邑县列为集体林权制度改革的试点县，共涉及大邑县乡镇12个、村88个、社1116个，林农2.83万户、11.2万人。根据大邑县林业主管部门提供的数据，截至2012年第一季度土地确权工作基本完成时，全县集体林地累计确权面积达4.37万公顷，林地登记11.05万宗，林权证颁发5.07万份，确权和流转承包合同共签订2.583万份，林权相关档案整理归档3127卷，勘验登记率、林地确权率、林权证发放率、群众满意率、纠纷解决率等指标均达到95%以上。

（2）大邑县林权流转改革措施与成效。从核心流转政策来看，大邑县政府和林业局首先颁布了《大邑县林权流转管理办法》，并设立了相应的林权交易服务平台，同时要求严格并及时办理林权流转登记。全县2009年以前林地流转面积占目前流转林地总面积的73.5%。可见大邑县的核心流转政策从一开始就切中重点，极大地促进了林权的流转，具有重要意义。

为保障林农的切身权益，县政府鼓励林农以入股、合作、抵押贷款等方式参与林权流转，避免通过转让等方式永久性的丧失权利。同时大邑县规定林地流转应高于当年公益林生态补偿标准，切实保障了林农的利益。

　　为了推进林权流转机制的市场化，大邑县第一场林权流转拍卖会于2008年8月成功举办。同时，大邑县极力为林权流转和林业产业发展建立并推进金融制度进行支撑，引进企业进行投资发展林业，截至2012年，林权抵押贷款总额已达4130万元。

　　为了促进林业的集约化和规模化生产，大邑县政府与大邑县林业局编制了《现代林业发展示范园区规划》《森林分类经营区划》和《生态旅游规划》，并严格要求对经营林地面积66.7公顷以上的按流转经营面积的2%匹配相应的林业建设用地，促进规模化和集约化。另外，大邑县以产业集中发展为依据，规划建设4个现代林产业示范园区，并发展专业合作组织7个，共经营0.2万公顷的林地，带动了1600余农户。

　　为改善林农的收入水平，大邑县积极发展工业原料林，全县商品林木材销售收入2008年同比增加570多万元，全县林农人均收入增加46.7元。同时，大邑县借助临近成都市中心的区位优势，大力发展林下种植养殖、生态旅游等林下产业。为了更好地监控全县的林地、提高全县林农的居住水平，大邑县颁布了《大邑县林区集体建设用地整理与集中使用的管理办法》《大邑县林区土地整理造林技术规程》，实施土地综合管理，鼓励和引导农民持股下山，推动农民向城镇和集中居住区集中，提高生活质量。大邑县土地建设用地指标收益主要用于生态公益林的补偿和林农的养老保险。

　　（3）大邑县林权流转的估价问题。尽管四川省没有作为全国集体林权制度改革的试点县，但大邑县利用自身优势并通过不懈的努力在土地确权和林权流转工作中取得了极大的成果，为各地的集体林权制度改革实践树立了榜样。但是大邑县的林权流转在林权价值评估方面仍然存在着极大的不足。如前所述具有全国普遍性的林业价值评估专业机构和专业人员少的问题，和林业价值评估的操作规范陈旧的问题，大邑县还面临着林业价值评估服务收费低和林业价值评估意识淡薄的问题。

　　目前全国许多地方都制定并下发了林业技术服务收费标准，例如，2009年湖南省林业厅和物价局联合颁布了《湖南省关于林业技术服务收费有关问题的通知》，规定了林业技术鉴定费、森林资源资产评估收费、征占用林地可行性论证费、林木采伐作业设计费这四项林业技术服务收费项目，并明确了林权流转价值评估等服务项目的收费办法及标准。广东省乐昌市统一了林业技术服务收费项目和征收标准，明确规定林业技术服务收费项目。四川省大邑县还一直没有相关的评估收费规定出台，目前相关机构的价值评估收费标准较低，很多评估机构有时仅收资料费用、外业补助、出差费，使机构的存续性和业务专一性受到了挑战，也不利于行业的长期健康发展。

《森林资源资产评估管理暂行规定》由财政部和国家林业局于2008年印发，其中规定：除法律、法规另有规定外，由当事人自行决定非国有森林资源资产是否进行资产评估。但由于林业资源价值评估程序实际操作复杂，耗时较长，并且评估费用并不低廉，很多林农并不愿意找相关专业机构进行评估，出现了林业价值评估意识淡薄、评估率低的问题。

2. 江西省铜鼓县的林权流转改革实践经验

（1）铜鼓县的基本情况。铜鼓县位于江西省南部，是全省的重点林业县，山林面积占土地总面积的87.9%，达到196.3万亩。铜鼓县仅有0.7亩水田，但其森林覆盖率位居江西省前列，达86.42%，人均山林面积15亩，有4495万根活立竹，以及947万立方米活力木蓄积。虽然铜鼓县是林业大县，但与大邑县不同，铜鼓县经济发展程度较低、林农业发展落后、人口和有效劳动力较少。林业是铜鼓县人民主要的收入来源，也无疑是铜鼓县重要的经济支柱。

由于江西省是全国集体林权制度改革试点省份，铜鼓县于2004年8月就被列为江西省林改试点县，最早进入了林权改革地区的行列。不到一年的时间，铜鼓县于2005年5月接受江西省统一组织检查验收，并获得第一名的成绩。于2007年完成100%的林地确权勘界工作，涉及77573宗林权，196.3万亩林地面积，共发放林权证34800本，达到96.6%的林权登记率；铜鼓县政府和林业主管部门组织调解和处理2676起山林权属纠纷，涉及20多万亩山林面积；成立78个林业三防协会，936个村级三防应急分队。通过10年的集体林权制度改革，铜鼓县实现了林农增收和林业发展的目标。

（2）铜鼓县林权流转改革过程。在制定具体集体林权制度改革实施方案之前，铜鼓县组织相关人员对全县的林区展开了较为全面深入的调研。调研发现了原始集体林权存在着分配不公、管护责任不明、山林权属模糊、林农负担过重等问题。在充分调研的前提下，铜鼓县对症下药，并广泛征求各乡、村群众和有经验的领导干部的意见，制定起草了林改方案，最终出台了切合实际、因地制宜的林改实施方案，为全县集体林权制度改革的稳步推进打下了坚实的基础。在调研过程中还发现，林权改革刚开始时部分林农对林改心存疑虑，为了规避不确定性而做出了乱砍滥伐的行为，对此，铜鼓县在落实协商让利之前暂停木竹放行，在林权勘界公示之前暂停林木采伐，在政策未被林农掌握之前暂停林地林木流转，为林权改革的初期稳定了局面。

为了消除林农林权改革的疑虑与担心、营造林权改革的浓厚氛围、充分调动乡村干部落实林权改革政策的积极性，铜鼓县坚持通过各种平台进行林权改革宣传。一是通过县、乡、村三级书记任各级组长的林权改革工作领导小组，同时要求各级干部和工作人员广泛参与，为林改提供坚强的组织保证。二是通过工作组进村入户宣讲林改政策，县、乡、村、组层层召开动员大会，进行层层动员，讲明政策，使林权改革家喻户晓，深入人心，全县林农普遍理解改革、支持改革、参与改革。三是开展"一封林改公开信、一系列林改讲座、一辆林改宣传车、一本林改宣传册、一台林改文艺演出、一份林改工作简报、一个林改宣传报道组、一个林改电视专题栏目、一支林改政策宣讲队伍、县乡村各有一个林改宣传栏"的"十个一"宣传活动，加强了林权改革的宣传。

从林权流转改革的操作细节来看，铜鼓县从多个方面做到了以民为本。为了保障林农的基本权利，铜鼓县始终以林农的权益为改革出发点和最终目标。例如，每个村民小组经民主推荐各年龄阶层代表 3 ~ 5 人，加入全县 4500 多人的林权改革工作人员的队伍；再如，为保证公开、公平、公正原则，组内林改方案由村民会议投票决定，并且有完整的工作和会议记录，方便事后查阅和检验。为了帮助林农切实增收，铜鼓县政府制定了木竹最低收购价保护林农利益，规定所有木竹经销商都必须按最低价收购，不准收取任何费用。为坚持自主经营和放开经营，铜鼓县将采伐计划进行公示，林农凭采伐证才能采伐木材，同时木竹交易放开自主经营。为保证林农的林业生产融资顺畅，铜鼓县在规范程序的情况下允许自由流转或抵押贷款。为保证改革环境的稳定，铜鼓县综合依据林改政策、合同法、继承法、森林法、村民自治条例等法律法规，充分调解纠纷，使绝大多数矛盾都化解在基层。

铜鼓县为林权改革搭建的配套措施也较为完善。为了缓解林农的负担，铜鼓县通过成立清查组对全县各地执行情况进行全面督察，确保相关减免林业税费的政策落实到位。2006 年，全县减少共计 4800 万元的各种收费收入，而国家和江西省级仅提供 1598 万元转移支付，带来了较大的财政减收。另外，通过调整县、乡的财政体制结构，铜鼓县进一步加强了林权改革的配套保障措施。首先，财政方面"运转保底、超收自留"激励机制的实施，要求县财政统一发放乡镇教师公职人员工资和工作经费，使县本级乡镇财力补助增加了 1092 万元，保障了乡镇经济的正常运转。其次，"收支两条线"的施行，要求县财政直接管理林业经费，包括所有林业行政事业单位的工资和公用经费，该举措稳定了广大林业工作人员的民心，激发了林业干部职工的进取心与积极性，为林业部门正常运转提供了保障，并为其进一步推进职能转变夯实了基础。

参考文献

[1] 国家林业局：《森林资源资产抵押登记办法（试行）》，2004 – 7 – 5。

[2] 国务院：《中共中央、国务院关于全面推进集体林权制度改革的意见》，2008 – 6 – 8。

[3] 李爱平：《林权流转制度研究》，厦门大学，2008 年。

[4] 刘涛：《我国林权流转问题研究》，东北师范大学，2013 年。

[5] 全国人民代表大会常务委员会：《中华人民共和国森林法》，1998 – 4 – 29。

[6] 全国人民代表大会常务委员会：《中华人民共和国农村土地承包法》，2002 – 8 – 29。

[7] 全国人民代表大会常务委员会：《中华人民共和国物权法》，2007 – 3 – 16。

[8] 谢彦明、刘德钦、曹超学、王见：《云南省集体林权流转现状及对策》，载于《林业调查规划》2011 年第 6 期。

[9] 徐丰果、周训芳：《论集体林权制度改革中的林权流转》，载于《林业经济问题》2008 年第 4 期。

[10] 赵少毅：《陕西省集体林权流转现状及问题研究》，西北农林科技大学，2010 年。

第三章

林地规模经营与林业合作经营
模式探究

长期以来，我国森林资源一直属于国家所有，计划经济式的管理可以维持林业的基本发展，但远远不能释放森林资源的发展潜力，林业一直属于弱势产业，发展十分落后。2008 年集体林权制度改革之后，林地确权到户，成片的集体林地进行了物理分割，农户获得了物权化的林地权利，农户进行林业生产的积极性得到提高。但与此同时，以农户为单位的分散经营，使集体林地也存在分散化、细碎化经营的情况。以农户为单位的小规模经营模式不能满足林业现代化生产方式的需求。第一，这种小规模的、分散化的经营模式不能承载现代技术发展，不具备利用大型机械或先进生产方法的条件，更妄谈先进的管理模式，无利于社会化和组织化程度的提高。第二，小规模的生产方式其风险性过大。首先，主体的经济实力不足，相对分散，不能很好地应对市场竞争，也不能及时满足市场需求的变化。其次，农户缺乏对市场的预测能力，对于未来发展的方向和市场的需求难以把握，加之林业的生产周期长，很容易带来严重的损失。此外，农户个体对市场的开拓能力差，创新能力差，难以带动整个产业的跨越式发展，整体交易方式落后，交易成本过高。最后，小规模的生产方式也不利于专业化分工，不能享受分工带来的好处。分散化的生产没有强大的经济实力做后盾，也不利于基础设施建设和固定资产投资，而散户在经营中既不具备投资的能力，也没有投资的激励，致使基础设施的建设远远落后于生产需求，林区普遍存在水利、道路等基础设施不足的情况。

因此，在进行了集体林权的确权工作后，我们更应该关注的是林权的合理流转和林地的适度规模经营。规模经营的衡量标准在于主体对生产各要素组合配置的大小，在林业生产中生产要素主要包括劳动、资本、土地等物质资本。一般情况下，林业经营的规模主要以从事林业生产经营的主体所经营的林地规模大小来衡量，同时要针对林地的规模，投入适量的劳动力、资本等生产要素，以达到最优的要素组合和最佳的生产效率。林地的适度规模经营，是指在保证提高土地生产率的基础上，使每个经营主体所拥有的经营林地的面积与本地的经济社会发展水平和科学技术的发展水平相一致，从而实现要素的生产率最优，实现劳动效益、经济效益、技术效益的最优组合。

　　林地的适度规模经营是林权流转的主要目的之一，是提高林业生产率、解放农村剩余劳动力、促进城镇化发展的需要。国家和各级地方政府提出了林地适度规模经营的指导意见，在政策导向上对林地流转进行了支持和鼓励，在大部分林权改革热点地区建立了专门的林权流转中心，为林权流转创造条件，以推动林业生产向规模化、集约化经营的方向发展。但问题也接踵而来，在我国，林业生产是否具有规模效应？林地适度规模经营的范围又是多少？中央在若干重要文件中提到适度规模经营的概念，给出的林地适度规模的范围为耕地的 15～20 倍，这一范围是否合理？本章就这些问题进行了分析和探讨。利用 2014 年国家林业局集体林权制度改革检测项目调研数据，对 7 省 3329 户林农的家庭林地经营成本与家庭林地面积之间的关系，建立 Tobit Ⅱ 类型模型，通过成本分析方法进行了估计。结果表明，林地平均经营成本与林地面积呈倒"U"型关系，当林地面积达到 1312 亩以上时，林地规模经营效益才开始出现。

　　林业合作经济组织是建立现代化产业经营体系的重要载体，它是指林农，尤其是以家庭经营为主的林业小生产者为了维护和改善各自的生产及生活条件，在自愿互助与平等互利的基础上，遵守合作社的法律和规章制度，联合从事特定经济活动所组成的企业组织形式。林业合作组织是实现林地规模经营的重要途径。以坚持家庭承包经营、坚持林地所有权为前提，发展林业合作经营组织，有利于破解林业发展过程中"分"的难题，实现由"分"到"统"的效率提升，提高规模经营效益，实现林业的现代化发展。

　　首先，林业合作经营组织是将农户与市场连接起来的纽带。借助于合作组织，林农提高自己的经济实力和应对风险的能力，可以有效破除市场风险对其的危害，更好地参与市场竞争，提高自身的议价能力；也可以减少信息成本、合约成本，整体降低高昂的交易成本；还可以灵活地适应市场的需求，避免分散生产的盲目性和自发性。合作经营组织是农民自发形成的，既可以保证农户的独立生产地位，又帮助其实现规模经济。其次，林业合作经营组织也是联结小规模的经营与现代化大规模生产的载体。林业现代化的生产体系不仅需要现代化的生产技术、产业经营体系和人力资本，也需要形成现代化的管理机制和必要的经营规模。通过林业合作经营组织，可以有效破解小规模、分散化经营模式下产业结构单一、生产技术落后的问题，实现林业产业上下游一体化、多样化的发展，有利于大型机械和林业科学技术的推广应用。同时，通过现代化的管理，还可以改善林农思想落后、素质低下的问题。

在本章中，我们对具体的林业合作经济组织的特点、模式进行了探讨，并结合浙江省丽水市下辖的县级市——龙泉的具体实际，讨论了不同的合作经济组织在实践中的具体运作方式，并对龙泉市的合作经济组织发展进行分析，讨论了其创新点以及不足，并提出了推动林业合作经济组织的建议。

一、林地规模经营效益实证探究

（一）适度规模经营、规模经济与规模效益

适度规模经营来源于规模经济，是指在既有条件下，适度扩大生产经营单位的规模，使土地、资本、劳动力等生产要素配置趋向合理，以达到最佳经营效益的活动。目前许多研究农业规模经营的论著中，为简便起见，往往以土地面积作为度量农业生产规模的基本尺度。因此，林业作为与农业相似的第一产业，本章涉及的林业适度规模经营，核心也是指土地适度规模为基础的林业规模化生产。从理论上讲，所谓"适度"应以产出的平均成本是下降了还是上升了来衡量（农业部农村改革试验区办公室，1994）。因此，不管在衡量林地还是耕地规模经营效益时，以平均成本法

来衡量是常见的做法，考察平均成本是否随着经营规模的扩大而下降（许庆、尹荣梁、章辉，2011）。参考现有国内外文献对农地经营规模效果研究，同时考虑从投入产出角度出发来衡量规模效益，主要做法是首先估测出土地、劳动力、化肥和其他投入要素（如种子、农药、机械等）的产出弹性系数，然后根据各投入要素弹性之和来判断其规模经济性质。

本章关注的是林业生产的内部规模经济。但在农业相关的生产中，存在着直接生产过程之外的公共设施、市场集聚、产业关联等规模变动的效益流入所带来的外部规模经济（蔡昉、李周，1990），某些投入的不可分性，如灌溉水井和设施以及一些大型农用机械，也是规模经济的来源（姚洋，1998）。因此，本章从农户的基本层面来进行规模经营效益的探讨，能够有效避免这些外部因素带来的规模经济现象，从而从本质上考察林业生产本身所具有的规模效益，以此考察规模经营对农民增收的作用。

同时，在考察规模效应时加入土地细碎化指标。（Tan et al. , 2008）基于江西省东北部331个水稻种植户的调查数据，在研究土地细碎化对生产成本的影响时得出一个结论。他们发现，每增加一亩地种植面积，就能带来每单位产量1.4%的生产成本的降低。许庆等（2008）的研究却表明我国现在土地细碎化的存在对农户收入正面的影响作用大于其负面的影响。

（二）基于总成本函数的林地规模经营效益研究

1. 数据描述

本章使用的数据是2014年国家林业局集体林权制度改革检测项目调研数据，该数据是对辽宁、江西、浙江、云南、湖南、甘肃、福建7个省3500户林农进行的抽样调查数据，调查小组在每个省随机抽取10个县，每个县抽取5个村庄，每个村庄抽取10户农户进行问卷调查。数据中包括每个农户2013年的家庭基本情况、集体林权制度改革情况、农户家庭生计情况、林改政策需求四个方面。此外，调查小组还对每个林户最多12块地的信息进行了调查，得到了每块地的面积、类型、确权、流转、贷款、保险、采伐、联户承包等具体信息。

假设林业市场是全国性的，林木的价格也是竞争性的，我们可以用数据中每个家庭的林业种植总收入来表示林业的产量。数据中还包括了每个家庭林地生产的种苗、化肥农药、劳动力、机械、畜力和其他林业生产经营支出信息，通过与每个家庭的林业总收入相除，得到单位产量的平均收入。

上述是最重要的林业产出、成本、林地面积数据。此外，我们还整理了每户家庭林地的特征信息，包括林地流转的情况、商品林和生态林地块数、林地联户承包情况、林地抵押贷款情况，以及每户家庭的家庭特征信息，包括户主的年龄、受教育程度、是否为村干部、家庭劳动力数目、外出打工人数、家庭其他收入情况。

在数据中，我们可以获得每户家庭不同类型的林业作物的收入情况，包括用材林、经济林、竹林和林下经济四类。但数据中并没有相关林种的投入信息。为了区分不同林种规模经营的效益，我筛选出了数据中只专一生产某一种林种的家庭，组成了四个子样本，以区别分析。

在处理数据时，发现 3500 户农户中，除去 171 户数据全部缺失的无效值，有 962 户家庭林地面积不为 0，但林业支出为 0。通过向调查机构询问，我了解到有些农户虽然有地，但因为有其他收入等原因，林地处于闲置或自然生长状态。因此，我们所获得数据属于归并数据（censored data），针对这一问题，在下面我采用 Tobit Ⅱ 类型模型来进行分析。

2. 总成本函数模型分析

首先我们检验林地经营整体的规模经济情况。如果林业生产具有规模经济时，则成本函数是凹的，因此，在这里用二次函数来拟合总成本函数。成本函数形式如下式所示：

$$C = \beta_0 + \beta_1 Q + \beta_2 Q^2$$

β_2 是我们关心的系数，如果存在规模经济，$\beta_2 < 0$。为了考察土地规模的影响，我用土地规模与产量的交叉项来刻画，考察随土地规模扩大，规模经济程度是否会增大。同时，考察土地细碎化程度对规模效应的影响，用家庭林地块数作为土地细碎化程度的指标，表示为下式中的 land-break。总回归方程可表示为：

$$C = \beta_0 + \beta_1 Q + \beta_2 Q^2 + \gamma_1 LandArea + \gamma_2 Q \times LandArea + \gamma_3 Q^2 \times LandArea$$
$$+ \delta_1 LandBreak + Countydummy + u$$

　　针对数据中 962 户家庭林地面积不为 0，但林业支出为 0 的情况，通过建立 Tobit Ⅱ 类型模型来处理这一归并数据。假设林户会根据自己林业经营状况和其他生计状况来决定是否参与林业生产，决定农户是否参与林业生产（*canyu*）的因素包括林地的特征信息，如是否有林地流转（*liuzhuan*）、商品林（*shangpin*）和生态林地块数（*shengtai*）、林地联户承包情况（*lianhu*）、林地抵押贷款情况（*daikuan*），以及家庭特征信息，包括家庭劳动力数目、外出打工人数（*dagong*）、家庭其他收入（*shouru*）情况等。则第一阶段的林业参与方程可以表示为：

$$canyu = \alpha_0 + \alpha_1 \cdot LandArea + \alpha_2 \cdot liuzhuan + \alpha_3 \cdot shangpin + \alpha_4 \cdot shengtai$$
$$+ \alpha_5 \cdot lianhu + \alpha_6 \cdot daikuan + \alpha_7 \cdot dagong + \alpha_8 \cdot shourn + u$$

则此时，农户的林业经营成本表示为：

$$C = \begin{cases} C^* & if \quad 参与林业生产(canyu=1) \\ 0 & if \quad 不参与林业生产(canyu=0) \end{cases}$$

其中 C^* 为潜在成本。

　　通过 Heckman 两阶段回归法进行回归，得到的结果如表 3－1 所示。

表 3－1　　　　　　　　　　　　总成本函数回归

VARIABLES	(1) C	(2) canyu	(3) mills
Q	0. 317 *** (0. 0258)		
Q_2	2. 89e － 08 (3. 60e － 08)		
LandArea	16. 52 *** (4. 882)	0. 000808 *** (0. 000182)	
LandBreak	59. 78 *** (10. 69)		
$Q \times LandArea$	0. 000199 ** (8. 78e － 05)		
$Q_2 \times LandArea$	－ 7. 13e － 10 *** (9. 42e － 11)		

续表

VARIABLES	(1) C	(2) canyu	(3) mills
$Q \times LandBreak$	-0.00120 *** (0.000393)		
$Q_2 \times LandBreak$	$3.60e-09$ *** (4.53e-10)		
liuzhuan		-0.234 *** (0.0885)	
dagong		-0.0591 *** (0.0224)	
lianhu		0.132 * (0.0707)	
shengtai		-0.0377 *** (0.0142)	
shangpin		0.136 *** (0.0131)	
shouru		-0.494 *** (0.0537)	
lambda			27.21 *** (3.258)
Constant	-7528 * (4416)	29378 *** (424.8)	
Observations	3382	3382	

注：（1）括号内为标准误差；（2）*** 表示 $p < 0.01$，** 表示 $p < 0.05$，* 表示 $p < 0.1$。

第一阶段回归的结果如第二列所示，因变量为是否有林地经营支出。可以看到，各个变量的系数均显著，其中，林地面积越大，林农越有可能参与林业生产。而林地特征中，拥有商品林的农户参与林地生产经营的可能性更大，参与联户承包也会使得林农林业生产积极性增加；相反，林地流转、生态林块数、其他收入大小均与林业参与概率负相关。这些结果均与经验假设一致。

第二阶段的成本函数估计中，Q_2 的系数不显著，也即总体回归没有明显的规模经济。但土地规模与 Q_2 的交互项系数显著为负，说明随着土地规模的扩大，成本随产量的增加其增加的幅度在减小，当土地规模达到一定程度时，林地规模经济开始出现，成本随产量的增加而减少。因此，我们猜测，林业生产并不是绝对的规模经济的，只有当土地到达一定规模时，规模经济才开始出现。

此外，我们在回归中加入了细碎化指数（土地块数）与 Q_2 的交互项。可以看到，细碎化指数与土地规模的影响是相反的，也即在土地面积不变时，如果土地块数增加，则单位产量的成本是随产量逐步增加的。这也从反面证明了土地规模对林业规模经济的影响。

接下来又针对数据中不同林产品类型对数据进行了分类，分为用材林、竹林、经济林、林下经济四类，得到了四个子样本，对四个子样本的数据进行了回归，回归结果如表 3 - 2 所示。

表 3 - 2   分林种成本函数回归

VARIABLES	(1) yongcaiC model	(2) zhulinC model	(3) jingjiC model	(4) linxiaC model
Q	0.552 *** (0.0952)	0.664 *** (0.197)	0.687 *** (0.146)	0.896 *** (0.147)
Q_2	− 1.23e − 06 *** (2.79e − 07)	− 1.28e − 06 (1.14e − 06)	− 1.50e − 06 ** (6.89e − 07)	− 3.91e − 06 *** (7.91e − 07)
$LandArea$	26.07 ** (10.19)	21.42 (20.12)	18.93 (21.57)	1.073 (16.86)
$LandBreak$	17.30 (28.36)	163.2 ** (67.37)	13.15 (66.94)	72.46 (48.27)
$Q \times LandArea$	− 0.00221 *** (0.000381)	− 0.00537 *** (0.00187)	− 0.00367 *** (0.00137)	0.000587 (0.000997)
$Q_2 \times LandArea$	1.02e − 08 *** (1.34e − 09)	5.17e − 08 *** (1.64e − 08)	− 1.92e − 09 (6.03e − 09)	9.71e − 09 (1.36e − 08)
$Q \times LandBreak$	0.00728 *** (0.00144)	0.0151 *** (0.00474)	0.0110 *** (0.00353)	0.00505 (0.00381)
$Q_2 \times LandBreak$	− 3.24e − 08 *** (7.01e − 09)	− 1.76e − 07 *** (5.84e − 08)	2.80e − 08 (5.09e − 08)	− 7.86e − 08 (5.45e − 08)
$Constant$	− 6641 (5665)	− 10381 (7043)	− 9239 (12774)	− 6656 (6387)
$Observations$	870	770	907	770

注：（1）括号内为标准误差；（2）*** 表示 p < 0.01，** 表示 p < 0.05，* 表示 p < 0.1。

第一阶段的回归结果未予汇报。县级二元变量数目过多，其系数也未汇报。表 3-2 中，所有林种 Q_2 的系数均为负，说明各个林种是存在规模经济的，只是不同林种规模经济的程度不同，在混合后就表现出没有规模经济了。而结果中，土地与 Q_2 的交互项系数不显著或者显著为正，此时，随着林地面积的增加，林地规模经济的程度在减弱，当林地达到一定面积时，林业生产不再具有规模经济。而林地细碎化指数 LandBreak 的系数也与第一个回归中的结果相反，不显著或者显著为负。因此，从分林种的结果上看，林业规模经济可能不仅存在下界，还存在上界，只有在一定范围内才有林地规模经济的存在，这也是林业适度规模经营的界限。

（三）基于平均成本函数的林地规模经营效益研究

1. 总体数据的非参拟合

从上述的分析来看，林业生产的规模经济与林地的面积是相关的，当林地面积达到一定程度时，才会出现规模经济的情况。在这一部分，我们试图找到这一合适规模的界限，以定义林业适度规模经营的大小。

探究土地规模经营的效益，文献中常见的做法是根据平均成本是否随着经营规模扩大而下降来判定规模经济存在性。首先，我将数据中林户林地经营的平均成本（林业总支出/林业总收入）对农户的林地面积进行非参回归分析。进行分析时，我剔除了无效的数据，并剔除了林业投入为 0 的家庭数据，只用参与林业生产的家庭数据进行回归，结果如图 3-1 所示。

从图 3-1 可以看出，平均成本与林地面积相关性的方向不定，总体呈现倒 "U" 型的关系。这与上一节的推测相吻合，林业生产只有到达一定规模时，才会出现规模经济，这个规模就是适度规模经营的界点。因此，在进行平均成本法进行回归时，我在回归中引入土地规模的二次项，来考察规模经营存在的界限，并估计这一临界值的范围。

2. 平均成本模型分析

平均成本回归模型设定如下：

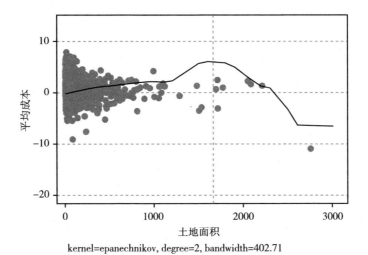

kernel=epanechnikov, degree=2, bandwidth=402.71

图 3 - 1　平均成本对农户的林地面积的局部多项式平滑拟合

$$lnAC = \beta_0 + \beta_1 \cdot LandArea + \beta_2 \cdot LandArea^2 + \beta_3 \cdot Landbreak + \delta_1$$
$$\cdot Countydummy + \delta_2 \cdot 个人特征 + u$$

其中，AC 是平均成本，因为成本中有一些数据为 0，为避免对 0 取对数，令 $lnAC = \ln (AC + 0.00001)$，则此时，Censored 数据的分界点不再为 0，而是变成约为 -11.5。

回归中，β_2 是我们关心的系数，当 β_2 为负时，则说明平均成本与林地面积是倒 "U" 型的关系，而 $-2\beta_2/\beta_1$ 是这一临界值的大小。

在上述的模型设定下，通过 Heckman 两阶段回归法进行回归，第一阶段的回归方程仍为原来的设定。得到的结果如表 3 - 3 所示。

表 3 - 3　　　　　　　　　　　　平均成本方程回归结果

VARIABLES	(1) lnACtotal	(2) canyu	(3) mills
LandArea	0.00496 ** (0.00243)	0.000808 *** (0.000182)	
LandArea2	- 1.89e - 06 *** (6.27e - 07)		
LandBreak	0.00919 * 0.00496 **		

续表

VARIABLES	(1) lnACtotal	(2) canyu	(3) mills
liuzhuan		− 0. 234 *** (0. 0885)	
dagong		− 0. 0591 *** (0. 0224)	
lianhu		0. 132 * (0. 0707)	
shengtai		− 0. 0377 *** (0. 0142)	
shangpin		0. 136 *** (0. 0131)	
shouru		− 0. 494 *** (0. 0537)	
lambda			27. 21 *** (3. 258)
Constant	− 15. 24 *** (4. 720)	0. 0347 (0. 0578)	
Observations	3329	3329	3329

注：（1）括号内为标准误差；（2） *** 表示 p < 0.01， ** 表示 p < 0.05， * 表示 p < 0.1。

第二阶段回归结果如第一列所示，县级二元变量联合显著，户主个人特征变量联合不显著，在表格中未予汇报。可以看到，林地面积二次方的系数显著为负，说明平均成本与面积的确呈倒"U"型关系。林地块数与成本关系为负，因为林地块数表示土地细碎化程度，这一相关性与经验假设也是一致的。根据林地面积的一次项和二次项系数的大小可以计算出规模经济的临界点，这一值约为1312亩。即整体而言，当林地规模达到1312亩以上时，林地规模经济才会出现，平均成本会随着规模扩大而下降。

接下来，我又针对数据中不同林产品类型对数据进行了分类，分为用材林、竹林、经济林、林下经济四类，得到了四个子样本，对四个子样本的数据进行了回归，回归结果如表3-4所示。

表 3 - 4 分林种平均成本函数回归

VARIABLES	(1) yongcai model	(3) zhulin model	(5) jingji model	(7) linxia model
LandArea	0. 00622 (0. 00461)	0. 00494 (0. 00923)	0. 00275 (0. 00419)	0. 00295 (0. 00486)
LandArea2	$-1.99e-06$ *** (7. 60e - 07)	$-2.31e-06$ * (1. 29e - 06)	$-1.18e-06$ (7. 80e - 07)	$-1.36e-06$ (9. 28e - 07)
LandBreak	0. 00509 (0. 0140)	0. 0157 (0. 0245)	0. 00605 (0. 00917)	0. 00846 (0. 0140)
Constant	-5.327 * (2. 890)	-5.394 * (2. 918)	-4.498 * (2. 565)	-4.800 * (2. 725)
Observations	870	770	907	770

注：（1）括号内为标准误差；（2）*** 表示 p < 0.01，** 表示 p < 0.05，* 表示 p < 0.1。

从表 3 - 4 的结果可以看到，对于所有的林地类型，其土地面积的平方向系数均为负，只是对于经济林和林下经济，其系数不显著。而对于所有林地类型，土地面积的水平项系数都为正，因此对于所有林种，都是只有当土地规模到达一定水平时，其林地的规模经济才显现。

我们计算了 $-2\beta_2/\beta_1$ 这一出现林地规模经济时，土地面积的下界值。表 3 - 5 给出了总体和分林地类型情况下林地规模经济的土地面积下界。

表 3 - 5 不同林地类型规模经济的土地面积下界 单位：亩

	总体	用材林	竹林	经济林	林下经济
规模经济土地面积下界	1312	1562	1069	1165	1085

从表 3 - 5 可以看到，不同林种的规模经济的土地面积下界相差不多，均在 1300 亩左右。在农业中，全国人均耕地面积为 1.5 亩左右（王世元，2013），按照中央给出的林地适度规模经营的要求，林地适度规模经营是耕地的 15 ~ 20 倍，则数据中得出的规模经济的下界与这一规定相近。这也佐证了实际中林地适度规模经营的合理性。

（四）林地规模经营效益探究总结

有关规模经营的问题一直是学术界和政府部门关注的热点问题之一。林地经营是否存在规模经济？林地适度规模经营的范围是多少？本章试图对林业发展过程中这两个主要问题进行回答。本章使用的数据是 2014 年国家林业局集体林权制度改革检测项目调研数据，该数据是对辽宁、江西、浙江、云南、湖南、甘肃、福建 7 个省份 3500 户林农进行的抽样调查数据。选取数据中林农的家庭林地经营成本、家庭林地面积、家庭特征信息、家庭林地特征信息数据，通过成本分析方法对林地规模经营情况进行了分析。

林户中一些家庭虽然有林地，但并不参与林业生产，林地成本数据为 0。为了解决这一归并数据的问题，本章建立了 Tobit II 类型模型，以林户家庭特征信息、林地特征信息来衡量林户参与林业生产的可能性，以此来帮助估计成本与产出、林地面积之间的关系。

第一部分建立了总成本函数模型，以二次函数来刻画成本与产出之间的关系，以检验林业生产是否具有规模经济。结果表明，总体回归没有显著的规模经济。但土地规模与 Q_2 的交互项系数显著为负，说明随着土地规模的扩大，成本随产量的增加其增加的幅度在减小，当土地规模达到一定程度时，林地规模经济开始出现，成本随产量的增加而减少。据此推测，林业生产并不是绝对的规模经济的，只有当土地达到一定规模时，规模经济才开始出现。接下来，我又针对数据中不同林产品类型对数据进行了分类，分为用材林、竹林、经济林、林下经济四类，对四个子样本的数据进行了回归。结果表明，各个林种均存在规模经济，此时土地与 Q_2 的交互项系数不显著或者显著为正，与总体回归中的结果相反。从分林种的结果上推测，林业规模经济可能不仅存在下界，还存在上界，只有在一定范围内才有林地规模经济的存在，这也是林业适度规模经营的界限。

之后，我建立了平均成本与林地面积之间的函数关系，同样采用二次函数的形式，引入林地面积的二次项，来估计出现规模经济的下界。结果证明，林地平均经营成本与林地面积的确呈倒"U"型关系，对总体数据而言，当林地面积达到 1312 亩以上时，林地规模经营效益才开始出现。我又针对数据中不同林产品类型的数据分别进行了回归,发现不同林种的平均经营成本与林地面积都满足倒"U"型关系,用材林、竹林、经济林和林下经济的规模经济土地面积下界分别为 1562 亩、1069 亩、1165 亩和 1085 亩,与总体的结果相近。

我们只估计出了适度规模经营的下界,但从第一部分的回归结果来看,林业生产规模经济的林地面积范围不仅存在下界,还存在上界,当林地规模过大时,林业生产将不再有规模经济。这一界限有待进一步的研究。

二、林业合作经营模式探讨

(一) 林业合作经济组织概述

1. 林业合作经营的基本情况

林权制度改革是将外力强制形成的"统一"向激发农民生产积极性的"分散"的转变,而林业合作经济组织则是林农为了适应市场竞争、满足自身需要再从"分散"到专业性的"统一"合并的过程,合作经营是林地实现再次分配和专业化分工、集约化生产的一种重要的林地流转及经营途径。林业合作经济组织通常是由林农大户、龙头企业、供销部门或者林业技术部门组建,通常有股份合作组织、自愿联合的互助性经济组织及专业服务组织三种主要组织形式,具体的类型多种多样,包括家庭林场、股份合作制林场、林业专业技术协会、林业专业合作社等。在契约选择上,不同的组织模式会根据自身的特点,针对不同产品、不同成员、不同生产阶段、不同地方实际和其他相关因素的综合考量来选择适宜的契约形式。

林业合作经营是一类相对灵活的经营模式。从所有权和经营权的角度讲,是介于股份所有制与合伙制之间的所有权和经营权不完全分离的资本所有模式;从经营的模式上,其成立机制、决策机制和日常控制权可随着合作主体之间的能力及利益需求不同而相对自由地设置;从经营主体上,可以由企业、农户、科研机构、政府多方面的主体参与。实践中林业合作经营的模式有很多，如专业合作社、功能性协会、企业租赁、家庭农场等。农民林业专业合作经济组织在解决社会化大生产与小规模分散经营的矛盾、降低交易成本、增加林农收入、提高农民组织化和林业产业化水平、实现林业现代化等方面有着重要作用，是繁荣农村经济、增加农民收入、实现新农村建设、促进城镇化建设的重要举措。随着林改的启动，林业合作组织开始出现井喷式发展，业务范围涉及林业生产的各个环节，包括森林管护、病虫害防治、造林、营林、种苗生产、林产品加工、销售、物资采购、技术和信息服务等。与此同时，一些地区还出现了以为林农抵押贷款提供担保为主要服务的合作社。

2. 典型的林业合作经营模式

（1）龙头企业＋林农＋基地。龙头企业是农业产业化经营中已经具有一定生产规模、经济效益、设备和技术先进的企业，是组建农民林业专业合作经济组织的重要力量。龙头企业为了获得稳定的原料供应、节省交易费用、建立紧密的利益联结机制、开发新产品和获得税收优惠，有动力去组织与集结农户成立统一的合作组织，以延伸产业链、开拓市场，取得经营及信息的规模效应，提高企业竞争力，同时为农户谋取利益。龙泉市以自己的竹、茶、笋等加工企业为依托，发展出许多的龙头企业＋农户＋基地的专业合作组织。

（2）家庭农场。家庭农场是指以家庭成员为主要劳动力，从事农业规模化、集约化、商品化生产经营，并以农业收入为家庭主要收入来源的新型农业经营主体。这种合作经营方式以种植大户间的联合居多，参与户数少、户均林场面积大、林场总体规模大，经营及利益分配方式类似于股份合作制林场。林业大户间组建合作组织，成员之间信任度高，交易成本相对较低，民主程度高，但也存在规模小、实力弱、规范化程度低、专业性差的缺点。

（3）龙头企业租赁经营。租赁是土地流转中最常见的方式。流入方一般为种植能力较强的林农大户或专业性的企业；流出方的农户或者土地经营不善，或者直接从事非农的工作，土地生产力较差。通过租赁土地得到集中，一方面借助租赁方较强的生产力，对土地进行统一规划管理；另一方面形成集约化的规模种植，从而提高土地生产力，增大经济效益。租赁的价格很不统一，这不仅依托于土地面积和租赁年限，也依托于种植物类型、双方的议价能力，不仅单价相差很远，支付方式也不尽相同，有的按年支付，有的一次性付清。

（4）担保合作社。担保合作社是为满足林农贷款需求而出现的合作组织。林权制度改革之后，林权抵押贷款成为林农缓解资金短缺的一种融资方式，但银行认为其与农户之间的直接信贷行为存在较大的贷款风险，一旦贷款违约，银行不便处置抵押的林地，造成抵押物的无效性，所以林权抵押贷款的发展受到限制。因此，为满足林农贷款需求，同时缓解银行无法处置抵押物的风险，担保合作社的成立提供了一种新的途径。合作社一般以村为单位，依托原村级组织设立，以存入农村信用社的风险保证金为社员提供信贷担保。同时，社员将自己的林权抵押给合作社，为合作社提供反担保。社员在进行林权抵押贷款时，信贷调查和林权评估由担保合作社承担，降低了农户的融资成本，简化了信贷手续，在农户和金融机构之间起到桥梁和纽带作用，有效破解林农与金融机构信息不对称、林权抵押贷款处置变现难等"瓶颈"。龙泉市的华侨村惠农担保合作社开创了浙江省农村担保合作社先河，并与林权流转证制度相结合，是一个大胆的创新项目。

（二）案例分析——浙江省龙泉市林业合作经济组织

近期，北京大学光华管理学院林权流转与城乡一体化项目组对浙江省龙泉市的林权改革和林业发展情况进行了调研。调研中，我们了解了当地林业合作组织的发展状况，对典型企业、合作社、农户进行了细致的走访，并针对龙泉合作经营模式发展的优缺点进行了总结，提出了自己的建议。

1. 龙泉市林业发展总概

龙泉市是浙江省丽水市代管县级市，位于浙江省西南部的浙闽赣边境，是浙江省入江西、福建的主要通道。由于受到地质构造和新构造运动的抬升影响，龙泉市是浙江省内海拔最高的山地地貌区域之一，东南和西北部山脉绵亘，中部为龙泉溪大小不一的河谷小盆地，此外，山地中仍残留着成片的缓坡地，有"九山半水半分田"之说。靠山吃山，林业是当地农业发展的重要支柱。

（1）林地基本情况。龙泉市是浙江省最大的林区县、全国南方重点林区县之一，素有"浙南林海"之称。全市土地总面积456万亩，森林储蓄量1745万立方米，居全省首位；林业用地面积398.5万亩，毛竹林面积55万亩，森林覆盖率84.2%，均居全省第二位。平均农民人均耕地面积1.1亩，而人均林地面积达16.6亩，是耕地面积的15倍。林业资源是龙泉重要的生产要素和农村居民的重要生活保障。2013年农民人均收入10368元，其中人均林业纯收入6396元，占农村人均纯收入的62%。在农业产值中，特色林业产业占比较多，其中食用菌总产量1.3万吨，实现产值6.4亿元；茶叶总产量1568吨，产值7556万元；毛竹采运产值1.87亿元。广大农民靠山吃山，林业与龙泉经济发展尤为紧密。

（2）林改基本情况。龙泉市从20世纪80年代初开始，历经林业"三定"、完善林业生产责任制、山林延包和深化集体林权制度改革四个阶段，基本完成主体改革任务。除8.9万亩国有林外的389.6万亩集体林地，确权到户330万亩，占85%，其中责任山238.6万亩、自留山91.4万亩、统管山59.6万亩。

2013年，龙泉市创造性地试行了林地经营权流转证制度，在全国率先出台并实施了《林地经营权流转证管理办法（试行）》。《林地经营权流转证》将林地承包权和经营权分离，对流转的林地经营权进行确权，对符合条件的经营主体赋予林权流入债权凭证，在其中注明承包权利人，赋予了林地实际经营人在权属证明、林权抵押、采伐审批等方面的法律权益，而林权证仍有林农掌握。目前发放《流转证》136本，面积31856亩，成功抵押贷款28笔2536万元，是全国实行最早、发证最多的县。

2. 龙泉市林业合作经营基本情况

（1）龙泉市林业合作经营发展状况。龙泉市的林业发展居于全国前列，本着政府支持、企业带头、林农自愿的原则，全市上下对新型林业经营形式、合作模式热情很高。龙泉现已形成家庭林场型、托管林保姆型、股份企业型、专业合作社型、租赁经营型等多种新型林业经营主体408家，参与农户达17540户，占全市农户的29%。其中家庭林场8家，经营面积

2.3 万亩；托管林保姆 281 家，委托管理农户 4340 户，入股面积 19 万亩；租赁经营 56 家，涉及农户 2900 户，租赁面积 10 万亩；专业合作社 40 家，入社社员 4700 户，面积 40.1 万亩。其中各类新型经营主体拥有注册商标 19 个，国家、省无公害农产品产地认定 5 个，省有机农产品认证 3 个，省森林食品认证 6 个，国家、省绿色农产品认证 4 个。

（2）政府相关政策扶持。

第一，推行林地流转经营权制度。2013 年龙泉市在全国率先实行了林地经营权流转证制度，解决了受让方权证办理的问题，使受让林地的经营主体放心投入，安心经营；对于流出方的林农，也最大限度地防止了农民失山失地，使其可以安心从事务农之外的工作。经营权流转证制度规范了林权流转行为，促进了规模化和集约化经营，同时扩大了林权抵押贷款，对于合作经营主体的发展提供了更大的便利和保障。

第二，林地流转补贴。龙泉市政府出台林地流转激励机制，对新增流转 25 年（含）以上、连片 100 亩（含）以上的规模化经营基地和已办理《林地经营权流转证》的，给予流入主体每亩一次性补助 50 元。

第三，政府、企业、银行共同支持。政府对于新型合作经营模式大力推广宣传。一方面，政府积极寻找有需求和有能力的企业及林业大户，促成其组建有利于自身及农民发展的林业合作组织。早在 2007 年、2008 年，政府就促成了如能福营造林合作社、肖庄竹笋专业合作社等一系列企业带动的林业合作社的建立，并鼓励企业对社员提供有力的保障，如养老保险的缴纳、赠送肥料等。另一方面，政府与银行开展合作，推动林权抵押贷款的试点和推广，并在原有贷款利率基础上，对林业合作组织和林农大户提供贴息，减轻其贷款压力。目前包括农村信用联社、邮政储蓄银行、农业银行在内的 6 家金融机构都开展了林权抵押贷款业务，累计发放贷款 3 万笔。

第四，国家相关政策扶持。国家对于农业合作组织的发展十分重视，提供了一系列产业政策倾斜、财政扶持、金融支持、税收优惠政策。例如，农民专业合作社在工商部门登记时不收费、不验资、不年检，合作社享受国家规定的对农业生产、加工、流通、服务和其他涉农经济活动相应的税收优惠，社员之间的经济活动免征增值税、印花税等。对于合作社形式的经营单位提供了有力的支持。

3. 龙泉市合作经济组织案例

（1）龙头企业承建林业开发合作社。

第一，龙胜两岸林业开发专业合作社。龙胜两岸林业开发专业合作社是依托于龙泉市龙声工艺玩具有限公司的专业合作组织。龙声工艺玩具公司业务以竹木玩具、儿童家具出口为主，产品主要销往欧美等国家地区。在玩具出口时，公司需要获得 FSC 国际森林认证才能得到国际市场的认可，FSC 认证的企业需要对负责的森林进行标准化管理和可持续经营。最初龙声公司是买入有 FSC 认证的木材来进行加工生产，增加了额外的成本，出于降低成本的目的，2009 年 12 月，公司以龙泉市驻龙镇建胜村、水塔村的林农为基础，成立了营造林专业合作社，拥有认证森林面积 82840 亩，为企业经营生产建立了原材料基地，解决了企业的 FSC 生产资源。

在访谈中，公司和合作社的负责人详细介绍了公司与合作社的运营情况。合作社专设 6 个工作人员，4 个护林员，另设理事长 1 人，总经理 1 人。合作社成立后，为支持当地教育事业捐资 4 万多元，用于新农村环境改造 8 万余元，且为社员提供医疗保险，4 年内共支出保险费 35 万余元，同时更新造林 850 亩，抚育 2480 亩，投资苗木 70000 多株，减轻村民负担 2 万多元。合作社为村民生活和村庄建设做出了很大的贡献，为林业的生态发展也提供了有力支持。

对合作社自身而言，FSC 认证给依托企业的发展带来了极大的便利，降低了成本，但合作社的境遇并不乐观。一方面，近几年出口贸易受挫，而国内的企业对于 FSC 认证木材的需求并不大，合作社的销路受到限制，销售业绩不理想。另一方面，合作社承担着社员每年的医疗保险缴纳，保费逐年增长，给合作社带来了额外的成本和负担。但企业与合作社负责人都明确表示合作社要搞下去，FSC 认证这种有利于持续发展、有利于生态保护的方式会逐渐得到国内的认可，从长远来看，合作社的发展潜力还是巨大的。

第二，浙江能福旅游用品有限公司。该公司是一家专业生产木、竹制太阳伞、帐篷及各种旅游用品，具有自营出口权的外向型企业，产品远销欧洲、澳大利亚、东南亚等四十几个国家和地区。目前公司拥有一个总部和两个专业化生产加工基地，占地面积 3.5 万平方米。现有生产流水线 5 条，员工 900 余人，年出口创汇 1800 万美元，销售达 1.1 亿元，上缴国家税金 740 多万元。

第三，能福营造林合作社。该合作社也是公司为了获得 FSC 国际认证而发展的专业合作社，2007 年联合住龙镇 3 个村 340 多户 1300 多人成立，拥有林地 112000 多亩。在 2012 年，合作社通过林权抵押，贷款 1200 万元，支持公司规模的扩张。合作社对于社员和所在村镇也给予了很大的支持，同样为社员缴纳医疗保险。同时，公司为社员提供便利，在 10 月到次年 3 月农闲时期，社员可到公司厂房做工，临时工资可达 4000 元/月。

谈到合作社的发展，董事长李能福也是喜忧参半。同龙声情况一样，合作社效益和成本问题令他为难，"养老保险从 30 元每年增到现在的 140 元每年，合作社每年的运营费用达到 50 万元，还有逐年递增的趋势。"在贷款问题上，公司遇到更大的困难，林业生产周期长、风险大，林权处置有困难，使得银行在进行林权抵押贷款时态度极其谨慎。公司 2012 年获得林权抵押贷款 1200 万元，在两年后银行因风险太大而陆续收回，公司的资金链发生了断裂，讲到此事，董事长连连摇头。

但董事长李能福表示，从长远来看合作社还是有利的，"合作社还是要搞下去，接下来还要进行毛竹认证，把认证做大。"董事长在忧虑的背后也表明了继续发展的态度。

（2）依托竹林而建的家庭农场。龙泉市肖庄家庭农场组建于 2012 年 11 月，2013 年 6 月正式注册。家庭农场与农业龙头企业龙泉市肖庄食品厂联合，同时使用"肖庄"商标。基地面积 50 余亩，主要从事蔬菜种植和销售，淡水鱼、泥鳅、田螺养殖和销售，其中有 22 亩蔬菜种植基地、2.1 亩石斑鱼仿野生养殖基地、4 亩瓯江彩鲤养殖基地、5 亩田螺和泥鳅养殖基地。此外，农场投资 90 多万元建设了 1000 平方米的镀锌管蔬菜大棚、52 立方米冷库、35 立方米灌溉蓄水池、500 平方米厂房，并配备了有机肥料配备车间和产品安全检测室，购置了太阳能杀虫灯、割草机、抽水机等生产设备。农场现有从业人员 7 人。2013 年上半年收入 9.6 万元，亩产 3310 元，农场人均收入 13714 元。

农场主要依托肖庄食品厂建立，肖庄食品厂是以竹笋相关产品为主的食品加工厂。起初建立农场出于偶然，食品加工厂会排放废水，为了证明废水的环保性，厂里出资在废水中建了鱼塘，没想到鱼塘效益很好。而当地有许多进城务工的农户，土地荒废，食品厂负责人周康伟便租赁了部分土地，在此基础上建立起多样化的家庭农场。农场依托食品厂原有的市场基础，加之"生态、绿色、安全"的发展理念，很快获得了市场的欢迎，发展迅速。

（3）茶叶基地租赁。阳光农业有限公司是一家农产品基地建设、名优茶加工、有机肥加工和观光休闲农业开发于一体的龙泉市重点龙头企业，位于龙泉市兰巨乡省级现代农业综合园区。

企业基地有丰富的低山缓坡资源，气候条件也适宜龙泉特种金观音茶叶的种植。但同时由于乡内交通干线的影响，临近公路的许多土地不适宜种植普通作物，且单片茶叶种植的效益并不高，因此在公司没有租赁土地之前许多坡地被废弃。公司为了自身的产业化经营，以租赁形式从兰巨乡豫章、独田等村集体和150多户农户手中流转荒山、疏林山4300亩，建立了金观音茶叶示范基地1000亩，茶叶新品种研发基地300亩，无公害特色水果基地2000亩，笋竹两用林基地1000亩。租赁的期限一般为30年，价格在25～50元/亩/年。对于一些废弃的荒地，茶企的租赁受到欢迎，但也有一些农户不满于租金。为此，企业对出租土地的农户提供就业支持，农户可以到茶园打工，在农忙时节也能获得不错的收入。

配合林权流转证制度，企业还实现了以租赁的土地抵押贷款，享受了较低的贷款利率（4厘），扩大了厂房，提高了企业效益。

（4）林权抵押贷款担保合作社。花桥村惠农担保合作社是龙泉市2013年3月开展的村级担保组织的第一个试点，全村42名村民和村委会共同出资60万元组建，与信用联社建立协作伙伴关系，为社员的贷款进行担保。

花桥村山地类型复杂，全村22627亩林地，主要是经济林，生态林占比只有10%左右。村里人员构成也比较复杂，既有技术高的农业种植大户，也有外出打工或经商的村民。村民反映，如果要贷款，需要找到同等以上资产的人来担保，且需要夫妻二人共同担保，手续非常复杂。在合作社成立之前，有生产余力的村民很难拿到贷款，因此不容易进行更加规模化、专业化的生产。合作社成立之后，社员不止简化了手续，还能以更优惠的利率贷款。村主任告诉我们，"有了合作社，需要贷款的村民，只要将山林、土地、房屋等证件抵押给合作社，合作社审核同意并签核意见章后，就可以到农信联社领取贷款，而且贷款利率优惠，10 万元一年可节省利息 4080 元。"到目前为止已经有 36 户村民拿到信用或抵押贷款，金额达 300 万元。合作社的建立进一步解放了村里的生产力，土地流转加快，如村主任郑自友，作为种植大户，流入了土地 1980 亩，并用担保抵押的贷款 238 万成立了香榧种植基地。其他许多户也都纷纷联合起来，用贷款发展特色农业，村中有 15 户成立了合作社种植苗木，另有农户合作经营毛竹、在稻谷中间养田螺等，家庭农场也发展了好几家，担保合作社的确盘活了村里的经济，让村民过上了好日子。

4. 林业合作经营模式的创新点及优势

（1）因地制宜，发展多样化合作组织，提高林地使用效率。龙泉市地处山区，地形环境复杂，不同地方有自己独特的土地条件，在发展上不能一概而论。农民和企业作为第一线的实践者，最了解所在地的实际情况，能够依据土地特点进行专业化的分工，而政府也鼓励和扶持各地发展自己的特色产业，提高了土地利用效率。前面提到的几个例子都是根据地方特点发展起来的合作组织。此外，如凤阳山作为景区生态林区，林农有林不能砍，且交通不便，不宜经营毛竹，在政府扶持下，当地发展起了农家乐特色旅游业，农民收入得到了飞速提高。而当地农民的林地都租赁给了当地茶企统一建立茶叶基地，山中的荒地也得到了最大的利用，当地的经济得到了很大的改善。

（2）创新性强，打破制度"瓶颈"。龙泉市针对林改中出现的一些困难，推出了一系列先创性的政策和措施。担保合作社的成立，便是在农民贷款难、银行贷款怕的呼声下创新的产物。林地经营权流转证制度，为合作经营难、贷款难的问题打开了一道门，盘活了当地的林地，促进了流转，催生了一批专业合作社的形成。这些创新性的创举，为当地专业化、集约化经营提供了极大的便利，使得林地经营进一步活跃起来。此外，政府能够站在农民的角度考虑，提供相关政策和政府服务配套，最大限度地满足了农民需求。

（3）与企业配合，促进产业链综合经营业务发展。龙泉市大力发展多主体的合作模式，如"龙头企业＋农户＋基地""企业＋合作社""企业＋家庭农场"等多种发展模式，在合作中，注重发挥企业的专业带头作用。

一方面，企业带头，形成产品生产、加工、销售的产业链结构，减少内部交易成本；另一方面，以企业主营业务为核心，呈辐射状发展，大力发展相关的综合型业务，提高企业的多样化经营能力。这种发展模式，从纵向和横向综合提高林地的利用效率，最大可能地促进了当地多产业的发展。

5. 林业合作经营模式的问题

（1）贷款难，资金链断裂。在访谈中，许多合作社的负责人都反映了贷款难的问题。土地由分散到合作专业化经营需要大量资金的支持，并且林业投资多是长期的，而贷款则以短期为主，借贷不匹配的问题严重。此外，以合作经营的林地为抵押，手续烦琐，不确定性高，企业在政府的扶持政策下拿到贷款后，也多因为风险问题而停止续贷，造成资金链的断裂。在这种情况下，许多企业放弃了林权抵押而采取其他类型的贷款。

（2）企业与社员利益冲突，政策性推广带来无效性。龙头企业+合作社的模式虽然可以发挥企业的带头作用，但如果企业与合作社原本是买方与卖方的关系，容易发生利益上的冲突，双方中实力较弱的一方容易受到利益的损害。大部分情况下，企业为了自身利益会尽量压低给合作社的价格，而合作社多为弱势的农民，在签订合同时容易被蒙蔽，维权意识较差，从而受到利益的损害。

在龙泉，合作组织以自上而下的组织模式为主，大多是政府推动成立或者企业带头的，而林农自下而上的自发组织较少。政府扶持相关产业的发展，有时会出现推广的盲目性。如肖庄食品厂牵头成立的肖庄竹笋专业合作社，肖庄食品厂并不参与竹笋生产，而主要从外部买入鲜竹笋进行加工。政府推动成立合作社后，食品厂仍然采用之前的购买模式，不参与合作社竹笋生产，而村中的鲜竹笋质量不佳，食品厂收购不利，双方利益矛盾较多。这种政府和企业成立的合作社，容易造成农民和企业在信息上的不对称，从而带来日后利益的冲突与损失。

（3）法律保障缺乏。许多企业和农民在成立合作社时，就希望可以通过合作社的资源抵押得到贷款，同时合作社自身的发展和运行也需要贷款的支持，因此贷款资金是合作组织的一个重要支持。但合作社内的土地属于流转所得的土地，合作社本身没有所有权，因此林权抵押贷款手续繁杂，且存在林地抵押风险问题，十分困难。这是我国林改后普遍存在的问题。

龙泉市通过改革，推行林地经营权流转证制度，从很大程度上降低了林权抵押贷款的难度，但是流转证的法律地位并没有得到认可，农民仍面对极大地不确定性，这是亟待完善的问题。

另外，担保合作社的成立也大大减少了林权抵押贷款的手续，方便了资金的流动。但担保合作社内部的评估并不具备法律效力，在发生纠纷时也容易被有机可乘。因此，完善相关法律制度是一系列改革措施推广的关键。

（三）对林业合作经营模式的思考和建议

1. 完善相关法律法规

以解决社员贷款难为核心的合作社，服务单一，盈利能力非常弱。在起步阶段要依靠政府的资金扶持，但已有的经验显示其发展障碍很大。因此，政府不仅需要在初期提供资金上的支持，还应引导这类合作社的综合发展。参考日、韩合作社的特点，在稳定核心职能的基础上，发展成为以抵押贷款、林业技术服务为服务内容的综合性合作社，有条件的应拓展至生产资料采购、产品运输、产品统一销售等服务。

此外，目前担保合作社的评估资质尚未受到法律认可，其合法地位不能得到保障，为了推动这一创新的发展，应加快相关方面的立法工作，促进合作社的健康发展。

2. 发展综合经营业务

合作社的产品处于供应链的中下游，如合作社没有有力的核心业务，社员与合作组织没有紧密的利益联结机制，合作社很容易在竞争中处于劣势地位，从而发展受阻。龙泉多方位的发展经验给了我们启示，在合作组织的发展中，如果能够与相关的企业、组织合作，发展像龙声玩具或者能福伞业那样贯穿产业链的纵向业务，或者形成肖庄食品厂一样以笋加工为主、多种种植养殖加工产品综合发展的横向业务，会有利于合作组织的稳定性，促进其健康、快速发展。

3. 因地制宜灵活发展

政府政策的推广是一种有利的信息传播方式，能够打开农民的视野，引导农民采取更加有效的生产方式。但政府只能得到关于生产的间接信息，并不是生产的直接实践者和利益相关者，因此在政策制定时，会出现因信息不对称和目标不一致而导致的政策错位，所引导的发展也许不是最有利于具体实践的。龙泉在发展时注意结合不同地区的实情，因地制宜制订发展计划，最大限度地实现各地的优势。但在政策推广初期，也出现了许多盲目推广的失败例子，这些实践都在时间的检验中被否定了。因此政府在政策的实施初期，要灵活变通，因地制宜，以人民需求为主，政府引导为辅，遵循市场规律，实现有效可持续的发展。

参考文献

[1] Carter, C. A., Chen, J. and Chu, B., 2003, "Agricultural Productivity Growth in China: Farm Level versus Aggregate Measurement", *China Economic Review*, Vol. 14, Issue 1, pp53 – 71.

[2] 蔡昉、李周：《我国农业中规模经济的存在和利用》，载于《当代经济科学》1990 年第 2 期。

[3] 黄丽萍：《农民林业专业合作经济组织发展研究》，厦门大学出版社 2012 年版。

[4] 孙浩杰、王征兵、汪蕴慧：《农民专业合作经济组织运行机制探析》，载于《林业经济》2011 年第 8 期。

[5] 徐玉伶：《农业专业合作社发展中存在的问题》，载于《统计与管理》2011 年第 4 期。

[6] 许庆、尹荣梁：《中国农地适度规模经营问题研究综述》，载于《中国土地科学》2010 年第 4 期。

[7] 许庆、田士超、徐志刚、邵挺：《农地制度、土地细碎化与农民收入不平等》，载于《经济研究》2008 年第 2 期。

[8] 姚洋：《小农与效率——评曹幸穗〈旧中国苏南农家经济研究〉》，载于《中国经济史研究》1998 年第 4 期。

第四章

林权流转与林农就业、增收

一、林农就业和增收的重要性

就业是经济中的一个重要问题，它关系到社会稳定、人民生活水平，是衡量经济发展的重要指标。中国作为人口大国，面临着较大的就业压力。随着社会主义市场经济的发展，地区经济发展不平衡、城乡差距逐渐加大，农民失业和低收入现象也诱发了一系列社会问题，不利于社会和经济的健康发展。因此，解决农民就业，增加农民收入是经济发展中需要重视的问题，也是中央政府一直以来高度关注的问题。

而在当前新常态经济背景下，缓解就业压力，特别是增加农村地区人口的就业率，实现农民增收是十分艰巨的任务。大量的农村剩余劳动力受教育程度低、劳动技能单一，在城镇化、现代化的发展过程中实现就业十分困难。农村剩余劳动力向城镇转移的同时，也加大了城镇就业的压力，对城镇的社会治安等方面也带来了较大的影响。因此，要解决就业问题，特别是农村剩余劳动力的就业问题，不仅要鼓励农民在城市寻求就业就会，同时也要发展农业，建设新农村，寻找农村的经济增长方法，挖掘农村自身的就业空间。

我国许多农村属于山林地区，林业是农业中重要的组成部分。相对于其他行业，林业在我国是比较落后的产业，但是它有着巨大的发展空间，可以为社会带来更多的经济效益、社会效益和生态效益。因此，大力发展我国仍然相对落后但具有巨大经济潜力的林业，促进林农的就业、实现林农增收，不仅有利于解决林业内部的发展问题，也可以吸引行业外的资本和劳动力，成为解决我国就业问题，特别是农民就业问题的途径之一。

从世界各国的经验来看，一些发达国家把林业作为主导产业，带动全国经济发展，扩大就业，不仅保证了居民的收入，还优化了居住环境，实现了经济腾飞和环境保护双效发展。例如，加拿大的林业产值超过了农业、渔业、矿产和能源的出口总和，成为全国第一的产业，林业为加拿大提供的就业机会占全国的17%左右。芬兰有大量的林业资源，约1/6的人口参与林业经济。各国经验表明，林业经济可以吸纳大量的就业，也能带动经济的发展。在我国森林资源丰富的地区，应该学习先进国家的经验，大力发展林业相关产业，带动当地经济，提供更多的就业机会，实现林农增收的目标。

二、林农就业和收入现状

发展林业经济、促进林农就业、增加农民的林业收入对于农村的经济和社会发展都有着极其重要的作用。因此关于林业收入的研究也有着重要的意义。了解林农就业和收入现状，以及影响农户林业就业和收入的因素，有利于促进林农就业、增加农户林业收入、促进林业经济的发展，并能为相关政策制定者提供理论依据。

本章采用了国家林业局经济发展研究中开展监测的集体林改监测数据，通过对抽样数据的分析，得到目前林农就业和收入的现状，以及各种影响因素。集体林改监测数据是对中国集体林改的改革进展、成效和政策等各方面内容进行的综合监测。监测采用分层抽样方式，对县、村、农户三级进行了跟踪性调研，样本具有较强代表性。在现有集体林改监测和调研中，集体林改监测是频率最高、连续监测时间最长、范围最广的一项监测调研。本章使用的数据是 2013 年度完成的监测，测度的是 2012 年度的改革情况和绩效。该数据库包括农户家庭的信息、所在村的集体林权制度改革情况、农户家庭的生计情况和对林改政策的需求信息。林权改革的信息包括：林地基本信息、补贴、资源采伐、林权流转、林业金融、社会化服务和林下经济的信息。该数据库包括了辽宁、福建、江西、湖南、云南、陕西和甘肃 7 个省，共计 90 个县，289 个乡镇，376 个村的信息。总样本数为 3502。

(一) 样本就业情况

数据共 3502 户林农样本，每户人口总数分布如表 4 - 1 所示。大部分家庭拥有 2~8 名成员，其中有四五口人的家庭最多。在每户林农中，劳动力占家庭总人口的百分比，体现了该家庭获取收入的能力与家庭消费负担的比例，从而体现出平均每个劳动力所承担的家庭消费责任大小。样本中该比例的密度分布如图 4 - 1 所示。约 23% 的家庭有一半的人口可以进行劳动，承担家庭消费。约 12% 的家庭里，所有人口都可以进行劳动，这样的家庭面临的生活压力将更小。总体而言，参与劳动的人口小于家庭总人口 1/2 的家庭有约 50%，面临比较大的生活压力。因此，对于这些林户而言，对增加劳动收入的需求更大。发展林业，提高林业生产效率，增加林农的收入，有利于缓解这些缺乏劳动力家庭的经济压力。

表 4 - 1　　　　　　　　　　样本每户人口总数分布情况

家庭人口数	样本数（个）	百分比（%）	累计百分比（%）
1	42	1.20	1.20
2	264	7.54	8.74
3	490	14.00	22.74
4	918	26.23	48.97
5	769	21.97	70.94
6	590	16.86	87.80
7	195	5.57	93.37
8	112	3.20	96.57
9	53	1.51	98.09
10	34	0.97	99.06
11	15	0.43	99.49
12	6	0.17	99.66
13	6	0.17	99.83
14	5	0.14	99.97
15	1	0.03	100.00
总计	3500	100.00	100.00

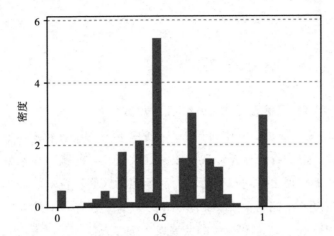

图4-1 样本密度分布（家庭劳动力人口/家庭总人口）

在这些林户里，有大部分的林农会进城务工，并非全部的劳动力都参与林业相关的劳动。每家外出打工的人数占总劳动力比例的密度分布如图4-2所示。有约75%的家庭存在外出打工的现象。这说明从整体来看，林业经济外流了大量的劳动力，有大部分林农选择了外出打工，而不是经营本地林业。林业经济有待继续大力开发，其蕴含了巨大经济潜力，只有林业本身得到发展之后，才能留住本地劳动力，为林业的发展注入新的活力。

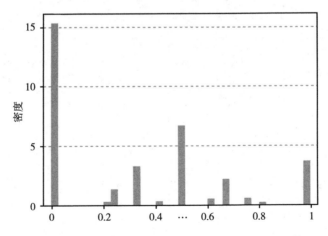

图4-2 样本密度分布（外出打工劳动力数/劳动力数）

（二）样本收入情况

在样本的 3502 户林农的数据里，有 1073 户没有林业收入，其收入都来源于其他方式，占比约 31%。其他有林业收入的家庭里，林业收入分布如表 4-2 所示。约一半的家庭在林业中获得的年收入小于 1 万元，大于10 万元的家庭占比不到 3%。从数据结果来看，林业经济的发展带给林农的收入十分低，除了少数林户发展了林业经济，得到客观的经济效益，大多数林农在林业中获得的报酬非常低。这说明，我国的林业尚未得到全面和深入的发展，其经济价值仍然有待挖掘。继续发展林业经济，为林农提高收入十分必要。

表 4-2　　　　　　　　　　　　　　林业收入分布

家庭林业收入（元/年）	1~1000	1000~10000	10000~100000	>100000
百分比（%）	23	28	16	3

（三）林农收入的影响因素

在文献中，已有大量的研究发现了影响林农收入的各种因素。陈艺彬（2012）通过对数据进行相关性分析，得出结论，农户劳动力数量、林地面积和农户的林业收入存在显著的正相关关系，户主的受教育年限与农户的林业收入相关性并不显著，户主的年龄和林地块数与农户的林业收入也没有显著的相关性。刘伟平和陈钦（2000）则通过对福建省和江西省农户林业收入的分析，发现林权制度改革使农户林业收入显著增加，除了林权制度改革以外，林业税费减免和木材价格上涨也促进了农户林业收入的增加。李朝柱（2012）的研究表明，林地流出对农户收入的结构有显著影响，使林业收入比例显著增加，但是林地流入和流出对农户的收入水平并没有显著的影响。

本章采用国家林业局经济发展研究中开展监测的集体林改监测数据，对影响林农收入的因素进行了再次分析。

1. 变量说明

农户林业收入是指农户的用材林收入、竹林收入、经济林收入、林下经济收入、涉林打工人数、财产性收入、转移性收入和其他收入之和。具体每种收入包括的收入类型见表4-3。为了合理度量林地面积对于收入的影响，本章中采用的收入是平均面积（亩）的农户林业收入。

表4-3 农户林业收入

农户林业收入	内容
用材林收入	木材收入、薪材收入
竹林收入	竹材收入、竹笋收入
经济林收入	
林下经济收入	林下种植收入、林下养殖收入、林下产品采集加工收入、森林景观利用收入
涉林打工收入	
财产性收入	林地租赁、买卖青山
转移性收入	生态效益补偿、抚育补贴、种苗补贴、林业农机具补贴
其他收入	

农户参与林业劳动人数是指参与造林种植、森林抚育、森林管护、林木采伐、竹材采伐、果品采摘、竹笋挖掘和其他林业劳动的人口数。

与集体林权制度改革相关的因素，本章主要考虑了是否参与林业合作组织、是否发展林下经济、是否接受过林业科技服务等客观信息，以及是否有意愿进行林地流转、贷款和保险等主观信息。此类信息为"0—1"虚拟变量，1表示是，0表示否。

还考虑了林业合作组织提供的服务项目和林下经济类型对于农户林业收入的影响，其中林业合作组织提供的服务包括贷款、科技、销售、营林生产和"三防"，林下经济的类型包括林下种植、林下养殖、林下产品采集加工和森林景观利用。

样本的统计性描述如表4-4所示。样本中，农户的收入和林地面积有较大的方差，体现了林农在林业经营方面存在比较大的差异。从平均水平来看，参加林业合作组织的林户很少，大部分的林户有进行保险的意愿，接受过科技服务，有贷款意愿的林户也比较多，超过了 1/3，发展林下经济的林户只有 16%，有流转林地意愿的林户也只有 14%。

表 4-4 样本描述性统计

变量	样本数量	均值	标准差	最小值	最大值
农户林业收入/（亩）	3476	409.86	3818.06	0.00	171437.10
ln（农户林业收入）/（亩）	2421	4.14	2.10	-2.54	12.05
农户林地面积	3502	86.50	218.33	0.00	4672
农户参与林业劳动人数	2943	2.52	55.37	0.00	3000
是否参与林业合作组织	3458	0.07	0.26	0.00	1
是否发展林下经济	3466	0.16	0.37	0.00	1
是否接受林业科技服务	3374	0.42	0.49	0.00	1
是否有林地流转意愿	3502	0.14	0.35	0.00	1
是否有贷款意愿	3502	0.38	0.48	0.00	1
是否有保险意愿	3502	0.62	0.48	0.00	1
林业合作组织提供的服务项目					
贷款	3502	0.00	0.06	0.00	1
科技	3502	0.03	0.16	0.00	1
销售	3502	0.02	0.15	0.00	1
营林生产	3502	0.02	0.13	0.00	1
"三防"	3502	0.01	0.12	0.00	1
林下经济类型					
林下种植	3502	0.11	0.31	0.00	1
林下养殖	3502	0.02	0.15	0.00	1
林下产品采集加工	3502	0.03	0.18	0.00	1
森林景观利用					
省份					
辽宁	3502	0.14	0.35	0.00	1
福建	3502	0.14	0.35	0.00	1
江西	3502	0.14	0.35	0.00	1
湖南	3502	0.14	0.35	0.00	1
云南	3502	0.14	0.35	0.00	1
陕西	3502	0.14	0.35	0.00	1
甘肃					

2. 影响因素的实证分析

本章采用多元线性回归模型对变量的系数进行了三次估计。第一个方程包含农户林地面积、参与林业劳动人数和集体林权制度改革的相关变量，表4-5中第一列为回归结果。第二个方程加入了省份虚拟变量，表4-5中第二列为回归结果。为了分析林业合作组织和林下经济对林业收入的影响，本章在第三个方程中加入了林业合作组织提供的服务类型和林下经济类型变量，表4-5中第三列为回归结果。

表4-5 计量回归结果

因变量：Ln （农户林业收入/亩）	方程 1		方程 2		方程 3	
	系数	标准误	系数	标准误	系数	标准误
农户林地面积（亩）	-0.00211 ***	0.000191	-0.00203 ***	0.000181	-0.00203 ***	0.000182
农户参与林业劳动人数（人）	-0.000521	0.000688	-0.00122 *	0.000633	-0.00136 **	0.000637
是否参与林业合作组织（1=是，0=否）	0.964 ***	0.161	1.048 ***	0.149	0.704 ***	0.207
是否发展林下经济（1=是，0=否）	0.467 ***	0.114	0.617 ***	0.107	0.233 ***	0.330
是否接受林业科技服务（1=是，0=否）	0.329 ***	0.095	0.248 ***	0.088	0.214 **	0.088
是否有林地流转意愿（1=是，0=否）	-0.369 ***	0.132	-0.200	0.124	-0.200	0.123
是否有贷款意愿（1=是，0=否）	0.197 **	0.097	0.132	0.091	0.121	0.090
是否有保险意愿（1=是，0=否）	-0.255 **	0.101	-0.035	0.098	-0.037	0.098
林业合作组织提供的服务项目						
贷款					0.308	0.657
科技					0.715 **	0.306
销售					0.211	0.318
营林生产					0.313	0.330

续表

因变量：Ln（农户林业收入/亩）	方程1		方程2		方程3	
	系数	标准误	系数	标准误	系数	标准误
"三防"					−0.491	0.371
其他						
林下经济类型						
林下种植					0.723 **	0.324
林下养殖					1.199 ***	0.316
林下产品采集加工					0.905 **	0.369
森林景观利用						
省份						
辽宁			−1.593 ***	0.190	−1.654 ***	0.190
福建			1.483 ***	0.201	1.455 ***	0.201
江西			−0.056	0.186	−0.066	0.187
湖南			−0.394 **	0.196	−0.446 **	0.197
云南			−0.708 ***	0.190	−0.788 ***	0.192
陕西			−0.883 ***	0.181	−0.908 ***	0.180
甘肃						
常数项	4.240 ***	0.096	4.512 ***	0.172	4.568 ***	0.172
R平方		0.091		0.234		0.245
样本量		1967		1967		1967

注：*、**、***分别表示在10%、5%以及1%的水平上显著。

三个方程的结果都显示，农户的林地总面积对农户在单位面积上的林业收入有显著的负效应。林地面积每多1亩，农户在平均面积上的林业收入减少0.00203个百分比。林地面积越大的农户，所获得的平均林业收入越低。产生这种负效应的原因，可能是拥有大面积的农户没有合理的利用科学技术，没有实现高效的统一管理，规模经济的作用没有得到应有的发挥；而拥有较小面积林地的农户，在治理林地、管理和销售上都更加方便，风险更小，从而出现了结果中显示的负效应。也有可能是，小面积的经营有利于规避虫灾、火灾等风险，而大面积的经营更容易受到上述灾害的影响，造成收入的降低。这个结果并不能构成反对规模经济的证据，因为，在当前中国的林业发展中，科技的应用还很有限，大户经营的经验很少，在缺乏指导和经验的环境中，林业大户只能摸索前进，造成单位面积的林业收入减少。所以，尽管此处的数据表明，随着面积的增加，平均面积的林业收入呈现递减的趋势，但在我国目前的林业发展情况下，不能否认林业具有规模经济的效益。

同时，这也说明，在促进林地流转，鼓励林地的大户经营以外，也要同样重视科学技术的应用，才能实现林业经济的规模效应。规模经济不只是单一扩大经营面积，还需要将相关的各种生产要素合理配置，并且运用先进的科学技术。只有在合理配置资源、科学生产的基础上，规模经济才能实现。

在方程1的估计结果中，农户参与林业劳动的人数对于单位面积的农户林业收入没有显著的影响，而在加入了其他更多变量的方程2和方程3中，其结果是显著为负的。参加林业劳动的人数每增加1人，农户单位面积的林业收入降低0.0012个百分比，这与劳动力与生产力成正比关系的直觉相违背。产生这种结果的原因可能是，生产力高的农户运用了科学的生产技术、管理方法，从而实现了单位面积的高产量，同时需要的劳动力也减少。然而，低生产效率的农户，在林地经营上缺乏经验和方法，同时需要更多的劳动力。所以，从结果中可以看出，单位面积的林业收入越高的农户，在劳动力的使用上越少。

在三个方程的回归结果中都显示，参与林业合作组织、发展林下经济和接受林业科技服务对于农户的林业收入有显著的正效应。其中参与林业合作组织的正效应最大，在方程3的结果中，参与林业合作组织相比没有参与林业合作组织的农户，在单位面积的林业收入上高出0.704个百分比，这说明参与林业合作组织对于提高农户的林业收入有着非常大的作用。在方程3的结果中，发展了林下经济的农户相比没有发展林下经济的农户，在单位面积的林业收入上高出0.233个百分比，这说明发展林下经济对于提高农户的林业收入也有着十分重要的作用。方程3的结果中也显示，接受过林业科技服务的农户相比没有接受过林业科技服务的农户，在单位面积的林业收入上高出0.214个百分比，说明林业科技服务也能提高农户的林业收入。

而在样本数据里，愿意参加林业合作组织的只有7%，愿意发展林下经济的只有16%，愿意接受科技服务的有47%。说明科学技术在林农中的推广已初见成效，近一半的林农懂得科学技术对林业发展具有促进作用。

而愿意参加林业合作组织的林户十分少，笔者在深入林区的调研过程中，也发现有许多林农对各种类型的合作组织有着不信任，认为这是政府安排的任务，搞形式主义，对经济发展没有大的作用。而从数据的结果来看，合作组织对促进农户收入有着显著的正向作用。说明政府在推广合作组织时，没有让农民充分了解合作组织形式的优势，单一的、强制性的组建合作社，势必引起农民的反感。所以，各地政府在推广合作社等新型经营主体时，需要重视对这些组织形式优势的宣传，让林农认识到这些合作方式，不仅仅是形式，而是为了真正提高林农收入，促进林业经济的发展。

为了分析林业合作组织提供的各种服务所产生的效应，以及林下经济的各种类型所产生的效应，笔者在方程 3 中加入了这些变量。结果显示，在林业合作组织提供的服务项目里，相对于其他服务这一基准组，科技服务对于农户的林业收入有着显著的正效应。接受过林业合作组织提供的科技服务的农户，相对于没有接受过此类服务的农户在平均林地面积上的收入要高出 0.715 个百分比。说明提供科技服务对于提高农户的林业收入也有重要的作用。然而，贷款、销售、营林生产和"三防"的效应都不显著，可能是因为这些服务还没有完全普及，或者没有完全发挥作用，地方政府在实施集体林权制度改革，发展农村林业经济的过程中，需要加强这些服务的工作。

在林下经济的四种类型里，相对于森林景观利用基准组，林下种植、林下养殖和林下产品采集加工对于农户的林业收入都有显著的正效应。其中林下养殖和林下产品采集加工的正效应最大，分别是 1.199 个百分比和 0.905 个百分比。说明发展林下养殖和林下产品采集加工在提高农民收入方面有更积极的作用，政府可以鼓励农民在适应林地自身特征的情况下，发展林下养殖和林下产品采集。

3 个主观变量——林地流转意愿、贷款意愿和保险意愿，在方程 1 的结果中是显著的，在方程 2 和方程 3 中是不显著的。由于方程 2 和方程 3 考虑了更多的因素，控制了更多的变量，回归的结果比方程 1 更为准确，因此本章主要分析这 3 个变量在方程 2 和方程 3 的结果。结果显示，对于林地流转、贷款和保险，农户的需求与当前在林业上的收入是没有显著关系的，因此在发展和宣传林地流转、贷款和保险业务时，应该兼顾各收入水平的农户。

对于 7 个地区虚拟变量而言，从方程 2 和方程 3 的结果中可以看出，地区差异比较大。其中，福建农户的林业收入显著高于其他各省，其次是甘肃和湖南。辽宁在农户林业收入上显著的低于其他六省。

总体而言，通过对 2012 年的集体林改监测数据（CFTR）的分析，得到了以下结论：

第一，农户林地总面积对农户林业收入有显著的影响，参与林业合作组织、发展林下经济、接受林业科技服务等对农户林业收入有显著的正效应。

第二，福建、湖南和甘肃三省的农户林业收入显著高于辽宁、江西、云南和陕西四省。

第三，在合作组织提供的服务项目里，科技服务相对其他服务显著增加了农户林业收入，在林下经济的四种类型中，林下养殖和林下产品采集加工对农户林业收入的影响显著高于林下种植和森林景观利用。

三、案例分析

浙江省林业改革走在全国前列，林业经济相比其他地区更为发达，是林业发展的先进典范。该省各山林地区通过鼓励林农进行林地流转，帮助林农创业，解决了大量的林农就业问题，增加了林农收入。云南省作为我国的林业大省，有许多贫困山林地区的农民面临就业难、收入低的问题，需要大力发展林业经济。当地大量的林农仍然保留着单户经营的方式，经济发展的速度相对浙江省较低。通过对比两地不同的经济模式，可以找到促进林业经济发展的方法，给发展较慢的地区提供一些指导经验，学习发达地区的林业经济模式，发展当地林业产业，帮助林农实现就业与增收。

（一）浙江省林业概况

1. 林权改革与制度创新

浙江省全面推进集体林权制度改革，创新林业体制机制，吸引社会资金、科学技术、人才等生产要素向林区流动，促进了金融、技术、人口、土地等资源要素的合理配置，解放和发展了林业生产力。

（1）率先完成集体林权制度主体改革。同时，完善了林权信息化建设，构建了电子信息系统，将林权证等信息全部录入电子系统，实现了数字化管理。

（2）大力推进林权流转，建立了省级林权产权交易所，县市级林权交易中心、林权管理机构等。在龙泉市创新性地开始使用林权流转证，帮助解决了林权交易中的各种现实问题，极大优化了流转过程，方便了林农进行流转林权，保障了流转双方的各项权益。

（3）林业金融进行了多方面的创新。林权抵押贷款业务在全省推广，同时开展政策性保险，并将林木保险纳入政策性保险的范围，覆盖了全省46%的森林面积，有效保障了林农的利益。

（4）创新林业经营主体。促进林农进行林地流转的同时，鼓励林农建立起有效的合作方式，培育了大量的"林保姆"、林业专业合作社、示范户、示范基地等。全省投资林业的非公有制单位共有8600多家，累计投资额度达到了500多亿元。

2. 林业经济的快速发展

浙江省开展了制度创新、政策扶持、资金补贴等帮扶引导工作，吸引并合理配置了社会资本、土地、科技、劳动力等林业生产要素，推动了当地林业经济的快速发展，形成了以木业、竹业、花卉苗木、森林食品、野生动植物、森林旅游六大产业为主导的林区经济，打造了具有地方特色的林业产业集群。

（1）建设现代林业园区创建点，改造毛竹、低产油茶林，开发新的香榧林、山核桃林、高产油茶林等，实现了园区经济，帮助林农增收。

（2）竹木加工业的升级转型。竹产品从竹凉席、竹地板、竹胶合板等传统产品拓展到了竹纤维、竹炭、竹材饰面板、竹木复合板等精深加工产品，形成了竹加工业、木门业、家具业、云木制玩具业等特色产业集群。

（3）发展森林旅游，加强基础设施建设。加强森林公园、湿地公园、自然保护区、林业观光园区的建设，积极举办森林旅游节，广泛推介森林休闲旅游。建设林区道路24958公里，帮助降低了林农生产成本，有效促进了林业经济的发展。

（4）积极拓展林产品市场。通过举办森林产品博览会、森林旅游节、花木节、笋竹产品推介会等活动，搭建林产品交流平台，完善市场营销机制，帮助林业相关企业探索有效的营销渠道，促进林业经济的发展。

3. 推动科学技术的应用

开展科技自主创新和集成创新，建立以国家公益性林技推广机构为主导的多元化新型林技推广体系，全省林业科技贡献率和成果转化率均达到60%。

（1）组建了2个国家级平台、5个省级重点实验室、3个省级科技创新服务平台，集中攻克一大批制约林业发展的关键技术难题，获得国家科技奖11项、省科技奖一等奖4项。

（2）加强技术推广。举办林业科技周等一系列送科技下乡活动，建立健全林业科技特派员工作机制，实施"典型示范，辐射带动，全面推进"的科技成果转化推广模式，全省实施了各类科技推广项目，建立了科技示范园，培育了大量的科技示范户。

（3）创新林产品质量安全监管模式。浙江省在全国率先实施林产品质量安全"从林地到上市消费"的全程监管，首次建立可食林产品例行监测、上市初期预警抽查、基地环境质量动态检测等制度，全省可食林产品抽检合格率从2006年的92.6%提高到2011年97.8%。

（4）加强种苗基础工作。创建全国第一个林木种质资源保育与利用公共平台，建立了国家级、省级、社会办等多种重点林木良种基地，初步建立起以国家级重点林木良种基地为核心、省级重点良种基地为骨干、地方和社会办良种为补充的林木良种繁育推广体系，全省商品林良种使用率达到80%以上。

4. 森林资源管护的加强

创新森林消防综合管理机制，推进森林火灾预防监测体系建设，提升森林火灾应急处置能力，森林消防形势总体平稳。同时，加强林业有害生物防治，全省森林火灾面积、林业有害生物成灾面积、成灾率等逐步降低。

（二）云南省林业概况

1. 林权改革

推进了集体林权制度改革，主体改革基本完成，配套改革有序推进。建成三级林权管理服务机构 135 家，成立林农专业合作社 2024 个，林权管理、森林资源资产评估、林业投融资、林木采伐管理、社会化服务等配套政策体系进一步完善。国有森工企业改革全面完成，天保工程区 17 户国有重点森工企业全部移交属地管理，林业厅直属 14 户国有企业相继完成脱钩改制工作，实现了"政企分离、政社分离、政资分离"的改革目标。

2. 林业经济的发展

大力发展了木本油料、林浆纸、林化工、竹藤、野生动物驯养繁殖、森林生态旅游、木材加工及人造板、林下资源开发等特色林产业。

大力扶持和发展了林业龙头企业，推进了林业产业园区、林产业品交易市场的建设。

积极培育林业行业协会、林农专业合作社、种植大户等新型林业经营体。

完善林业投融资体系。在不断争取财政投入的同时，相继开发了林权抵押贷款、林业贴息贷款等林业金融产品，建立健全了森林火灾保险、野生动物肇事补偿等林业政策性保险制度，初步形成了"政府扶持、信贷支持、市场运作、社会参与"的多元化、多层次、多形式的林业投入机制。林权抵押贷款余额自 2009 年以来连续 3 年位居全国第一位，截至 2013 年上半年已接近 130 亿元。野生动物肇事公众责任保险范围扩大到 7 个州市，森林火灾保险覆盖全省 16 个州市。

（三）两市林业发展对比

云南省林业面积是浙江省的 3.7 倍，年总产值却是浙江省的 1/2。两省的林业经济发展程度有较大的差异，对比两省在林业经济发展中的不同，可以找到促进林业经济发展的方法，给发展较慢的地区提供一些指导经验，学习发达地区的林业经济模式，发展当地林业产业，帮助林农实现就业与增收。

1. 经营模式

从两省林业经济的发展状况来看，云南省地区仍然存在大量以单户经营为主的林农，每家每户分别经营自己的小片林地，从购买苗木、栽种、培育、除草除虫、防火防灾，到采摘果实、实现销售都是由林户自己完成。大多数的散户销售的主要是直接采摘的果实、砍伐的林木。从种植环节来讲，散户经营无法充分利用林业规模经济的优势，面临较高的单位成本；同时，散户无法利用科学的技术，在面临各种种植问题时，无法得到快速有效的解决；在销售环节，散户面临信息不对称的问题，无法快速获取有效的市场信息，在议价能力上稍显弱势，容易形成滞销，或者得到低于市场的收购价格；在面对虫灾火灾时，散户的抗风险能力较弱，一场火灾或者旱涝灾害就可能导致一户林农一年的辛苦白费，没有收成。综合来讲，散户经营在林业经济的各个环节都存在弱势。

浙江省的大多数林区已经实现了合作经营或者流转林地给企业统一经营。林地统一经营的好处包括：（1）在获得贷款上具有优势，容易获得银行或者社会资本的支持，有助于当地林业经济的更快速发展；（2）信息优势，可以更广泛的了解市场对林产品的需求，从而经营经济价值较高的品种；（3）了解市场价格，具有更好的议价能力；（4）同时具有拓展销售渠道的能力，可以扩大产量，实现增收；（5）在种植和培育环节，可以发挥林业的规模经济优势，大面积统一管理，降低单位成本；（6）方便运用科学技术，保证种植和培育环节的高效，及时解决出现的各种问题；（7）在面对灾害时，有更高的抗风险能力，有更好的资金流动性；（8）可以发展林产品加工业，增加林产品的附加值，发展特色品牌，实现增收；（9）还可以为当地提供大量的就业岗位，实现林农增收，共同致富。

总体而言，要实现林业经济的发展，解决林农就业问题，实现林农增收，需要促进林地流转，鼓励合作经营和由企业经营，鼓励发展林产品加工业，增加产品的附加值，同时，提供融资方面的补贴、帮扶政策，鼓励有经验的林农进行创业。只有实现了从小、散户到合作经营、大企业的转变，才能促进林业经济的快速发展，为林农提供更多的就业岗位，提高林农的收入。

2. 劳动力

在云南省以散户经营为主的地区，劳动力的性别、年龄比例呈现出严重失调。大多数林农散户的男性青壮年劳动力会进入相邻城镇工作，留下妇女和老人看护林地。在这些地区，林业的主要劳动力是妇女，由于大多数妇女要同时承担家务、教育小孩、照顾老人的任务，在经营林地方面力不从心。不仅无法科学的培育林作物，面对种植过程中的各种问题时也无法及时解决，这严重阻碍了当地林业经济的发展。

浙江省大部分地区实现了企业或者合作经营的方式，人均收入得到了提高，也吸引了大量的劳动力，留住了各地区的青壮年劳动力，从而进一步保证了林业经济的发展。

林区一般处于比较偏僻的地区，许多老、少、边、穷地区都属于林区，信息闭塞、交通不便、缺乏科学技术、没有高校的组织管理方式等都局限了这些贫困偏僻地区的发展，经济得不到发展，就留不住人才，导致有效劳动力的外流。劳动力外流，不仅不利于当地林业的发展，也不利于家庭的和谐，给当地妇女造成了比较大的生活压力，也形成了留守老人、留守儿童的社会问题，不利于社会的和谐发展。

这些问题的根本解决方法，是要合理利用当地有巨大经济发展潜力的林业，在政府的引导和扶持下，建立起具有经济效益的示范基地，培样示范林户。经济效益的出现，必将吸引更多的人才，吸引青壮年劳动力回乡发展，从而，进一步带动当地林业经济的发展。经济激活后，鼓励林户进行林权流转，以合作社或者企业的方式进行经营，实现规模经济的同时，利用企业或合作社在获取信息、获取科学技术支持、开拓销售渠道、开办加工业等方面的优势，提高林地经营的效率，增加林产品的附加价值，从而增加林业收入，提供更多的就业岗位。只有实现了当地林业经济的发展和腾飞，才能留住重要劳动力，解决贫困问题，从而也解决留守妇女、留守儿童、留守老人等社会问题，实现经济发展和社会和谐。

3. 销售市场的拓展

在云南省以小户经营为主的地区，销售途径和模式仍然保留着最为原始的方式。例如，有些散户依靠定期举办的集市活动来销售林产品。相邻城镇每两周或每月在固定的地点有约定俗成的集市活动，邻近村的村民将自家收获的农作物放在集市里进行售卖，这样交易的价格常常不固定，依据当时当地的市场情况而定。由于市场范围小，林农无法在更大的市场空间进行价格比较，受到交通条件的制约，也难以获得外面的市场价格，因而接受比较低的收购价格。市场范围小带来的另一个问题是需求量的波动较大，林农很容易面临产品滞销的问题，如果林产品不易储存，则会给林农带来比较大的经济损失。小市场让林农面临不公平价格的同时，也给林农的销售带来比较大的风险，从而制约了当地林业的发展。

由于浙江省大部分林区实现了合作社或者企业的经营模式，合作社或者企业在获取信息上具有更大的优势。联合经营或者企业在调用人力方面有比较大的弹性，可以雇佣专门的销售人才和市场人才，进行专业的市场调研，从而得到全面的市场信息，充分了解市场需求。在了解市场价格和需求的基础上，合理调配产量及资金，避免出现滞销的情况，降低了经济损失的风险。同时，还能制定出更适合市场的销售价格，提升当地林产品在市场中的议价能力，实现更大的经济效益，促进林业经济的发展，从而提供更多的就业岗位，实现林农增收的目标。

此外，政府可以开展一些促进产品交流的活动，利于当地林产品的推广和销售。例如，浙江省举办了森林产品博览会、森林旅游节、花木节、笋竹产品推介会等活动，使当地林业企业和经营者有了交流的平台，帮助经营主体了解市场，拓展销售渠道。浙江省在 2011 年举办的第四届森博会有 2000 多家企业参展，参会的采购商来自 100 多个国家和地区，共计 13.25 万人，实现总成交额 50.18 亿元。

4. 科学技术支持

在以散户经营为主的地区，科学技术应用较少，大多数林户仍然采用较为传统的种植技术。许多传统的种植方法经过了多年的经验修正有一定的合理性和应用价值。但是，和当今更为先进的技术相比，传统的种植方法中人力是重要的生产要素，需要大量的劳动力，生产效率较低。科技应用方面的不足体现在以下几个方面：（1）林业科技资源分散，缺乏有效的资源配置机制和绩效管理机制；（2）缺乏长期林业综合试验示范基地，重大林业工程效益监测基础薄弱，林业科研项目缺乏延续性，技术成熟度不足导致林业成果转化率较低；（3）行业标准体系和林产品质量监督体系不够完善。

浙江省建立了以国家公益性林技推广机构为主导的多元化新型林技推广体系，全省林业科技贡献率和成果转化率均达到60%。该省加强科技创新。组建了2个国家级平台、5个省级重点实验室、3个省级科技创新服务平台，集中攻克一大批制约林业发展的关键技术难题。同时也加强了技术推广，每年举办林业科技周活动等一系列送科技下乡活动，建立了林业科技特派员工作机制，实施"典型示范，辐射带动，全面推进"的科技成果转化推广模式。这些科研机构、推广系统的建立，有利于将科学技术应用于林业中，提高林业生产效率，推动林业经济发展。

在科学技术日新月异的现在，有利于林业发展的科技方法不断得到突破，在林业中利用科学技术，可以解放生产力，更加合理地配置生产要素。林农要合理利用这些科学技术，在提高林业生产效率的同时，面对林业发展中的难题时，也能及时寻求科技支持，降低种植环节的风险，提高林业效率。科技创新和科技服务的推广应用能促进林业经济的发展，从而解决就业问题，实现林农增收。

政府在科技方面可以提供更多的帮扶，例如，建立实验基地、科技示范园区，促进高校、科研机构和企业的合作；开办基础培训班，开展宣传活动；进行技术推广，培养科技推广人才等。

四、林农就业、增收的政策建议

1. 促进林地流转，发展规模经济

林农一般文化层次低、信息较闭塞、林业经验粗放、缺乏科学技术，在面对竞争性市场经济时处于劣势。可以通过各种合作形式流转林地，将单户林地集中起来，建立合作社或者企业，实现林户的联合，分散风险，共享利益。

不同林地和林作物有不同的最优管理面积。企业可以根据地区特点、市场需求，自主形成最优的管理面积，达到成本最小化、利润最大化的目

标，从而带动当地经济的发展，提供就业岗位，实现林农增收。

浙江省龙泉市两个相邻村的大部分村民将林地流转给了某茶叶生产企业，该企业共与200多户林农签订了30年的林地流转合同。企业通过向银行贷款，建设厂房，对茶叶进行加工和包装，将成品茶叶对外销售，实现了林地规模经营，优化了劳动、资源等多种生产要素的配置，增加了当地的林业收入。企业发展的同时，雇用了当地劳动力600人左右，带动了地区的就业，实现了林农的共同增收。

因此，鼓励林地流转，促进合作社和企业形式的经营方式，可以使林业经济更为高效的发展，在做活林业经济的同时，也带动了林农就业，实现区域林农的共同致富。

2. 提高生产效率，促进科技成果的应用

不同山林地区会面临不同的种养殖问题，包括种养环节、病虫害、扩大产量、预防火灾等多种技术性问题，各地方政府需要结合当地面临的技术难题、重要环节，联合研究院和高校，利用科学技术，探索解决方法，帮助当地林农攻克难关。

由于林农平均受教育水平较低，在面临各种问题的时候，不会进行科技咨询，或者并不了解有科学技术可以解决问题。因此，地方政府需要推广一些基本的、常用的林业技术。建立或完善基层林业技术的宣传推广体系，构建专门的服务机构，充分发挥科学技术在林业发展中的作用。

同时，要鼓励科技人员参与到基层的实践服务中，开展相关的公益活动，同时保障技术推广人员的工作和生活条件。也可以建立起针对科技推广服务人员的激励机制或者经费保障制度。带动具有林业技术的科技人员深入林区基地，实现科技向成果的转化，发展地区林业经济，带动林农就业，实现林农增收。

提高技术的同时，也要建立起当地特色林产品的质量检测体系，制定统一的的生产标准、技术规范，推行标准化、规模化的生产方式，开发绿色、健康的林产品，保障特色林产品的质量，从而提高当地产品信誉，提高市场竞争力。

3. 发展第三产业

建设不同地区特色的森林生态旅游基地，挖掘生态休闲、旅游观光、

文化教育等多种乡村旅游潜在价值，地方政府可以扶持当地居民建设具有历史、地域、民族特色的观光景点。加强基础设施、服务体系的建设，同时要增强各种渠道的销售能力，发展线上销售，提高知名度，构建具有鲜明地方特色的旅游品牌。

建立特色旅游基地，大力发展商业、饮食业等第三产业，满足游客在旅游过程中的衣、食、住、行等多方面需求的同时，提供了许多就业机会，吸纳了大量的劳动力，扩大了林区人民的就业范围。

森林旅游业的发展，可以直接和间接地带动其他各行各业的发展。例如，可以带动周边林户开展"林家乐""农家乐"等附加服务，在完善旅游区服务、实现多样化服务的同时，带动周边经济的发展，解决了地区的就业问题，实现周边林农增收致富的目标。

在浙江省丽水市某山区，村民将各自林地流转给当地茶叶生产企业，林地由该企业进行更为科学的统一管理和经营。政府向当地村民提供贷款优惠政策，村民可以获得一定的贷款，利用自家房屋开发农家乐服务。当地政府设计和建设了整体旅游线路，并进行了大量的宣传。在政府的扶持下，当地林农每年的农家乐收益都会翻倍增长。在旅游业的淡季，林农还可以在茶叶生产企业就业，进行采茶、森林看护等工作。该地区不仅实现了科学经营林地，发展特色林产品，保护森林资源，还实现了林农的增收。

4. 发展新兴特色产业

根据各地区山林资源的不同特征，结合市场需求，探索有特色、经济价值高的生产品种。例如，可以开发干杂果经济林，包括红枣、核桃、板栗、花椒、山茱萸等。以浙江丽水市为例，有许多林农种养香榧，香榧是一种富有营养同时经济价值十分高的干果，当地林农通过抵押林权流转证在银行获得贷款，购买苗木，进行种植，待香榧树长成之后，每年结果，可以获得比较丰厚的经济收益。

以陕西的关中平原和汉中盆地为例，该地区发展速生丰产用材林，主要培植杨树、泡桐、杉木等品种，生产人造板，为企业提供木料，推动了当地木材加工企业、木竹材采伐企业的发展，带动了地区经济，同时创造了大量的就业岗位。

有条件的地区可以培育具有较高经济价值的珍稀树种苗木。例如，在浙江省某地区适合石斛的生长，石斛是一种经济价值极高的药材，当地有林农以种养石斛为主业，可以实现一定的经济收益。因此，可以结合地区特色，积极开发野生资源，建设苗木培育基地，扩大产量，实现经济增长，带动地区就业。

不同地区要依据当地土地资源特色，种植经济价值高的作物，促进林权流转，发展规模经济，降低平均成本。同时建立起完善的营销网络系统，根据市场需求，及时调整品种结构。学习科学的培育方法，降低培育成本，从而提高经济利润，增加林农收入。

5. 延长产业链，增加林产品附加值

2015 年中央一号文件中指出，"增加农民收入，必须延长农业产业链，提高农产附加值。"林业作为农业的一部分，要实现林农的增收，也要延长产业链。林产品加工增值是商品林业发展的趋势，也是发展林业经济的方向。在实现林权流转，林地规模经营的基础上，充分利用当地特色资源，在了解产品需求的基础上，大力开发农产品加工业，带动当地经济，从而促进就业和林农增收。

浙江省林业的第二产业发展较为领先，以龙泉市某旅游用品有限公司为例。该企业流转了龙泉市住龙镇碧龙、白岩、周调 3 个村 300 余户 1000 余名林农的 10 万多亩森林资源，形成了"公司＋基地＋农户"的经营模式，把个体林农、木材经营加工企业联合起来。通过建立专业合作组织，使农户、合作社、企业形成"利益共享、风险共担"的利益共同体，使林农从单户生产走向合作经营，提高了林业集约化、规模化经营程度，同时强化了市场主体地位，提高了市场竞争力，增强了抵御市场风险的能力，保障了林农的利益。

该企业通过合作形式的创新，架起了企业与林农之间的桥梁，通过集体购销等交易环节上的联合，避免了林农的无序竞争，降低单位购销成本，扩大产品的市场份额。企业具有获取市场信息、优化生产技术等优势，可以实现规模化、标准化经营，实现劳动、土地、资金、技术等生产要素的优化配置，降低生产成本，增加利润空间。通过参与产后加工、营销等经营活动，该企业延长了木材加工产业链，增加了林产品的附加值，为林农提供更多的就业机会和增收机会。

6. 拓展外部增收渠道

林农在合理利用山林资源增收之外，可以努力通过拓展外部渠道实现就业和增收。在集体林权改革和鼓励林权流转，实现规模经营、科学经营的背景下，林业生产效率将会逐步提高，林区发展对科学技术的需求会越来越高，而对一般劳动力的需求会逐步减少，解决中低受教育水平林农的就业问题就十分重要。因此，可以鼓励林农转移就业，鼓励林农提升职业技能，在邻近城镇就业，实现劳动力的分流、拓展林农增收途径。

2014 年中央城镇化工作会议上，将"推进农业转移人口市民化"作为首要任务。会议明确指出，"要解决转移到城镇就业的农业转移人口落户问题，努力提高农民工融入城镇的素质和能力，要发展各具特色的城市产业体系，强化城市间专业化分工协作，增强中小城市产业承接能力。全面放开建制镇和小城市落户限制，有序放开中等城市落户限制，合理确定大城市落户条件，严格控制特大城市人口规模。推进农业转移人口市民化要坚持自愿、分类、有序。"会议将解决农业转移人口的落户问题作为城镇化的首要任务，鼓励农民转移就业，进入城市就业，体现了中央政府对农民增收问题的重视和关心。这也说明，城镇化将会成为必然趋势，包括林农在内的农民在城市就业将会变得更加容易。

在解决林农城市落户问题的同时，还要保障林农在城市的其他各种权益，降低林农进入城市就业的"门槛"，使林农融入城市生活更加容易。第一，要健全林农劳动报酬的法律保障体制，建立林农劳动报酬支付的有效体系，依法保障林农的收益权益。第二，保障进城林农和家属享有与城市人口同等的社会公用服务。确保林农子女在城市接受平等教育，为林农子女义务教育提供优惠政策；为进城林农提供城镇医疗保险等各种保险服务；为进城林农提供平等的社会保障服务，包括养老金等；为进城林农提供保障性住房，实现林农与当地居民享有同等城市待遇。第三，为鼓励林农在城市就业，不能将进城落户和土地承包经营、宅基地使用权、集体收益分配权挂钩，保障林农在相应林区的收益。

保障林农在城市和林区的各项权益，鼓励林农进城就业创业，拓展增收渠道，实现多方式的就业和增收。

7. 鼓励创业

积极推进林农创业，发展林下经济、特色种养业、旅游业、产品加工业等。根据当地森林资源特点，开发具有优势和盈利能力的特色林下经济和种养业，如花卉培育、名贵药材培育等。此外，发展森林旅游业、产品加工业等第二、第三产业，在直接培育林木之外，延长产业链，增加林产品的附加值。发展加工业，开发绿色食品、山林特产等特色产品，做活林业经济，增加林业收入，在实现创业致富的同时，带动当地的就业。除了开发林产品，在森林公园周边，林农还可以开办"林家乐"、餐饮等服务项目，实现林农多方式的增收。

地方政府可以加大创业的宣传力度，鼓励林农自主创业，实现脱贫致富。扶持当地榜样企业，并加大宣传，鼓励当地林农学习创业典范，积极开发适合当地山林资源特色、具有盈利前景的创业项目。

各级政府为林农创业提供各种优惠和帮扶政策。例如，小额担保贷款、减免税收、专项补贴等优惠政策。根据目前林农的年龄和受教育水平现状，创业仍然需要多方面的指导，地方政府可以为有创业意愿的林农提供风险评估、创业指导、政策咨询、融资咨询等多种扶持性服务，帮助林农开展创业。

8. 开展培训

要增加林农的收入，不仅要发展林业产业，还要重视林农整体素质的提升。只有提高了劳动者的多方面技能，才能实现高效率的林业产出，增加林农的收入。

为此可以开展多种类、多方式的职业技能培训。包括短期培训、长期培训、在职培训、就业前培训、转业培训、转岗培训等多种培训。不仅要提升林农在林业方面的技能，还要提升其他多方面的素质，实现提高林业收入的同时，也增加其他就业渠道的收入。

在不同的林业地区，根据不同产业的需求，开展有针对性的技能培训；在不同城市地区，根据市场对劳动力需求的变化，及时调整培训内容和结构设置，使林农能在邻近城市地区实现就业，提高收入。

根据学员的不同年龄、受教育程度开展不同层次的、有针对性的培训。对不同人群开展不同的培训，例如，大中专毕业生可以先深入企业，了解实务基本知识；转岗和失业人员已经对林业各方面有大致的了解，可以自主选择相应技能培训服务；对于女性，可以开展管护、清洁等专业培训。

根据市场需求，及时更新和优化培训教材，加强师资力量，建立实习体系，让林农能实实在在学到技术，能在工作中真正运用所学技能，从而提高收入水平。

同时要优化培训的服务环境，提供培训相关的信息和咨询服务。优化用人单位、培训机构和林农三方面的联系，实现用人单位需求与培训机构供给的对接，使培训服务能落到实处，发挥作用。

参考文献

［1］陈艺彬：《农户林业收入结构及其影响因素分析》，福建农林大学，2012 年。

［2］封加平：《发展林业与解决我国就业问题》，载于《中国人力资源开发》2002 年第 9 期。

［3］封加平：《解决我国就业问题的一项战略选择——试论林业的就业潜力》，载于《林业经济》2002 年第 10 期。

［4］胡文国、吴栋、吴晓明：《我国农民收入增长影响因素的实证分析》，载于《经济科学》2004 年第 6 期。

［5］李朝柱：《农户林地流转及对家庭收入的影响研究》，浙江农林大学，2012 年。

［6］刘伟平、陈钦：《集体林权制度改革对农户林业收入的影响分析》，载于《福建农林大学学报》（哲学社会科学版）2009 年第 12 卷第 5 期。

［7］潘晨光、王翠槐：《我国林业行业再就业的途径与对策》，载于《中国农村经济》1999 年第 1 期。

［8］裘菊、孙妍、李凌等：《林权改革对林地经营模式影响分析》，载于《林业经济》2007 年第 1 期。

［9］沈屏、伊宏峰、戴蓬军：《农民家庭林业经营模式选择影响因素实证研究——以辽宁省为例》，载于《林业经济》2013 年第 5 期。

［10］王刚、宋维明、陈建成：《集体林权制度改革对林农就业的影响研究——以辽宁省 500 户农户为例》，载于《林业经济问题》2013 年第 33 卷第 2 期。

［11］王建阳、晏正明、张国昌：《发展林业产业 增加农民收入》，载于《陕西林业》2009 年第 1 期。

［12］熊璋琳、牛瑛：《农民收入的影响因素分析》，载于《安徽农业科学》2010 年第 20 期。

［13］徐连仲：《农村居民收入变化及影响因素分析》，载于《经济纵横》2001 年第 5 期。

［14］郑云玉：《北京市林农林改模式选择及林业收入影响因素分析》，北京林业大学，2011 年。

第五章

林权流转与林业社会化服务

　　林业社会化服务体系是从农业社会化服务体系演变而来，是林业发展到一定程度，适应多层次市场需求而产生的。它是以政府为服务主体，运用全社会的力量，满足林农的基本需求，旨在为林农和林业生产者提供产前、产中和产后的全方位服务，服务内容包括了林业工作站建设、基础设施建设、林业技术指导、市场信息、抵押贷款、政策法律和风险防范等。目前，随着我国林业事业的快速发展以及林权流转的深入，林业社会化服务组织逐渐健全，服务内容逐渐多样化，服务功能也在不断增强，服务网络体系已经形成，对林业发展的促进作用不断增强。然而林改后林农对林业社会化服务的需求更加多元化、个性化，这对林业社会化服务提出了更高的要求，供给主体单一、服务范围过小、建设资源短缺、专业人才缺乏等不足之处愈发明显。各单位、各组织、各部门要相互协调，紧密配合，从我国国情出发，结合我国的林情，积极解决以上问题，切切实实地从林农角度出发，为林农提供完整的产前、产中、产后服务，促进林产品的生产、加工和销售的顺利进行，使林改后林业各生产要素能顺利地流动，最终实现林产品的价值增值，提高林业经济效益，增加林农收入。由于我国林业社会化服务体系的建设才刚刚起步，一些林业发达国家在战后甚至更早就已建立了适应林业发展需要的林业社会化服务体系，我们可以借鉴国外林业社会化服务体系发展经验，以社会主义市场经济为导向，培育富有成效和具有中国特色的林业社会化服务体系。

一、林业社会化服务体系概念

（一）林业社会化服务体系概念即构成要素

1. 林业社会化服务体系概念

社会化服务体系的概念在我国最早出现在农业领域，1986 年中央一号文件提出的"农村生产发展，需要生产服务的社会化"是社会化服务体系的起源。之后，学者们开始关注社会化服务体系的概念。而在 1990 年 12 月，中共中央国务院在《关于 1991 年农村和农村工作的通知》中指出："稳定和完善以家庭承包为主的责任制，建立健全农业社会化服务体系"。所谓农业社会化服务体系，是为农业生产提供社会化服务的成套的组织机构和方法制度的总称。它是运用社会各方面的力量，使经营规模相对较小的农业生产单位，适应市场经济体制的要求，克服自身规模较小的弊端，获得大规模生产效益的一种社会化的农业经济组织形式。所以本质上，农业社会化服务体系包括了农业的分工体系和市场体系。分工体系的产生是由于传统上由农民直接承担的农业生产环节越来越多地从农业生产过程中分化出来，发展成为新兴的独立的涉农经济部门，这是农业生产力发展和农业商品化程度不断提高的必然结果；市场体系的产生是因为在市场机制作用下，这些部门同农业生产部门通过商品交换相联系，还有不少通过合同或其他组织形式，必然会构成稳定的相互依赖关系，形成一个有机整体。因此，农业社会化服务，是农业生产商品化发展到一定阶段的产物；农业社会化服务最后形成一个完备的体系，则表明商品农业进入了高度发达的阶段。

林业社会化服务体系可以认为是在农业社会化服务体系建设的基础上演变而来的，同时演变出来的还有中小企业社会化服务体系、公共图书馆社会化服务体系等。由于农业包括农、林、牧、渔业，那么农业社会化服务体系自然包括了林业社会化服务体系，所以早期的研究并没有对这两个概念进行区分，直到 2001 年，沈月琴等人对市场经济条件下林业社会化服务体系的建设进行了研究。此后，越来越多的学者开始使用林业社会化服务体系这个概念，但是这个概念的准确描述目前仍未取得广泛的共识，学者们对于林业社会化服务体系有着各自的认识和见解。刘建平等（1993）提出林业社会化服务体系包括森林防火、病虫害防治、科技推广等十个子系统，并且分析了社会化服务体系的功能和问题，提出若干具体对策。邓建钦（1998）将林业社会化服务定义为包括各级林业技术部门、乡村合作经营、经济组织及社会各方面为林业生产者提供的多形式、全方位服务。詹祖仁（2007）以南方集体林区尤溪县为例，从创新体制、机制层面入手，提出了创新林业科技服务体系的基本思路，为林权制度改革后新型林业科技服务体系的构建提供参考。还有学者对于建立林业社会化服务体系的必要性进行了研究。李国栋等（2009）认为，随着社会主义市场经济的不断发展和林权改革后林业生产要素的流动，需要尽快建立起完整的林业社会化服务体系，林业社会化服务体系的服务形式，主要应以政策引导为基础，以专业的经济技术部门为依托，以农民自办服务为补充，形成多种经济成分、多渠道、多形式、多层次的服务体系。朱桂香等（1998）认为建立和健全乡村林业社会化服务体系，是集体林区市场经济发展的客观要求。乡村林业社会化服务体系为稳定和完善林农承包经营责任制提供了必要条件。乡村林业社会化服务体系的建立，有利于发展横向经济联系，加速林业科学技术在乡村的普及、推广和应用。

目前，学术界对于林业社会化服务体系的内涵和功能达成共识。一般认为林业社会化服务的服务主体包括公共部门、专业技术部门、中介组织、合作组织等，旨在为林农和林业生产提供产前、产中、产后全方位服务。就功能来说，林业社会化服务是现代林业发展的必要条件，是林改后服务林农生产的重要方式。综合前人关于林业社会化服务体系的研究，结合我国的实际情况，将农业社会化服务体系的概念进行适当的变化，可以将林业社会化服务体系的概念简述为在充分了解林农需求的基础上，运用全社会的力量，为满足林农发展林业的需求，实现林业规模化发展，以政府为服务主体的不同组织机构为林农标准化、个性化、多元化发展所提供的各种服务，并形成一种有机组合，使得林农能更好地发展林业。

2. 林业社会化服务体系的构成要素

林业社会化服务体系作为一种社会服务，必然包含服务的三要素：服务主体、服务对象及服务内容。对于林业社会化服务体系来说，服务主体主要是政府，同时包括具有政府性质的专业技术部门、基层经济组织、社会中介服务组织以及各种类型的林业协会；服务对象主要是林农和林业经营者；服务的内容则主要包括林业技术、科技、资金、抵押贷款、政策法律、市场信息、法律信息、基础设施建设、产品供销以及风险防范等。

（1）服务主体。林业社会化服务体系的服务主体必须以政府为中心，其他的林业专业技术部门、基础经济组织等与政府相配合，这些服务主体还包括林业工作站、林木种苗站、科技推广站、林权交易平台、金融保险机构、森林资产评估公司、合作经济组织、基层集体经济组织、林业综合协会、科研院校以及各类民间组织等。这些服务主体可以根据其在林业社会化服务体系建设中的作用和目的，将其分成以政府为代表的公益性组织、以各类经济组织为代表的半公益性组织和以社会中介服务为代表的营利性组织。

第一，公益性的政府组织。公益性组织即表明这些组织在林业社会化服务体系的建设中完全是主动地、义务地、不带有盈利目的地提供服务，包括政府及其专业技术部门林业工作站、林木种苗站等，主要提供一些基础性、公益性质的服务，如政府对林业新品种、新技术的推广，以及对农户的技术培训和政策宣传、林业合作组织的建立、林木病虫害的防治、森林防火知识普及、森林保险的补贴、交易市场、规则的完善程度等。政府以及有关的专业技术部门是林业社会化服务体系建设的源泉，其政策的执行是社会化服务建设能够有效进行的关键。随着经济的发展，政府在林业社会化服务体系中的作用也将不断发生变化，一方面，政府应该不断释放自己的潜能，同时积极与其他社会服务组织相配合，在林业社会化服务体系中共同发挥作用；另一方面，政府也应该兼顾公益性与经营性，协调专业性服务与其他综合服务之间的比例，使不同服务互相促进。总之，政府在林业社会化服务体系中起着非常重要的作用，是林业社会化服务建设的基础力量，为林业社会化服务体系建设指引方向。

第二，半公益性的基层经济合作组织。半公益性组织是在提供服务的同时带有部分盈利目的的经济组织，这包括基层的集体经济组织、合作经济组织、林业综合协会以及各种类型的专业协会。这些组织的主要作用在于向组织内成员提供有关林业生产的信息、组织生产，也可能会帮助协会成员寻求产品的销售渠道，将产品更好更快的销售。这些协会还会参与地方性产业政策的制定、起草行业规范文件、收集发布各种市场信息，搭建起政府和林农之间林业生产的桥梁。

第三，营利性的社会中介服务组织。营利性组织提供服务最重要的目的是为了盈利，典型的是社会中介服务组织，主要包括各类林业规划设计单位、森林资产评估公司、林权交易机构等。这些机构组织能提供森林资产评估、信用担保和小额贷款等服务，在提供服务的同时收取费用，从而达到盈利目的。林农通过这类组织获得了重要的资金，便能够投入到林业建设当中。除了社会中介服务组织，还有农林类企业，这些企业将产品进行市场化经营，在产品的生产、流通和加工过程中与农户有着千丝万缕的联系。农林企业的发展，可以提高林业产业化水平和发展水平，而且能为林农提供切实有效的信息，这是因为只有企业才能明白市场的需求并将这种需求信息传达到林农手中。在林业发展过程中，企业将分散的农户组织起来，控制产业链的每一环节，这样能够保证产品质量，并且使产品适应国内甚至国际市场，将产品更好地销售出去。在企业盈利的同时，也为林农带来了收益，促成双赢的局面。

（2）服务对象以及服务的主要内容。林农作为林业生产的主体，必然是林业社会化服务体系建设中的服务对象。林农参与林业社会化服务体系的建设，是希望能够成为受益者，而林农的积极参与也会促进林业技术进步、林业生产效率提高。同时，林业经营者作为林业产品销售的主体，也应当是林业社会化服务体系中的服务对象。他们为林农提供市场信息，开拓销售渠道，发挥着至关重要的作用

林业社会化服务体系的服务内容，包括了林业生产产前、产中和产后的一条龙服务。具体来说，以政府为服务主体，服务对象是林区林农，主要服务内容有林区基础设施建设，防火、防盗、防病虫害及检疫，信息化建设等；以政府专业技术部门为主体，如林业推广站、林木种苗站、林业工作站、金融保险机构，服务对象是林农以及林业经营者，主要服务内容有科技推广、指导、示范，优质种苗监管、技术指导、调剂和供应，法律、科技和信息服务融资担保等；以社会中介服务组织为服务主体，如森林资产评估公司、林权交易机构，服务对象是林农以及经营者，主要服务内容有森林资产、碳汇等价值评估，林地产权流转等；以基层经济组织及

协会为服务主体，如基层集体经济组织、合作经济组织、林业综合协会，服务对象是组织内成员和协会成员，主要服务内容有提供信息、组织生产、寻找市场、实现自我服务，维护行业合法权益，参与制定产业政策、行业自律，收集发布市场信息，是链接政府、企业和农户之间的重要纽带。

（二）我国林业社会化服务现状

随着我国林业事业的快速发展以及林权流转的深入，与之配套的林业社会化服务体系逐步形成。这体现在林业社会化服务组织开始健全，服务内容逐渐多样化，服务功能也在不断增强，服务网络体系已经形成，对林业发展的促进作用不断增强。

我国林业社会化服务包括了产前、产中、产后的全方位服务，产前服务有生产资料、资金、信息咨询等；产中服务帮助林业正常生产作业；产后服务有产品收购、储藏、加工、销售等。林业社会化服务体系主要包含：林业工作站建设、林木种苗体系、林业科技投入、林业教育与培训、森林公安与森林防火体系、森林病虫害防治体系、森林资源监测体系、林业信息化体系以及林业生态文化建设。

1. 林业工作站建设

2013 年，全国完成林业工作站基本建设投资 79842 万元，其中，国家投资 10425 万元，地方配套 69417 万元。全国新建乡镇林业站 321 个，642 个林业工作站新建了办公用房，855 个工作站配备了通信设备，684 个工作站配备了机动交通工具，2135 个工作站配备了计算机。全国林业工作站建立站办示范基地 51 万公顷，推广面积 159 万公顷，培训林农近 790 万人。在 132 个县（市、区）开展了林业重点工程区林业工作站建设重点县工作，为近 1600 个乡镇林业工作站配备了必要的设施设备；在全国选取 129 个乡镇林业工作站开展了标准化林业工作站建设试点工作。

2. 林木种苗体系

我国林木种苗社会化服务体系建设是林业社会化服务体系建设的重

点，这是由于林木种苗在林业发展中非常重要。2013 年，中央预算内投资计划下达林木种苗工程建设投资 2 亿元。建设林木种苗工程项目 118 个，建设规模 6362.66 公顷。全国共采收林木种子 2668 万千克，其中全国采种基地共采收种子 506 万千克，占全国林木种子采收量的 18.95%。全国良种基地共生产种子 167 万千克，生产穗条 42 亿条（根）。林木种苗管理机构建设明显加强，内蒙古自治区、福建省、新疆维吾尔自治区完成 76 个地（市）、县的林木种苗管理机构建设任务。

3. 林业科技投入

2013 年，新启动国家重点基础研究计划（"973"计划）项目 1 项、科技支撑计划项目 2 项、科技基础性工作专项项目 2 项、高分重大专项项目一期 1 项、院所技术开发专项项目 2 项，预算经费 1.58 亿元；启动引进国际先进农业科学技术计划（"948"计划）项目 78 项、林业公益性行业科研专项项目 99 项、林业软课题项目 20 项，总经费 2.89 亿元。2013 年，中央财政安排林业科技推广示范资金项目 422 个，经费 4.3 亿元；安排2013 年度农业科技成果转化资金项目 20 个，资金 1200 万元。2013 年林业标准化项目经费和林产品质量检验检测经费投入 2250 万元，林业生态站、重点实验室、科技推广站和质检机构建设与运行经费合计为 20222 万元。

4. 林业教育与培训

当前的林业教育培训类型主要包括行业培训、中等职业教育和高等教育。2013 年，全国普通高等林业院校和其他高等学校、科研单位林科专业输出博士、硕士毕业生 8760 人，其中，林业学科博士、硕士毕业生 5745人。全国普通高等林业院校本科毕业生和其他高等学校林科专业本科毕业生 30030 人，其中林科专业本科毕业生 10808 人。全国高等林业（生态）职业技术学院毕业生和其他高等职业学院林科专业毕业生 36190 人，其中林科专业毕业生 17469 人。全国普通中等林业（园林）职业学校毕业生和其他中等职业学校林科专业毕业生 80739 人，其中林业类专业毕业生 72335人。林业学科专业建设取得新进展。10 名普通高等林业院校教师入选教育部"新世纪优秀人才支持计划"；2 个普通高等林业院校教学团队入选教育部"创新团队发展计划"；22 门林业类专业课程列入第三批国家级精品资源共享课立项项目。

5. 森林公安与森林防火体系

森林公安与森林防火体系是林业社会化服务体系中的重点,随着我国林业的快速发展,健康安全的森林是其基础,如果火灾频繁,必然导致林业产品质量下降,林农收入减少。在森林防火组织管理系统方面,2013年,国家旅游局等3家单位成为国家森林防火指挥部成员单位,国家森林防火指挥部成员单位由19家增加到22家,森林防火组织领导力量得到加强。制定下发了《国家森林防火指挥部关于进一步加强森林消防队伍建设的意见》。截至2013年底,全国有防火任务的2532家县级单位中,2531家建成了专业或者半专业森林消防队。

6. 森林病虫害防治体系

2013年,我国林业有害生物发生面积1223.05万公顷。全国完成防治面积766.83万公顷,累计防治作业面积1466.59万公顷次。全国主要林业有害生物无公害防治率、测报准确率都达到85%以上,种苗产地检疫率达到95%以上。松材线虫病总体上得到控制,呈现发生面积、县级发生区和病死树数量"三下降",安徽、福建等7省的13个县级疫点实现了3年无疫情;美国白蛾发生面积、县数呈现上升趋势,但基本实现了有虫不成灾;杨树蛀干害虫发生面积大幅度下降,整体危害明显减轻。

7. 森林资源监测体系

2013年,全国共审核审批占用征收林地项目1.94万公顷,占用征收林地面积13.91万公顷,收取植被恢复费89.22亿元。同年对全国2012年林地管理情况进行了检查,共检查29个省(自治区、直辖市)和新疆生产建设兵团的150个县(市、旗、区、团),现地抽查2012年以来占用征收林地项目699项,调查到期临时占用林地项目119项,查出违法违规使用林地项目282项,毁林开垦13起,并对林地保护利用规划编制执行情况、森林植被恢复费使用情况进行了调查。各地专员办共督察督办各类破坏森林资源案件786起,督察督办了一批舆论关注、百姓关心的重大案件。2013年,森林资源动态监测工作加快推进,林地年度变更调查试点范围由

311 个县级单位扩大到 970 个县级单位。森林资源清查体系进一步完善，实现森林资源清查结果年度发布，并探索森林资源年度出数方法。

8. 林业信息化体系

从横向看，林业信息化已跻身中央部委领先行列。中国林业网 1000 多个子站上线，每天有 100 多个国家的 100 多万人次访问浏览，访问量突破10 亿人次，每天有 100 多条信息被主流媒体采用，在中国政府网站绩效评估中，综合排名列 70 多个部委的第三名。从纵向看，林业信息化已从"数字化"迈入"智慧化"新阶段。

9. 林业生态文化建设

2013 年，国家林业局加大对生态文化场馆建设的资金投入和支持力度，完善场馆硬件设施，优化场馆空间布局，深挖生态文化内涵，积极发挥了弘扬生态文化的主阵地作用。各地整合森林、花卉等景观资源和生态文化资源，建设各种类型的文化主题公园，切实增强了生态文化的传播功能。各生态文化示范教育基地全面发掘和保护生态文化资源，继承和弘扬生态文化传统，充分发挥了窗口单位的辐射带动作用和先行示范作用。

（三）林业社会化服务基本模式

林业社会化服务体系的建设不能想当然，要切合当前实际，要与林农所处的经济、社会化环境发展水平相一致，以满足林农的需求，更要能不断适应林业产业结构调整。林农的需求是多样化的，满足林农需求的同时又不希望产生过高的社会成本，这就需要寻求社会化服务供给与需求之间的平衡点，这也是林业社会化服务建设一直关心的问题。从目前社会化服务的供给方式上看，有三种主要的供给模式，即政府主导型、市场主导型和自主合作型社会化服务供给模式。

1. 政府主导型

政府主导提供的林业社会化服务都具有公共产品的特征，即非排他性和非竞争性，政府主导型的优势是能够减少地域或者服务主体业务性质的影响。作为林业社会化服务中的供给者和需求者，供给者具有扶持和引导的任务，需求者有权选择是否接受这种引导，所以有时候在供给者和需求者之间并没有经济利益上的承诺，而在这种关系中政府可以充分发挥其职能，如林业工作站、林木种苗站，以及各类林业推广组织和政策咨询等服务部门，为林农提供扶持与引导，解决林农生产过程中最基本、最普遍的问题。另外，在政府的带领下，各种其他形式的主体会与政府合作，作为第三方参与到林业社会化服务建设当中，为林农提供林权抵押贷款、林业市场信息等，这就形成了"政府—林农"或者"政府—第三方—林农"的林业社会化服务形式。

2. 市场主导型

市场主导型的林业社会化服务是以市场为基础，提供服务时遵循市场的规则和规律，所以在提供市场主导型的服务时，双方经常会有正式的合同文件，明确规定了合作双方的权利与义务，而且双方都是以盈利为目的，都要受到合同的约束。例如，林农与林业产品公司签订林业产品购销合同，双方是希望产品能在市场上销售从而盈利，但是如果产品在生产过程中出现问题，或者生产出的产品质量不合格，导致产品无法销售，那么双方都将遭受一定程度的损失。由于公司向林农提供林业产品的市场供求信息、技术指导、产品的加工和运输等服务，这些服务是需要林农支付费用的，然而林农在签订合同和支付费用后，根据公司提供的市场供求信息确定林业产品的生产量，从而可以准确地预计自己的收益与支出，这有利于生产和市场的稳定，不至于出现产量上的大起大落。这就形成了"公司—林农"的林业社会化服务模式。

虽然市场主导型的林业社会化服务模式有很明显的优点，但是这种服务模式需要的条件是比较苛刻的，一方面，林农想要准确地预计自己的收益和支出，需要具有较高的知识水平与市场判断能力；另一方面，当公司与林农的合作出现问题时能够保护利益受到损失的一方，这需要完善的社会法制制度给予支持。如果没有完善的法律体系为支撑，加之目前我国林业政策多变，不管是公司还是林农都更愿意进行短期合作，很难形成稳定的长期合作关系，这显然有违政策的初衷。因此，市场主导型的林业社会化服务模式是一种比较理想型的服务模式，要想实现这一服务模式，提高林农素质和完善社会法律制度是基础。

3. 自主合作型

自主合作型的林业社会化服务，顾名思义这种服务模式有很强的自主性，其发展是以林农的各类经济合作组织为基础建立起来的，这些经济合作组织的参与者大部分是参与生产的林农，能够代表林农自身的利益诉求，能够准确反应林农需求和问题，从而可以较好地为林农提供产前、产中和产后的解决方案，而且可以保证林农利益不被无故侵害。自主合作型的林业社会化服务模式的服务内容主要包括生产要素的供应、产品加工以及最后的运输、销售等，有时候也会为林农提供一些科学技术、市场信息等方面的社会化服务。自主合作型的林业社会化服务从实际出发，切实为林农提供社会化服务，促进林业的产业化发。

二、林农社会化需求分析

（一）林农社会化服务需求估计

林业社会化服务的服务对象主要是林农，了解林农的需求才能更好地发展林业社会化服务，然而我国林地面积大、分布广，林农人口众多，很难进行全国范围的林农社会化服务需求调查。近年来许多学者对某一个省的林农进行了社会化服务需求的抽样调查，主要是调查林农对不同林业社会化服务的需求程度，并进行数据分析，根据分析结果对林业社会化服务提出了相应的建议。较多的学者对辽宁省、浙江省和福建省的林农林业社会化服务需求进行了调查。例如，吕杰等（2008）、李宏印等（2010）分别对辽宁省部分县（市）的林农进行调查，前者分析了辽宁省集体林权改革后林业社会化服务供需情况，发现林业合作组织数量太少、林业社会化服务的资金投入不足等问题；后者分析了林农社会化服务的需求意愿与供给现状，发现辽宁省的林业社会化服务程度较低，并且供求结构差异较大。程云行等（2012）对浙江省嵊州市、临安市共 127 户农户的社会化服务需求进行了调查，通过回归模型发现农户的受教育年限、林业收入占比和家庭收入是影响林农的技术服务需求的主要因素。蔡志坚等（2007，2008）、林琴琴等（2011）分别对福建省部分县（市）的林农进行调查，前者对调查中发现的问题进行了探讨研究，寻找切实可行的林业社会化服务体系建设；后者对调查数据进行定量分析，认为林农的林业社会化服务需求或潜在需求总体旺盛，更需要建立健全林业社会化服务体系。

这里我们利用李宏印等（2010）、程云行等（2012）和蔡志坚等（2007，2008）分别对辽宁省、浙江省和福建省林农林业社会化服务需求的调查数据，可以具体分析林农对不同林业社会化服务的需求程度。

1. 辽宁省林农社会化服务需求

李宏印等（2010）以林改后的辽宁省为例，对6个县338户林农进行了调查，调查结果显示，林农对不同林业社会化服务项目的需求状况，按需求强度由高到低的排序为：技术服务、资金服务、合作组织服务、政策法律服务、森林保险服务、其他。文中从技术服务、资金服务等方面分析林农社会化服务的需求意愿与供给现状，发现目前辽宁省存在林业社会化服务程度较低，林业社会化服务供求结构差异较大的问题。解决这一问题可以通过扩大林业社会化服务的服务内容、加大对林业社会化服务体系的投入、引导林农加入林业合作组织、发挥乡镇林业站在技术推广中的基础作用等政策。

（1）林农对林业技术服务的需求。在对林业技术服务需求方面，有76.92%的林农表示需要技术服务。这主要有两个原因：一是林改后，林农获得了集体森林的经营权与收益权，管理好林地可以为林农带来财富，变成了林农致富增值的资产，林农希望学习更好的管理方法，于是对技术的需求增加；二是现有的林业技术服务体系以林业企业和林业生产大户为依托，林农作为普通个体户无法使用这些技术，林农希望有个性化的林业技术服务。

（2）林农对资金服务的需求。在对资金服务需求方面，58.8%的林农有意愿增加林业生产投资，但是林农面临着通过正式渠道获取资金困难的现实问题。在关于林业生产资金获得的难易程度调查中，59.76%的林农表示很难和比较难，只有14.50%的林农表示比较容易和很容易，这说明大部分林农无法获取资金进行生产投资，不利于林业建设发展。

（3）林农对林业合作组织的需求。在对林业合作组织需求方面，44.38%的林农表示愿意参加林业合作组织，在愿意参加林业合作组织的受访林农中，希望可以从林业合作组织获取技术服务的林农占41.01%；希望可以为产品销售"提供便捷渠道"的林农占32.61%；希望可以获得市场信息的林农占26.45%。可以看出，参加林业合作组织的林农主要目的在于获取林业技术服务。

（4）林农对政策法律服务的需求。在政策法律是否关键方面，认为政策法律对林业发展很关键的林农占54.57%，认为比较关键的占35.12%，认为无所谓的占10.31%。说明林农认为政策法律对自身发展比较重要。在对政策法律服务需求方面，表示"十分需要"的有5.91%，表示"比较需要"的有8.88%，表示"需要"的有9.47%，即表示需要及以上的受访林农占24.26%，这与认为政策法律很关键的比例相去甚远。林农虽然认为法律很重要，但是服务需求意愿却相对不高。可能的原因是林农虽然认为政策法律有着关键作用，但是法律咨询和援助成本较大，遇到问题还是私下调解较好，而且对于林业经营来说，不需要较多的法律知识。

（5）林农对森林保险业务的需求。在对森林保险业务需求方面，10.36%的林农表示愿意参加林业保险，59.17%的林农表示不愿意参加林业保险，其余林农则表示视保费情况而定。不愿意购买森林保险的最主要原因是保费较高，其余还有投保或理赔麻烦、保险险种少、周围人没有购买、买与不买一样、受灾后政府会救济和其他原因。调查数据还显示，仅有38.18%的受访林农知道森林保险，其余61.82%的林农不知道森林保险。这表明森林保险的普及程度还不够，如果能将森林保险业务普及到更多林农中去，那么愿意参加林业保险的林农比例将提高。

2. 浙江省林农社会化服务需求

程云行等（2012）对浙江省嵊州市、临安市共127户农户的社会化服务需求进行了调研，调查结果显示，林农对不同林业社会化服务项目的需求状况按需求强度由高到低的排序为：林业实用技术、信息服务、种苗服务、林权抵押贷款、合作组织、产品销售、其他。除了调查林业社会化服务项目的需求外，还调查了影响林农社会化服务需求的因素，包括年龄、受教育年限、家庭收入、林业收入占比、劳动力数量、人均林地面积、是否参加过技术培训、是否参与合作组织、是否为村干部、家到城镇的距离。文中通过统计模型的分析结果发现，林农对林业技术服务的需求程度，主要受林农的受教育年限、林业收入占比和家庭收入的影响，林农的受教育年限越高、林业收入占比越高、家庭收入越高，那么林农对林业技术服务的需求程度越高。

（1）林农对林业实用技术的需求。对林业实用技术社会化服务需求的统计结果显示，30.71%的林农是非常需要该项服务，49.61%的林农是需要该项服务，剩余14.17%的林农表示无所谓，而5.51%的林农则表示不需要，总的来说80.32%的林农需要该项服务。超过八成的林农需要实用技术，这是个相当高的比例，充分体现了林农对实用技术的渴望，因为现有的林业技术服务体系难以覆盖到普通林农，林农希望拥有个性化的技术服务。

（2）林农对信息服务的需求。对信息服务需求的统计结果显示，18.11%的林农是非常需要该项服务，53.54%的林农是需要该项服务，剩余17.32%的林农表示无所谓，而5.51%的林农则表示不需要，总的来说71.65%的林农需要该项服务。在当今的信息化时代，信息传播如此迅速，对信息的掌握和利用可以指导未来的规划，而目前我国林业信息服务工作还较薄弱。林农深知信息的重要性，所以对信息服务的需求比例很高。

（3）林农对种苗服务的需求。对种苗服务需求的统计结果显示，11.28%的林农是非常需要该项服务，47.24%的林农是需要该项服务，剩余29.92%的林农表示无所谓，而9.45%的林农则表示不需要，总的来说58.52%的林农需要该项服务。林农对种苗服务的需求比例较高，表示半数以上的林农对于种苗不熟悉、不了解，需要接受培训指导，社会化服务得从基础服务做起。

（4）林农对林权抵押贷款的需求。对林权抵押贷款社会化服务需求的统计结果显示，16.54%的林农是非常需要该项服务，35.43%的林农是需要该项服务，剩余36.22%的林农表示无所谓，而11.81%的林农则表示不需要，总的来说51.97%的林农需要该项服务。林农能够接受抵押贷款，这是一种思想上的进步，同时能更快、更有效地筹集资金。

（5）林农对合作组织的需求。对合作组织社会化服务需求的统计结果显示，3.15%的林农是非常需要该项服务，40.16%的林农是需要该项服务，剩余40.94%的林农表示无所谓，而15.75%的林农则表示不需要，总的来说43.31%的林农需要该项服务。对合作组织的需求比例不到四成，而且非常需要该项服务的林农比例尤其低，这体现了林农想要个性化的服务，针对个人意愿对林地进行开发利用。

（6）林农对产品销售的需求。对产品销售社会化服务需求的统计结果显示，7.87%的林农是非常需要该项服务，33.86%的林农是需要该项服务，剩余46.46%的林农表示无所谓，而11.81%的林农则表示不需要，总的来说41.73%的林农需要该项服务。林农对产品销售服务的需求比例最低，说明林农不担心销售问题，这可能有两个原因：一是林农的销售出路多；二是林农更在意有关产品生产的基础服务，如实用技术、种苗服务，对于后期销售问题没有太多考虑。

3. 福建省林农社会化服务需求

蔡志坚等（2007，2008）均以林改后的福建省为例，调查了当地林农的林业社会化服务需求，调查结果显示，林农对林业社会化服务的需求，按强度由小到大依次为：技术服务、信息服务、资金服务、政策法律服务、其他。此外，蔡志坚等还调查了林农对林业服务主要供给主体的认知、林农的支付意愿、林农的林业社会化服务获取渠道以及林业社会化服务供给问题，通过调查结果探讨了切实可行的林业社会化服务体系建设问题，并提出构建新型林业社会化服务，旨在政府、社会、市场能保证林业社会化服务有效供给。

（1）林农对林业技术服务的需求。在对林业技术服务需求方面，约70%的林农表示林改后迫切需要得到更多的技术服务，虽然福建省已经建立了如林业科技推广中心、林木种苗站等比较完善的林业技术服务体系，以及如森林保护协会、防火协会等森林保护自治体系，但对林业技术服务需求如此高的比例，反映出现有的林业技术服务体系还不能满足林农的需要。主要原因与辽宁省和浙江省类似，一是林改后林农获得了林地的经营权与收益权，经营方式从粗放经营向集约经营转变，对技术的需求提高；二是现有的林业技术无法满足林农个性化需求，这些林业技术主要是针对林业企业、林业大户和林业示范户，对于林农个体户无暇顾及，而且个性化服务成本较高，林农无力承担，现有的林业技术推广体系也无力承担，也就是说无法将个性化服务进行推广。

（2）林农对信息服务的需求。在对信息服务需求方面，64.3%的林农对信息服务有需求，信息服务包括林业生产经营过程中的产前信息（如树种选择、优质种苗购买）、产中信息（化肥、农药的购买）和产后信息（木材价格信息等）。林农对信息服务表现出高需求，反映出目前我国林业信息服务体系还不完善，林农获得信息的渠道单一，而且掌握生产经营所需的各种信息，对于在市场经济条件下林农的生产经营越来越重要，林农也认识到这一点，所以对信息服务需求比例很高。

（3）林农对金融服务的需求。在对金融服务需求方面，对该服务有需求的林农仅占28.6%，这一比例远低于对技术服务和信息服务的需求。这一低比例可能是因为林农通过正式渠道获得此项服务的信心不足，金融机构更愿意为林业大户提供贷款，林农个体户从正式渠道申请贷款成本高，获得的贷款额度低，没人愿意去做这不合算的买卖。因此，林农想要获取资金更愿意自己解决，如从亲戚朋友处获得。

（4）林农对现有林业保险业务的需求。在对林业保险业务需求方面，林农对现有的林业保险业务需求强度不高，客观原因是目前可供选择的保险机构少，森林保险险种少，仅提供森林火险和护林人员的人身意外保险，保险业务不够普及，而且保险金额高，而林农收入低；主观原因是林农防范意识不强，保险意识淡薄，以及林农的思想观念比较传统和存在侥幸心理，对保险的作用了解不够深入，认为买不买都一样，没有形成预防长期风险的观念。这两方面原因导致林农对森林保险需求低。

（5）林农对法律服务的需求。在对法律服务需求方面，仅有14.8%的林农表示有需求，需求程度极其有限。这主要受林农受教育水平的影响，对法律的认识不够，认为通过道德观念可以对个人行为进行约束，而且自己本分经营，不会违反法律，也就不需要深入了解法律知识。当林农遇到纠纷时，更愿意通过私下调解这种省钱省事的方法，而不是通过司法途径这种费钱伤和气的方法。这是林农长期形成的思想观念，很难去改变。

（6）林农的其他需求。除了上述需求，林农对政府也提出了许多要求，例如，规范林业收费、降低办证成本（木材采伐证办证与审批、运输证办证与审批）及采伐证公开、公平发放等。完善林业社会化服务体系的同时，需要提高政府林业管理水平，二者相辅相成。

虽然对三省林农林业社会化服务需求的调查内容存在差异，但是究其共同点来看，林农对林业技术服务的需求要远高于其他社会化服务的需求。林业技术主要指造林技术、种苗培育技术、林木培育技术、病虫害防治技术和森林防火技术。这些技术是林业发展的根本和基础，必须要大力推广及贯彻，而且林农的科学文化水平直接决定着技术采用的成本与效益，所以林业技术的推广既能造福林农，又能推动我国林业的发展。然而，目前我国推广机构的推广创新不够，农业科研、教育和推广机构缺乏协作，而且推广机构的保障政策不够完善，林农学习新技术的渠道少，所以对林业技术服务的需求特别强烈。林业技术的推广可以从扶持科技示范户开始，类似于先富带动后富，先对部分林农进行培训，再让林农之间相互学习，共同提高科学文化水平，这种技术推广体系，还能够降低采用新技术的风险。在推广林业技术时，特别要关注林改后林农个性化的技术服务需求，不过满足个性化需求会产生高额成本，这是在林业技术推广过程中需要平衡的问题。

除了对林业技术的需求，林农金融服务的需求也比较强烈，如资金服务、贷款服务等。这是因为林改后林农拥有林地的经营权和收益权，林农投资林业的积极性明显提高，融资需求也越发迫切。但实际情况是林农获取资金难度大，融资渠道单一，尤其体现在经济不发达的地区。金融机构更愿意贷款给林业大户，而非林农个体户，对于金融机构这是避免风险的方式，而林农就得从正规渠道进行融资，这种融资只能解决短期的投资需求，对于长期性的投资需求依然无法满足，林农的投资积极性便会下降。政府需要加强财政支持力度和政策支持力度，建立并完善相关法律法规，提供快捷方便的融资渠道，形成林权反担保贷款、林农以林权证向银行或者信用社担保贷款、小额贴息贷款与农户联保贷款、以股份形式融资四种主要的林业投资模式，让林农快捷放心的获取资金，才能提高林农的投资积极性。

林农对法律服务的需求较低，这是不太好的现象，政府应当加强法律法规的宣传教育，引导林农学习相关法律，提高对法律作用和必要性的认识，在遇到问题纠纷时应当寻求司法途径公平公正地解决，避免因不必要的冲突造成财产损失和人员受伤。

（二）林权流转对林业社会化服务的影响

林权法律确认的对森林、林地所享有的权利，包括对森林、林木和林地的所有权、使用权和处理权。林权是物权的一种，涵盖了物权中的所有权、用益物权和担保物权，所以还应包括林地的承包经营权，林地的地役权，以及森林、林木与林地的抵押权等。林权制度改革使林户林权流转的发生率有显著提高，但总体水平较低，规模不大，而且林地流转范围比较局限，主要在本村内部流转。

林权流转对林业社会化服务的影响主要体现在：在林权流转的大环境下，林业社会化服务面临着许多问题，供给主体单一、服务范围过小、建设资源短缺、专业人才缺乏等不足之处愈发明显，当前的社会化服务已不能满足林农的需求，具体表现在以下几个方面。

1. 林业服务供给主体的单一性

随着林改的深入，林农对林业服务的需求呈现出个性化、多元化的特点，包括林业技术服务、信息服务、金融保险服务、抵押贷款服务、法律服务等。但是，林业服务体系中依然是以政府为主的供给主体，这种服务虽然是无偿服务，但供给主体单一、供给机制不活、效率不高等问题愈发明显，已远不能满足林农的需求。约 3/4 的林农获得林业技术服务的途径是政府，而政府提供的服务主要包括种苗、森林防火、病虫害检疫等，这是最基本的服务，不能满足林农个性化、多元化的需求。绝大多数林农都是通过乡、镇政府获得信息服务，途径也比较单一，林农更需要获得的是及时有效的市场信息。

2. 林业服务体系的服务范围过小

由于目前是以政府为主的单一供给主体，单一的服务主体导致为林农提供的林业社会化服务项目无论在类型上还是在数量上都是非常有限的，而且服务针对性不强，服务范围很狭窄，远远不能满足集体林权制度改革后，林业产业及林农对林业服务个性化、多元化的需求。林农获得服务的种类中接受比例较高的有森林防火防盗和森林病虫害防治，而森林资源评估服务和森林保险的比例远远低于其需求比例。也就是说林农还是只能接受比较基础的如防火、防盗、防病虫害这类服务。有关林业专业合作组织、信息咨询、贷款抵押、林业的金融保险、资产评估等方面的服务严重缺乏，这不仅限制了林业社会化服务体系本身的发展，更重要的是林农刚刚建立起来的发展林业的积极性有可能会降低，林业发展将会缓慢。

3. 林业社会化服务体系建设资源短缺

目前，由于政府资金投入不足造成的我国林业服务体系呈现资源短缺的现象已十分严重。一方面，政府投入的财政经费有限，并未对林业服务体系的推广提供固定的投资渠道，林业服务行业也没有引起社会投资很大的兴趣，使林业服务体系各方面都未得到较好的完善。另一方面，由于我国的林业社会化服务体系建设起步较晚，个体农户与小规模的企业为多数参与主体，这些主体往往采取的是粗放式管理与运营方式，在运营效率与管理模式上处于落后的状态。由于缺少高新技术的支持，林业服务组织所提供的设备和技术支持已经远远不能适应数字化、信息化、现代化的市场需求，不能适应目前林业经营发展和林业生态建设要求。

4. 林业社会化服务体系专业人才缺乏

林业服务属于基层服务，由于条件艰苦、待遇偏低等问题，缺少对高学历、高素质人才的吸引，不仅如此，现有专业人才流失现象也比较严重。目前，我国林业社会化服务体系中的大部分工作人员都不具备专业的技术训练，年龄结构、知识结构都不合理，而且由于资金问题，对林业服务人员的培养和选拔体系不够完善，更使林业服务队伍萎缩，人才缺乏。

5. 林业社会化服务体系建设的宣传力度不够

林业服务体系服务的宣传力度远远不够，而且在寻求林业社会化服务建设的过程中，缺乏对林农关于林业服务体系认识的引导，从而导致林农对林业服务体系认识不足。不仅林农对林业社会化服务体系不了解，某些林业工作人员对林业社会化服务体系的具体内涵也不甚了解，没有宣传就无法开展林业社会化服务体系建设工作，工作难度大大增加。

6. 林农的专业素质有待提高

在农村，青壮年劳动力流失是一直存在的问题，特别是文化素质较高的青壮年，由于种地收入远远低于外出打工的收入，而选择外出务工。这就造成了以初中文化、小学文化为多数的老人、妇女、小孩留在农村从事农业和林业生产，这些林业从事主体将思想保守、效率不高等问题也带入到林业生产中去，不能充分发挥林地的价值。而且林农进行林业技术学习的渠道较少，拥有科技书报的家庭仅占极少数，村镇每年举办的组织技术培训也大多流于形式，真正能传授林业技术、发挥实际作用的只有很少一部分。林农家庭青壮年流失、文化水平低以及学习林业技术渠道狭隘导致技术推广缓慢，市场信息接收迟钝，阻碍了林业的发展。虽然大多数林农非常渴望掌握先进技术，但是林农的文化素质、科技素质偏低及对市场意识淡薄这些客观原因不可避免，而且林业科技人员的短缺甚至导致恶性循环，林农想实现其主动地位面临着重重困难。

三、林权流转促进林业社会化服务体系构建

林权流转对林业社会化服务提出了更高要求，当前的林业社会化服务已不能满足林农的需要，这就要求我们必须建立、健全和完善相应的社会化服务体系。各单位、各组织、各部门要相互协调，紧密配合，为林农提供完整的产前、产中、产后服务，促进林产品的生产、加工和销售的顺利进行，以促进林改后林业各生产要素能顺利地流动，切切实实地从林农角度出发，为林农服务，满足林农需求，最终实现林产品的价值增值，从而提高林业经济效益，增加林农收入。

1. 积极动员社会力量搭建林业社会化服务体系平台

随着集体林权改革的深入，林业将面临改革创新的挑战，同时也是前所未有的发展机遇。政府作为最主要的服务主体，但毕竟精力有限，不可能关注到每一块林地，服务到每一户林农，若只依靠政府部门去发展林业，是不可行也是不现实的。此时其余的服务主体需要积极与政府合作，

主动承担更多责任，为政府分忧，为林农谋利。政府要积极创造良好的政策环境，鼓励社会力量进入林业社会化服务体系的构建当中，实现全社会办林业的目标。政府应该积极引进具有专业性的林业组织和机构，如林业服务企业、林业服务中介机构（包括林业产权交易中心、森林资产评估机构）等，使其在森林经营管理、林业生产、发展林业产业等诸多方面发挥作用。这些组织和机构也可以协助政府帮助及引导林农进行林业生产，提供林产品的生产、供应、销售等一条龙服务；林农应该积极合理地使用这些专业化服务，既方便自己又能从中受益，最终实现林业发展，增加收入。林农除了使用林业组织和机构提供的服务外，还可以自行组建各种林业合作组织，成立林业产业协会和林业专业合作社等，逐渐成立以林农为主体的家庭合作林场，巩固和强化林农的市场主体地位。

2. 扩大林业社会化服务体系的覆盖面

随着集体林权制度的改革和社会化大生产的不断发展，原有的林业社会化服务体系在数量、种类、内容上都存在不足，所以必须增加服务机构的数量，增加服务的种类和内容，更重要的是改善服务的布局，提高服务水平，不断扩大覆盖面，增加目前林农需求程度较高的服务，如林业实用技术服务、市场信息服务、金融服务、加工服务和销售服务等内容。特别要针对广大林农的需求去提供相应服务，满足林农个性化、多元化的服务需求，从而才能巩固好林权制度改革的成果，深化林权改革。

在扩大林业社会化服务体系的覆盖面时，政府应配套相应的政策，积极推进林权抵押贷款服务，扩大贷款渠道，提供无息或低息贷款，或者实施政策补贴，让林农最快捷地获取贷款，投资林业。由于林农文化水平不高，有些林农并不知道如何贷款、怎么贷款、向谁贷款时，政府或林业机构组织应该引导和帮助林农，宣传、普及贷款知识。同时，林业社会化服务的服务内容应不断扩大范围，增加新的内容，适应当前环境和政策，提供林农需要的个性化的服务，才能提高林农自身竞争力，在市场竞争中占据主体。

3. 加大对林业社会化服务体系的资金投入和扶持

政府部门要重视林业社会化服务体系并给予足够的资金支持，最好可以确保中央和地方将一定比例的财政收入投入到林业上来，投入林业固定资产中。同时，要加大对科技的投入，科学技术是第一生产力，政府要将部分资金用于林业科技成果的推广和普及，让林农了解科技、使用科技，提高林业科技成果的利用率。

4. 进一步提高林业服务人员的素质

林业社会化服务是很专业的服务，在提供服务时需要专业服务人员，如何稳定现有人才并扩大服务队伍是加强林业社会化服务需要思考的问题。目前，由于服务基础条件差、经济基础薄弱、条件艰苦和待遇偏低等原因，不仅无法吸引高学历、高素质的人才，现有的林业人才还在不断流失，导致林业基层单位技术骨干缺乏。集体林权制度的改革，使林业部门要由管理型转向服务型，其服务者主要是林业基层单位，而林业基层单位缺乏人才不利于转型的完成。因此，要改善基层条件，改革经营体制和管理体制，通过提高待遇来吸引高学历、高素质的专业性人才，从而强化服务队伍建设，提高服务能力。对于现有的林业社会化服务人员，要加强业务能力培训和职业道德教育，提升服务人员的服务技能、事业心和责任感。

5. 加强宣传，提高认识

林业社会化服务体系建设不只是靠政府单方面努力，作为服务对象的林农需要积极响应和配合。各级政府部门及主管部门都来重视林业社会化服务体系的发展，强化林业社会化服务体系在林业发展中地位，并将林业社会化服务体系的重要性传输给林农。特别是在林权改革重点实施区，除了通过广播、电视、报纸等媒体宣传外，还可以设立专门机构，组织宣传组进林户家中进行宣传或发放宣传资料，宣传的内容可以包括林业生产、林业技术、林业致富等方面，最终目的是使广大林农更加了解林业社会化服务体系并积极参与其中。

6. 提高林农的综合素质

林农的素质是林业社会化服务体系构建的核心，目前我国林农素质不高，必须加强林农的教育培训，提高其专业技能，甚至能够让林农具备分析市场和自主经营等能力。开展培训要结合当地林农的具体情况，要保证培训质量和培训期限，不能敷衍了事。为了使更多的林农得到培训和提高，培训时间应安排在大部分林农空闲时，如每年农闲时。最好能够建立图书室甚至图书馆，让林农自行选择所需书籍，而且可以促进林农间的学习交流。

总之，林业社会化服务体系是林业发展到一定程度，适应多层次市场需求而产生的。它的出现必须以明晰的产权为前提，以一定的规模化、集约化经营为基础，专业的技术为保障。目前，我国大力建设林业社会化服务体系，林业工作站建设、林木种苗体系、林业科技投入、林业教育与培训、森林公安与森林防火体系、森林病虫害防治体系、森林资源监测体系、林业信息化体系以及林业生态文化建设在不断完善和发展。随着集体林权改革的深入，当前的林业社会化服务体系已不能适应林农的需求，供给主体单一、服务范围过小、建设资源短缺、专业人才缺乏等问题需要尽快解决，这是林权流转对林业社会化服务体系的挑战。同时，集体林权改革也带来了林业社会化服务体系快速发展的机遇，我们应该更加注重林业社会化服务体系的建设，进一步健全和完善林业社会化服务体系，建设适应林农个性化需求、适应市场经济发展、适合现代林业发展的服务体系，以实现林业发展、林农增收为目标。虽然我国林业社会化服务体系的建设才刚刚起步，然而一些林业发达国家在战后甚至更早就已建立了适应林业发展需要的林业社会化服务体系，其中比较典型的是日本和瑞典。我们可以借鉴国外林业社会化服务体系发展经验，从我国的国情出发，结合林情，充分发挥政府的作用，引导建立林业基层经济组织，宣传和推广林业社会化服务体系，完善法律体系，加大资金投入，提供政策补贴，建设维修林道，招收高科技人才，提升林农素质，以社会主义市场经济为导向，培育富有成效和具有中国特色的林业社会化服务体系。

参考文献

［1］蔡志坚、丁胜、谢煜等：《农民对林业社会化服务的需求及对主要供给主体的认知——以林改后的福建省为例》，载于《林业经济问题》2007 年第 6 期。

［2］程云行、秦邦凯、刘恩龙：《浙江林农林业社会化服务需求的影响因素分析》，载于《农业经济与管理》2012 年第 5 期。

［3］邓建钦：《论林业社会化服务》，载于《河南林业》1998 年第 5 期。

［4］李国栋、孙万里、丛春波等：《加强林业社会化服务体系建设巩固集体林权制度改革成果》，载于《中小企业管理与科技旬刊》2009 年第 18 期。

［5］李宏印、张广胜：《林农林业社会化服务需求意愿与供给现状的比较与分析——以"林改"后的辽宁省为例》，载于《农业经济》2010 年第 9 期。

［6］林琴琴、吴承祯、刘标：《林业社会化服务体系建构研究——基于福建省林业社会化服务需求的分析》，载于《福建行政学院学报》2011 年第 3 期。

［7］吕杰、冉陆荣：《辽宁省集体林权改革与林业社会化服务体系调查报告》，载于《林业经济问题》2008 年第 2 期。

［8］王素玲、曲增禄、任来良等：《自助法及其与几种森林抽样调查方法的比较》，载于《林业资源管理》1993 年第 1 期。

［9］詹祖仁：《林权制度改革后新型林业科技服务体系构建的探讨》，载于《中国林副特产》2007 年第 5 期。

［10］朱桂香、樊万选：《强化服务职能 促进林业发展——关于乡村林业社会化服务体系建设的思考》，载于《河南林业》1998 年第 6 期。

第六章

林权流转与林农权益保障

一、林权流转中林农权益受到损害

我国从土地革命时期就已经开始出现了林权改革，那时就明确了林农对于林地的使用与流转权利，还包括了对于林地上的林木使用权。在"文化大革命"时期，国家对林业资源进行了整合，将林地资源收归国有，垄断了林地资源，林地流转也就此停止，林业相关经济发展被迫暂停。2003年《中共中央国务院关于加快林业发展的决定》明确提出："国务院林业主管部门要会同有关部门抓紧制定森林、林木和林地使用权流转的具体办法，报国务院批准后实施。"并指出："加快推进森林、林木和林地使用权的合理流转。在明确权属的基础上，国家鼓励森林、林木和林地使用权的合理流转，各种社会主体都可通过承包、租赁、转让、拍卖、协议、划拨等形式参与流转。当前要重点推动国家和集体所有的宜林荒山、荒地、荒沙使用权的流转。"2008年6月8日，中国中央、国务院发布的《关于全面推进集体林权制度改革的意见》在完善集体林权制度改革的政策措施中明确要求："规范林地、林木流转。在依法、自愿、有偿的前提下，林地承包经营权人可采取多种方式流转林地经营权和林木所有权。"集体林权制度改革工作在全国范围内广泛开展，现阶段工作的主要内容已经到了林权流转这方面，国家通过一系列法律法规，赋予了林农更多的权利，从而激发了林农扩大造林、培育林场、保护林地的积极性。林农将更大的精力用在林地上面，这也为他们在林地改革过程中不断增收打下了一个很好的基础。

林权改革以来，林权的流转对于林业经济的发展与推动有着非常明显的作用，这不仅表现在林权流转可以更好地保障林权所有者的利益，更是在促进整个社会的经济发展中起着至关重要的作用，也必然会在新时期成为我国经济发展中新的突破口。森林资源作为生态环境资源中的重要组成成分，林地的发展状况与我国生态环境状况息息相关，当前影响我国经济社会发展的重大事项之一便是多年来由于只关注经济发展而忽略了环境保护而导致的环境承载力下降，生态环境状况与我国的可持续发展目标存在一定程度的差距。而在林权改革之后，林地使用权在林地市场自由流转，这对于发挥林业在环境生态等方面的作用有着非常显著的推动作用。

林权改革工作已经在全国范围内开展，并取得了很好的效果。但是在林权流转过程中也出现了一些损害林农权益的情况，具体包括两个方面：一是因为流转操作不规范，损害林农基本经济权益；二是林地用途改变，林农合法权益缺乏保障。

（一）流转操作不规范，损害林农基本经济权益

林地确权工作在全国范围门内基本完成之后，林地流转也开始广泛开展。林地流转首先盘活了林农的林地，使林地资源得到了更加充分的利用；其次林地流转保障了林农在林权改革后收入的增加，进而实现了林地资源价值变现，成为林农维护自己林地合法权益的重要方式之一；此外，林地流转有利于生态环境的改善，进一步推动了林业规模化经营与产业化，真正实现林业可持续发展，林农生活改善有保障。其具体作用有两点。一是加速了林业资产结构的优化，进而使得林业生产资料得到了更好的配置。林权流转吸引了大量的社会资金，这些资金流入林业，使得非公有制林业经济得到了快速发展，林业资产结构发生了巨大的变化，也就是从原来的单一国家财政投入逐步向国家财政投入引导的多元投入转变。二是在林权改革之后林农收入的不断增加，促进了农林产业的不断进步。林权流转对于林农收入增加的帮助是多方面的，一方面，在林权流转过程中林农将林地流转出去，可以发挥自身特点，专门从事自己所擅长的工作，增加自己的收入；另一方面，林农在将林地流转出去之后，林地获得者可以聘请这些林农投入林地工作，增加了林农的就业渠道，林农因而可以获

得一份工资收入。

目前，由于我国在林权流转方面的法律法规较少，一些地方林地流转处于很不规范的状态，暗箱操作与低价转让倒卖等现象屡见不鲜，这就造成了林农失去了林地，失去了林业资源。其中有一些地方情况更为严重，甚至出现了林权纠纷，毁灭林业资源，群众事件不断发生。这对于林业资源的安全和林农社区的安定和谐带来了巨大的威胁。其中林权流转不规范集中表现在以下六个方面。

1. 林权流转信息不畅导致的操作不规范

在林地确权工作之后，林地流转工作也顺势开展，但是在林权流转过程中信息不够畅通，造成了林权市场的需求供给混乱的现象。林权改革中的林地确权只是为林权流转解决了一级市场，也就是将林地与山区分到每个林户手里，使得林农得到了林地流转分配的权利。但是，由于林权流转的二级市场还没有建立健全，缺少一个全方位服务的中介体系，导致了林权流转过程中信息不能被供求双方及时获得，更进一步使得需求供给不能按照市场进行对接。在这一过程中，林权流转经过多个中介才完成了交割，中介在林权流转过程中获得大量的收入，而因为中介这部分费用，林农在林权流转过程中获得的实际收益大打折扣。因而在信息不畅的情况下，林场中介通过许多不规范操作，谋求了大量利润，这在很大程度上制约了林权流转的速度，对林农权益也造成了很大的损害。

2. 林权流转定价过程导致的流转不规范

林地资源价值评估是确定林地价格的基础，也是实现林权流转合理有序开展的重要环节。林地有着生态、社会、经济三方面的效益，与此相对应的林地资源价值评估需要从林地资源的生态、经济、社会三方面进行，因而造成了林地价值评估工作难度的加大。此外，林地资源价值评估缺乏有经验、有资质、有信誉的评估机构，专业评估的人力资源相当匮乏。在林地评估过程中，有相当一部分是当地物价部门进行的，还有一部分则是林业部门的一些机构进行的，但是这两个评估单位并不是独立的，并且都缺乏一定的评估知识与评估实践经验。除此之外，这两个单位中具有丰富林业知识且对林业流转法律法规又熟悉的专业人才是相当缺乏的。各个地区在林权流转过程中很少将林地环境、地理交通状况、市场条件等因素纳入林地价值评估当中，导致多方对于林地价格评估不统一，进而制约了林权流转。由于林地流转定价过程困难而导致的流转过程不规范具体有以下几个方面。

（1）林权流转价格偏低。林地有着生态、社会、经济三方面的效益，与此相对应的林地资源价值评估需要从林地资源的生态、经济、社会三方面进行。但是现阶段林权流转价格主要是通过林地资源的经济价值进行估算，并没有充分考虑林地所包含的生态效益价值与社会效益价值。尤其现阶段，林地市场主要有买方决定，导致林地价格偏低。在林地流转过程中林农并不知道自己的林地价值到底是多少，这使得他们在林权流转过程中处于十分不利的地位。

（2）林权流转价格随意性较大。自林权改革之后，林农获得了对林地的经营权，但是由于林权流转市场的不健全，使得林地林权流转存在许多私下交易和与之相关的林权流转不规范行为。一方面，大量的林地在进行林权流转时并没有通过林地价值评估机构对林地进行价值评估，林地价格往往是买卖双方自行协商决定。而林地买卖双方进行林权流转时对价格因素考虑不到位，造成了林地价格忽高忽低，随意性非常大。甚至有的地区林权流转价格只是简单的口头约定，特别是一些林区的村干部，自己参与到林权流转过程当中，造成了林权流转过程中林农权益受到损害，甚至引起地方矛盾。另一方面，即便是有林地评价机构对林地价值进行评估，但是由于他们大部分都缺乏林地价值评估的经验与知识，对林地价格评估有误，进而损害了林农权益。

（3）林权流转价格不够透明。由于受到地方村级干部以及地方权贵势力寻租等非市场因素的影响，一些林区林权流转价格相当的不透明，在林权评估定价过程中没有充分考虑林区大部分林农的权益以及意见，造成林农权益受损以及林地资源的大量流失，并在当地引起许多林权纠纷。

3. 林权流转经常受到基层领导干部或政府的干预

中央颁布集体林权制度改革，并不断强调在集体林权制度改革过程中要充分尊重林区林权所有者的权利，按照法律法规，本着自愿、有偿的进行。但是在林权流转过程中，林权流转经常受到地方政府的诸多干预。有的地方政府只为谋求自身利益，对林权市场乱加干预，破坏市场规律，造成极大的负面影响。有些政府对于林权改革工作的认识不到位，对林权改革的目的理解片面，盲目的在林区推动林权流转，甚至只是把它当作一项任务来完成。例如，福建省一些地方政府直接采用行政手段强制把林权集中到了经营实体，由于这个原因，在福建许多地方出现了大量的原材料基地实体。在这一过程中，林权流转并没有达到林权改革的初衷，也没用达到林农提高收入的愿望，甚至引发林农抵触情绪，许多林农试图上访来维护自身权益。再如，江西省在林权流转工作当中，政府同时扮演了中介服务机构与行政主管部门的两个角色，对于市场的干预是十分明显的，这也导致林权市场出现诸多违规操作的情形，使得林农权益受到一定程度的损害。

4. 林权流转合同不规范

在林权流转过程中，由于二级市场还没有建立健全，从而导致在林权流转合同订立过程中出现许多不规范的合同。这些不规范合同中，有的只是口头约定，并没有书面形式的契约。而即便有了书面合同，这些书面合同也存在着大大小小的诸多问题，包括合同过于笼统、简单，合同双方权利义务不明确等。

5. 林权流转交易流程不完整

根据国家林业部门对于集体林权流转的相关规定：集体林权的转让必须经过林权发包方同意；集体统一经营的林权流转必须经过村民会议2/3以上成员或者2/3以上村民同意，并在政府批准的情况下才可以流转。而私下完成的林权流转，其流转过程得不到有效监督，很多人是在还没有弄清情况或者不知情的状况下就完成了林权的流转事宜。除此之外，在林权流转过程中，还出现了伪造林农签字等现象。另外，在林权流转前的公示、林地边界确认以及申报上级部门的各个环节都存在着不同程度的问题，而这些不完整的交易流程，使得林权流转双方权利义务关系不清，林地产权流转不能顺利清晰交割。

6. 林权交易过程中服务收费标准不统一

为配合林权流转工作，我国已经成立了1800多家林权流转服务机构，这些机构的功能也不尽相同，并且各有特点。主要业务包括林权流转相关政策咨询，林权交易信息汇总与公布，还包含了对林权流转供需双方信用等级评估及审查工作。在此基础上，还提供了林权流转交易场所、林权流转相关的规范合同以及林权流转鉴定证书等。林权流转交易与其他产权交易存在许多不同，在外工作量大，需要鉴定的内容繁多，还有耗费大量的人力资本。这些林权交易服务机构是通过收费来提供服务的，以最低费用来维持服务机构的正常运营，同时规范林权市场交易行为，保护林权流转过程中供需双方的合法权益，防范因为林权流转不规范而影响到林业生产与林地流转经营。但是，在全活范围内这些林权流转服务机构的服务和收费标准并不统一。造成这种现象的主要原因是到目前为止我国还没有出台林权流转服务体系的全国统一标准，也没有制定相应的收费标准。此外，这些服务机构绝大部分也仅限在改革试点省份运转，其他林区也只是试运行阶段。由于林权流转服务机构不完善的原因，林农权益还是受到一定的影响。

（二）规范操作保护林农权益

为了推进林权改革工作在全国范围内更加顺利地开展，避免在林权流转过程中因为操作不规范而导致的林农权益受损，我们给出以下建议。

1. 调整现存的林权流转制度

调整并规范林权流转制度就是保障林农获得对林地充分的自由处置权。保护林农的基本权利不受侵害可以使林农更好的支配林地资源使用权。首先，我国应该制定并实施可以保护林农长远利益的法律法规，并不断收集林区林农关于林权流转的意见，根据实际情况不断调整地方法律法规。其次，建立健全有效的林地资源评估体系，建立林权交易所需的林权交易场所和与之相配套的基础实施。基层政府作为推动林权改革的主力军，可以直接与林区林木相关企业相接处。由于林区林农比较习惯在私下对林权进行交易，导致林权流转对象范围较小，并且在林权流转中获得收益较低。在这一过程当中，林区地方政府可以帮助宣传国家法律法规，并推动林农在林权交易中心来完成林权流转，进而避免林农在私下将林地流转带来的权益与利益受损，也从另一方面减少了不正规林权私下交易的数量。除此之外，地方政府应该减少对于林区林权流转的干扰行为。为了有效减少基层地方政府人员滥用职权从而使得林地低价转让，应该加大林区林农对于林权流转工作的参与程度，在林权流转之前进行充分的商讨。在此基础上，再通过林权交易中心对林权进行交割，从而避免以后出现林权纠纷以及林农对于林区政府的不满的情况。

2. 建立健全规范政府行为的监督机制

规范林区政府行为，使其在林权流转工作中发挥积极作用，需要建立合理有效的监督机制，并在此基础上对林区政府实行较为严格的稽查。地方政府应该在林农取得对于林地的使用权、明确对于林地的产权以及在林权审批承包等一系列事项中更加紧密的同国家林业部门加强包括在技术、管理、维护等各个方面的合作，从而更加有效的引领群众。而对于林区地方政府，尤其是林区地方村级政府，应当建立一系列的防止防范违规腐败现象的措施。作为林业资源的管理者与林权改革的直接参与者，应当建立和完善林农参与政府行为监督的基本框架，让林农更好地参与林权流转改革的进程，为维护自身利益，林农的热情自然会很高，这将有利于更好的推进规范政府行为的监督机制。

3. 规范集体林权流转的程序

集体林权流转程序包括了审批、公示、评估等一系列程序。为了更好的维护林农权益，推进林权流转工作更好地开展，我们建议在审批过程中严格按照审批相关的法律法规来设定各个审批流程；在公示阶段努力做到林权流转信息公开透明，避免暗箱操作等现象的出现；在林权评估过程中，评估林权对于保障林农获得公平交易的权利来说至关重要，因而在林权评估过程中，要保障提供高质量的评估报告。林权流转的程序还包括了大大小小许多事项，相关机构务必规范林权流转程序，避免出现林农权益因林权流转程序不当而受损。

4. 完善林权流转价格制度

合理有效的林权流转价格对于推动林权流转市场运行，提高林权流转市场中林权供需双方的积极性的作用是显而易见的，不仅如此，合理有效的林权价格也是实现林地资源优化配置的润滑剂。目前为止，虽然我国的林权流转市场已经开始建立，但是发展程度还是远远不够的。在林区存在大量的林农私下流转林地、政府强制林农将林地转让以及其他一系列不规范的林权流转情形，这进而破坏了林权流转市场的作用，使得林权流转价格被扭曲，不能真正反映林区林权流转供需双方的情况，更不能起到市场在林权流转过程中的调控作用，损害了林农的合法权益。因而建立健全与林权流转市场相配套的林权流转价格机制、规范林权流转市场行为、维护林农权益显得十分重要。因此我们有三点建议。一是建立可调整的最低林权流转价格制度，即林权流转初次定价不得低于政府规定的最低限额，否则规定此次林权流转交易失效。为了实行好林权流转最低价格政策，政府林业相关部门需要在林权流转价格评估机构的协助下，对林地类型、林地肥沃程度、林地产值等一系列因素进行考察度量，从而确定林地价格，并定期进行调整。二是完善林权流转林地资源价格评估制度。公平、合理、有效的林权流转价格依赖于对林地价值准确有效的估计，因而林地流转价格评估机构应当遵循公平、公开、公正的原则，按照国家相关法律法规以及严格的技术规定要求，对林地价值进行科学的评估。三是建立林权流转价格公布机制。现阶段由于林权流转市场并不完善，为防止林权流转过程中出现低价转让而导致的林农权益受损以及林地资源的流失，国家应该加强对于林地流转价格公布工作的管理，完善林权流转价格公布机制。

5. 培育运转有序的林权流转市场

培育林权流转市场是推动林权流转工作顺利开展的重要条件。在我国，林权流转市场还处于刚刚起步的阶段，因而存在着大量问题。为了保障林农在林权流转过程中权益不受损害，也为了避免在不规范林权流转之后所引起的林业纠纷，林权流转相关部门应当建立规范有序的林权流转市场，为林农提供规范有序的林权流转市场，也是为林地提供一个公平、公开、公正的竞争平台。在此基础上，林权流转市场还要给林农提供林权流转价格的实时信息，降低在林权流转过程中的各项成本，进而吸引更多林区之外的资本流向林地。建立良好的林权流转信息公布平台，快速准确的向林农提供关于林权流转市场的所有动态信息，使得林权流转供需双方更好地了解彼此情况，更好地完成对接。避免造成信息不对称，逐步使林权流转走向正规化、合理化、制度化。

6. 建立林权流转服务平台

林权流转服务平台的建立，对于林权流转市场信息发布以及林权流转市场的引导有着积极的推动作用。鉴于在林权流转市场发展过程中林权流转信息化的需要，以及与林权流转市场相对应的各项服务需求，林权流转服务平台的建立与运行也算是应时而生。林权流转服务平台应该涵盖现有市场服务平台的各项功能，并通过互联网、云服务的现代技术为林农提供高质量、高水平的服务。并在此基础上建立全国性的林权流转服务平台，为更好地维护林农权益以及使国家实时了解林权改革的整体进程，总览林权流转的各项信息，为进一步推动政府出台更好的林权流转政策起到积极的作用。

二、林地用途改变，林农合法权益缺乏保障

林地作为国家重要的自然经济资源，是林区生存与发展的重要基础。林地的核心作用主要体现在保障国内林地产品的供给，同时还将林区生态稳定以及环境保护的一系列与人们生活息息相关的事物紧密地联系在一起。就目前而言，我国林业发展依然存在着许多问题，包括全国范围内人口众多但林地较少，林区林地与人的关系较为紧张，林区林地的保护形势依然面临着巨大的挑战。林区面临的问题主要表现在：我国林地总量不足，许多林地的整体质量并不高，且这些林地的生产力水平普遍较低，在林区林地的退化相当的明显，造成了对于退化林地治理难度的加大，此外，违法使用林地的情况越来越多，对于林地的管理形式也不够合理。随着我国改革开放事业的不断发展，我国工业化与城镇化进度明显加快，在发展过程中对于土地、林地以及相关基础材料等需求明显增加。再者，国家在出台一系列保障粮食安全的规定之后，我国对于耕地的保护力度进一步加强，这就造成了大量需要用地的建设项目将目标由耕地转向了林地，

将林地用途改变，进行开垦种植，以及运用一些不合法的手段获取林地的现象越来越严重。出现这些情况的主要原因可以归结为以下几个方面：一是随着社会的快速发展，人们生活水平不断提高，因而对于生活空间的需求也在不断增加；二是随着我国城镇化进程的不断加快，需要城市不断向外衍生扩展，在这一过程中，就需要大量的空间与物资来建设城镇；三是在城镇化过程中，能源、交通运输以及通信等一系列基础设施的不断扩大改造并完善过程中，众多的基础设施领域必然需要占用大量的空间与领域。林地作为林区以及林业发展的基础，是极为重要的生产要素，是保障国家经济社会可持续发展的重要物质基础与保障。并且，林区林业发展以及其他一系列相关产业的发展离不开林地发展规划，各类林区林业生产经营活动以及林业产业的发展都是离不开林地的，再者林地保有量也是提高森林覆盖率以及环境改善的前提。与林地相对比，耕地的主要功能体现在耕地产出人们所需要的各类农产品，其满足了人们对于食品以及布匹等日常需求。与之比较，林地的主要功能则是满足人们对于林产品以及对生态环境的影响等需求。我们知道耕地的收益可以由耕地的所有者完全拥有，而实现了生态功能以及其他正的外部性的林地收益则是大众共享，林地经营者很难获得林地的所有收益。林地作为林区自然资源的重要组成部分，是林区经济发展，也是我国可持续发展的重要保证，合理有效的利用林地资源及保护好林地资源是各个部门义不容辞的责任。

保护林农的合法权益不受损害，是推进林权改革的重要保证，也是林权改革的本意所在。在林权改革过程中，林农能否从林权改革中获得收益是检验林权改革的重要标准。与此同时，利用好相关制度以法律法规来维护好林农的合法权益，能够更好地激发林农生产的积极性以及保护林地资源的热情，进而由林权改革推动林地资源优化配置，实现林区林业的可持续发展，促进林农增收。在这一过程中，只有维护好林农在保护生态中的主体地位，保障林农的合法权益，才能更加有效的发挥林农在环境保护、维持生态平衡中的正面作用，进而实现维护林农权益与保护生态协调发展。因此，通过林权改革，将林地经营权交给林农，能更大程度上激发林农参与林地经济建设以及生态维持，吸引更多的社会力量与资金来到林区，加速林区城镇化进程，实现林区经济发展与生态建设协调进行。

（一）改变林地用途，损害林农权益

1. 林地用途改变造成林区林地质量下降

随着林权改革之后的林地自由流转，林地的用途发生了很大的变化。由于耕地需求依然很大，林地自由流转之后，将林地改为耕地进行耕种的现象大量出现，并且这些改为耕地的林地大部分都是优质林地，这就造成了大规模的林地退化现象。而在国家要求退耕还林的政策下，是有一些耕地重新被改回林地，但是这些新林地大多质量低下，而且大多数是人工纯林，混合品种较少，单层林居多、复层林偏少，除此之外，由于退耕还林的时间不长，大部分林木并不成熟。由于以上原因，在林区林权流转之后，林地的整体生产力大规模下降，使林农权益受到了损害。

2. 林地用途改变造成林区林地生态环境恶化

我们知道，耕地的主要功能在于满足人们的粮食需要，或者是生存需要。与之相比，在国家可持续发展的战略框架中，林地所拥有的生态功能具有举足轻重的地位。就如之前所阐述的那样，耕地所有者可以对耕地上产生的价值完全获得，而林区林地所产生的价值则由林区集体共同分享。我们知道，由于耕地的特点，耕地所种植的庄稼不会产生非常大的生态环境效应，并且即便耕地种植多年，造成生产力下降之后，只要好好整理，细心培护，就可以很快恢复其原有的生产力水平。然而林地却完全不是这样的，林地对于周边的生态效应影响是极其显著的。由于林权流转之后，林地用途被改变，造成整个林区生态环境恶化，甚至出现了因林地减少造成的恶劣自然灾害，这些都对林农权益造成了很大的损害。

3. 林地用途改变对于林农补偿太少

由于地理上的特点，我国是一个山地较多，土地偏少的国家，这就造成了长期以来只重视耕地，而对于林地的关注几乎缺失。此外，对于耕地往往是投入大量的人力物力进行种植，而对于山地林地则是极少投入，甚至放任自流的态度。重视耕地而对林地置若罔闻的思想一直延续至今，这一思想直接表现在价格之上，往往就是相同面积的林地与耕地有着不相同的价格，耕地的价格比林地的价格高出许多。而就是因为林地价格远远低于耕地价格，造成了在林地流转之后，大量需要耕地的项目转而将目光投向了林地。许多林地因而被改变用途，在这一过程中林农权益受到了损害。而造成林地用途改变，林农获得补偿太少的原因包括以下几个方面。

（1）林地生态系统补偿法律法规不完善。到目前为止，我国的林地生态系统补偿制度存在着许多问题，这些问题主要表现为：一是立法和执法之间存在着不一致性，这就造成了在一定时间内不能迅速有效的解决现实问题；二是没有形成规范且统一的法律法规，各级法律以及地方法规之间存在着大量的交叉现象，不利于执法部门的统一执法；三是现阶段关于林地生态系统补偿的法律法规并不能满足当下林区建设以及林业生态保护的需要，并且这些法律法规面对新时期各种林地突发事故时往往显得无力。尽管在国内一些地方政府对于林地生态补偿做出了原则性的规定，但是这对于林地生态系统补偿以及制定实施相关补偿法律法规而言是远远不够的，这进一步造成了林农在维护生态系统及自身合法权益的过程中没有明确的法律可以依靠，使林地生态系统补偿很难实现。

（2）林地生态补偿政策缺乏灵活适应性。在现有的林地生态系统补偿机制中，大部分几乎都采取了"统一处理"的模式，并没有充分考虑林地林区之间存在着较为明显的差异性。实际上，我国地缘辽阔，各地域之间无论是从自然环境还是各地区自己所包含的自然资源，甚至经济发展水平上都存在着巨大的差异，这就造成在实行简单的"统一处理"即实行单一的林地生态系统补偿标准之后，很多地方都出现了大大小小的不少问题。有些地方的补偿标准实在太低，以至于林农拒绝将林地进行流转，进而造成林地用途被改变，破坏了林区生态系统；即便有的地区将林地强制流转，并将林地进行改造，这也会造成林农心理上的不平衡，转而减少对于林地的实际投入，使林区林地林木质量下降，造成林地资源变相流失。不仅如此，因为林地在转让之后会被改变用途，林农索性自己改变林地用途，将林地改为耕地。这样一来，林权流转不仅没有增加林农收入，改善林地生态环境，反而造成了林区生态环境被破坏，林农权益受到极大损失。

4. 改变林地用途，违背林权所有者的意愿

在林权改革以及中共中央国务院的积极推动下，林区林地保护工作取得了一些值得肯定的成就，但是这并不能掩盖一些对林地非法转让，改变林地用途，造成林地流失，损害林农权益的种种情形。一些林区地方官员为了提升个人政绩，以各种招商引资之名，对林地林权流转横加干涉，不按照国家相关法律法规，影响林地评估工作，利用手上职权擅自对林地林权转让进行出让，不仅于此，林地使用用途也被随意改变。这不仅造成了国家林业资源的大量流失，也损害了林区林农的合法权益。尤其国家对耕地农田进行严格控制之后，这些用地项目就开始转向了林区林地，特别是那些高质量的湿地片区。除此之外，有的林区建设项目在还没有得到相关部门批准的前提下，对林地进行各种改造，破坏林区生态环境，而且这些破坏很大程度上都是不可逆转的。上述种种都违背了林农意愿，严重损害了林农的基本权益，造成林农极大的抵触心理。

（二）避免林地用途改变风险，保障林农权益

1. 完善林区林地资源价值评估制度

公平、合理、有效的林权流转价格应当通过权威的林地价值评估机构获得。林区林地资产的评估应该在公平、公开、公正的原则下，由专业林地价值评估的工作人员按照国家关于林地价值评估相关法律法规，采用规范科学的技术进行评估，并将评估结果在林地流转市场进行公布。除此之外，还应该建立对于林地价值评估工作人员责任追究制度，并且实行定期能力鉴定等，在此基础上，对林区林地价值评估工作团队进行定期评估培训；还有就是加大林区林地价值评估研究工作，提高林地价值评估研究的投入，从而进一步改进林地资源价值评估工作，建立一套完善的林地价值评估系统。而对于那些违反相关法律规定，对林地价值评估工作不负责任的工作人员从严处理，依法追究其法律责任。

2. 完善林权流转过程中对于林地用途管制的相关法律法规

在西方发达国家，他们已经有了一套较为完善的法律法规，而针对林权流转问题，可以较为顺利地将其他领域的法律运用到林权流转上来，就如德国需要实施一项关于林业方面的措施，那么他们就会迅速出现一套相应的法规。但是由于我国之前是集体林权，私有林地较为稀少，而国家相

应部门所制定的法律法规大多也是针对集体林权，这就导致在现阶段集体林权制度改革进程中法律法规的缺失等问题。好在我国从 2003 年集体林权制度改革便开始推进林权流转法律法规建设，然而，林权流转法律法规的制定并没有赶上林权流转改革的进度。我国至今还没有出台一部规范林权流转的法律法规，仅以《森林法》和《国家林业局关于切实加强集体林权流转管理工作意见》作为开展林权流转工作的指导性意见。但是以上两项法律法规并没有涉及林权流转工作中的诸多细节问题，尤其在林权流转之后林地用途管制的法律更是少之又少，这很有可能造成林权流转之后，林地用途被改变，林农权益的维护变得更难，进而降低林农林权流转的意愿，更严重的，甚至危及林权改革工作的顺利完成。因而可以说，在我国林权流转工作开展多年之后，相关法律法规并没能迅速地应运而生。面对这些问题，国家应当快速制定并完善关于林权流转的具体法律法规，进而加强对于林地用途的管制，切实维护好林农的合法权益不受侵害。

3. 严格加强对于林地用途的监督机制，规范林地利用行为

在林权流转之后获得林地使用权的各类项目，必须要依法办理各类审批手续，各林业工作机构必须认真履行自己的工作职责，对各类林地项目进行严格审批，按照国家制定的各项规定依法收取各类林地恢复费用，确保所收取的费用不少于将来进行林地恢复所需要的成本，从而达到林地资源总体动态平衡。除此之外，还需要加强林区各部门之间的协同合作，充分发挥各部门特点，以便达到全方位监督的目的。其中尤其重要的是林地资源监督机构与林业主管部门之间的主动沟通协作，提前介入林地用途改变相关项目的审批监督工作，确保在林权流转过程中不因林地用途改变而造成的林农权益受损。

4. 加大对于违法改变林地用途案件的侦查工作

在林权流转过程中维护林农权益不受损害，首先，需要各部门对于违法违规改变林地用途的行为进行严厉持续的打击，坚决做到绝不放过一起违法案件。对于出现的违反林地使用管制法律法规的各类违法行为，将严格按照法律规定，不仅要求当事人限时恢复林地，赔偿经济损失，还要依法追究其法律责任。其次，加大对于违反规定改变林地用途行为的监督检

查力度，对于那些知法犯法，拒绝恢复林地用途的行为予以坚决查处。再其次，加强对于林区行政层面上的监督。由于林区行政层面的监督工作开展并不容易，我们提倡运用网络、电视、报纸期刊的一系列其他方式来实现对他们的监督。最后，对于改变林地用途、破坏林地资源的案件予以追踪调查，一定将违法行为追查到底，树立林区林农权益保护的良好典范。

5. 提高林农维护自身合法权益的意识

由于在林权流转过程中，林农所获得的林权流转信息极为有限，林区林农所能得到的法律教育也是相当宽泛，林农保护自身合法权益的意识并不强，以上几点造成了林农权益很容易受到损害。面对这样的状况，必须用实际行动来提高林农保护自身合法权益的意识。为此我们建议：（1）针对林农在林权流转过程中所能获得的林地流转信息有限，国家应当加快林地信息网络化进程，促进林地林权流转信息实时报告；（2）林区政府部门在林区积极开展林权流转法律普及活动，使林农通过法律更加清楚林权改革的精神与具体规定；（3）在林区加强林农维护自身合法权益的意识和林农作为林区主人翁的意识，更加主动的参与林权流转工作，政府通过多方渠道指导林农通过合法合理的途径来反映自己的各方面需求，减少因为林区林地用途改变，而林农不知道维护自己权益的路径等情况的发生。

三、广西地区林权流转模式中
林农权益的保障案例

有着大量的山区林区，加上其特殊的地理位置以及多民族成分的广西地区，在林权制度改革之后，林权改革状况与影响受到了各方面的广泛关注。在林权改革的最初几年，因为确权工作上一些问题确实导致了林农之间或者林农与地方之间的大量民事、经济纠纷。虽然这些纠纷在各方的引导之下大多得到了较好处理，但是也有相当一部分林权问题没有得到根本性的解决，随时都有可能被一些突发事故引发出来。而在林地确权之后的林地流转工作中，也出现了许多问题，包括林权流转过程中的操作不规范以及林地用途被改变等，这将原本就很敏感的林权改革问题弄得更加敏锐，一些重大的林权纠纷甚至引发了大规模的群众事件，严重影响了广西地区尤其是林区各民族群众的生活，对于林区社会稳定以及经济发展带来了极为不利的后果。

（一）广西林权流转中的问题

广西地区的林权改革可以说是走在了全国的前列，并且也为林权改革的其他省份提供了一系列宝贵的经验。但是广西地区自身在林权流转过程也遇到了一些问题，这些问题在很大程度上伤害了林农的基本权益，为林权改革的继续推进造成了一些不良影响。

1. 林权流转过程中的林农权益保障滞后

山地林区的发展特点体现了它特有的性质，林业属于一种发展周期长，投资回报慢，并且投资风险较大的投资方式。一方面，地方政府以及银行在林权流转过程中办理发放贷款以及其他业务时，往往要求林地所有者提供林地价值评估报告，但是由于现阶段林区林地价值评估系统还很不完善，导致林农得不到应有的林地价值评估，处在了相当弱势的地位。另一方面，林农得不到林权市场交易的其他信息，只能按照银行或者贷款机构给出的价格进行投资，最终造成的结果往往是林权流转初期林农的权益就受到了很大的损害。加上林业本来就是风险较大，容易受到自然灾害影响，还有经济周期长、投资回报慢等特点，小的林农根本不能承受这些风险，即便林农对林地进行了投资，但是在遇到各类风险时，各个机构往往推卸责任，对索赔的保险也是缓慢处理，林农权益保障严重滞后。

2. 林权流转过程中林权合同存在大量问题

其实广西地区在林权改革的早期就有许多的问题，即在确权过程中一些林区的林地分配很不合理，有些林农获得较多林地，而有些则是相当有限。在林权流转过程中，一些地方权贵或者地方政府工作人员利用职务之便，运用各类不合法、不合理的合同将林地流转为其所有，而在林农维权意识和法律意识淡薄的情况下，林农并不懂得如何反抗。即便是林农之间的"公平交易"，因为林农们比较习惯口头或者其他不规范的合同将林地进行流转，最终导致这些合同未能有效的指出林权流转各方的责任与义务，权责不明、表达有误等现象大量存在，致使双方权益都出现了不同程度的损害，经济上亏损。因为这些情况，林农往往都会情绪激动，对林权流转出现抵触的心里，甚至反对林地流转。

3. 林权流转过程中的权证办理困难

在广西地区，林权改革涉及 1126 个乡镇以及超过 700 万的林户家庭。在广西地区，由于其独特的地理特点，林地确权工作较为困难，而在林地流转过程中，由于之前的林地确权工作遗留了大量的"历史问题"，为林地流转工作带来很大麻烦。因为在林权流转过程中对于林地产权的查证困难，还有就是档案资料的不完整，造成了林地流转过程中政府工作量巨大，且在这一过程中可能需要重复之前的工作，成本也是非常大。加上在进行这一工作过程中，资金有限，而广西地区山路难行，交通不便，更是使得政府在林权流转过程中的工作效率偏低。以至于林农在林权流转过程中产权交易办证极为缓慢，林权流转工作开展不顺利，而林农也不能将林地迅速流转出去，影响了林农其他经济活动的开展。林权流转过程中的权证办理困难，造成林农权益的受损。

4. 林权流转过程中政策多变

在广西地区，虽然林权改革工作已经开展有一段时间了，政府工作人员也积极走访各地林区，将国家关于林权改革的各项方针政策进行宣传，但是由于林区林农属于小规模经营，林农担心在林权改革过程中，由于林权流转自己会受到各种损失而对林权流转并不热衷。此外，即便国家出台了一系列的优惠政策，林农也未能享受到这些优惠政策。加上在林权流转过程中，林区地方政府关于林权流转的地方规定不断调整，没能形成长期有效的、明确的林权流转制度，还有就是在林权流转过程出现的各类投机倒把现象，使林农对林地流转望而却步。林权流转过程中的政策规定不断变化，是林农担心自己会受到损失，进而对林权流转积极性不高，变相的使林农不能获得林权流转本该获得的那部分改革红利。

5. 林农维权意识淡薄

坐落于我国西南地区的广西，因为有着大量山地，交通、通信、教育都是非常不完善的，在林区的大量林农一般都是小学或初中文化，对于法律知识以及维护自己的合法权益这些问题都可以说是不太了解的。一些林区的林农，在其合法权益受到损害之后，并不懂得通过法律手段来维护自己的合法权益，而是寄希望于通过家族邻里势力来谋求解决问题。除此之外，有时在林权流转过程中遇到村干部或者其他权贵的不当干预时，因其缺乏基本的维权意识，只能选择忍气吞声。

6. 林地流转价值评估存在的问题

在广西地区所做的一次问卷调查中，有超过80%的林农认为在林权流转过程中收益最大的不是他们自己，而是林权流转的发起者。林权流转的本意是将林地流向那些可以充分推动林地经济发展，实现林农收入提高，促进林区生态环境改善的微观主体。而在林权流转过程中，由于缺乏专业的林权评估机构或者林权评估的专业人士，造成在林地流转过程中未能形成统一有效的林权评估，致使林农往往认为自己在林权流转中是吃亏的，这对于林区林权流转以及林业发展造成了许多不良影响。除此之外，在林权流转过程中，由于受到一些保守思想的影响，诸如林地本来就是祖先留给自己的一份家业，不应该轻易地流转出去，更何况是在感觉到自己是以较低的流转价格将林地流转出去。以上情况也造成了林农对于林权流转的不积极。

7. 林地用途改变，林农获得的补偿偏低

由于林权改革之后，林权流转得以实现，加上林地比起耕地更为便宜，大量用地项目转向了林地，在这个过程中，林地用途被改变。林农不管是在生态环境，还是林地生产效益方面都受到了一定损失，本应获得补偿。但是由于一些原因，林农获得的补偿明显偏低。这些原因包括：（1）国家没有形成统一的林地用途改变之后对于林农进行补偿的机制，这就造成有的林地补偿得多，有的林地补偿得少，即便补偿得多一些的林地，也是非常低，根本不够赔偿林农所遭受的损失；（2）在进行林地用途改变之后的补偿主体一般是地方林区政府或其他机构，这些机构在进行补偿操作时，往往有着大量而复杂的支付流程，补偿的发放更多时候是由行政命令实施的，而不是由一套完整的流程实现。在这一过程中，往往容易出现工

作人员挪用公款，致使林农迟迟得不到补偿金的情况，造成林区林农与地方政府之间的巨大矛盾，极大损害了林农的合法权益，阻碍了林区经济的健康发展。

（二）广西林权流转有待改进

对于广西地区在林权流转过程中林农权益受损的情况，我们给出以下建议，以期林农权益得到更好的保护。

1. 完善保护林农权益的法律法规

明确林权流转过程中各方需要承担的责任与义务，在《森林法》《物权法》的基础上，根据林区可持续发展的战略目标以及林农长期利益，制定并完善更加详细的关于林权流转的法律法规，实现林农在维护自身权益的过程中可以做到有法可循。保护林农在支配林地资源上的有效权利，切实维护好林农在林权改革过程中的主体地位，提高林农在林权流转过程中实现自身收入提高与维护林区生态环境的积极性，维护好林农在林权流转过程中的林地经营权。

2. 完善林权流转过程中的林权价值评估制度

在林权流转过程中，林权流转价格评估工作对于林地流转来说起着决定性的作用。一方面，林权流转价值评估是制定林权价格的基础，只有给出合理而正确的林权流转价值，林权流转双方才能以此为依据制定林权流转价格，满足林权流转双方的根本需求；另一方面，完善的林权价值评估体系对于推动林权流转市场有着积极的推动作用。因此我们建议：（1）建立一支综合素质高、评估技术及经验过硬的林权价值评估团队，并进行定期培训，熟悉并掌握我国关于林权流转的最新动态；（2）降低办理林权流转价值评估所需要的办理费用，推动林权流转价值评估机构市场化运营，提供优质而合理的林权流转价值评估服务。

3. 建立并完善对于林区政府的监督机制

在林权流转工作开展之后，为了防止各级工作人员利用职务之便，随意干涉林权流转工作的各个环节，应当建立并完善一套针对林区政府的监督制度。具体建议包括：一是通过出台严厉的地方性法律法规，实行严格的监督机制，严令禁止各类林权流转过程中可能出现的违法乱纪、贪污腐败等现象，并对违法行为予以严肃处理；二是广泛发动林区群众，让他们积极参与对林区政府工作人员的监督工作，并予以奖励。

4. 加大林区林权维护方面法律人才的培养

在我国发展的现阶段，优秀的法律人才往往集中于沿海城市，而在广西这样偏远的省份，优秀的律师是相当少的，而对于解决林权纠纷，可以维护林农合法权益的律师更是少之又少。再加上林区林农在遇到林权纠纷时，碍于自己的法律知识有限，又对于到林权之外寻找合适的律师来维护自己的合法权利显得不是那么积极，这其中当然很大一部分原因是高额费用所致。因而为了林农合法权益得到有效的保障，国家应当加大对于林区林权方面法律人才的培养力度，让林农在林权改革、林权流转的方方面面都可以享受到优质的法律服务。

第七章

林权流转与社会保障制度完善

一、城市、农村和林区的社会保障比较研究

在我国，社会保障是为了保持经济的正常运行以及社会的稳定，政府和社会对于因年老、伤残以及疾病等原因造成的失去劳动能力或者失去工作能力的人，或者因为各类自然灾害和突发意外事故等造成生活困难的人，通过一系列国家或相关机构的各种手段给予物质帮助和社会关心，对于存在困难的社会成员给予基本生活的各项保障。目前在我国经济发展的现阶段，由于城乡二元结构的经济背景，社会保障制度主要还是服务于城镇居民。而我国的绝大部分人口还生活在农村，他们生活在规范的社会保障体系之外，未能充分享受到由经济发展带来的各项社会福利。这也就导致了我国大部分的农民只能依附于土地之上，由土地来实现他们的生存、就业、医疗和养老等诸多社会保障功能。

我国的农村社会保障具体现状是：在农村，社会保障的基础是非常薄弱的，而在这薄弱的社会保障当中，土地占据了非常重要的作用。就目前而言，农村社会保障当中的新型农村合作医疗制度、农村最低生活保障制度、农村"五保"供养制度、农村医疗救助制度以及农村自然灾害生活救助制度等为主要内容的农村社会保障体系已经初步形成。但是由于各地区发展水平不同，以及各地方统筹规划发展不够，导致各地区的农村社会保障水平差距明显加大；除此之外，城乡发展非常不协调，农村的社会保障水平远远落后，进而也导致农村社会福利的基础设施严重不足。而在长期

以来土地也就成为农民最后的后盾，除了担当农民进行生产经营的生产要素之外，土地还担当着农民社会保障的根本支柱。农民将自己的劳动投入到土地，并在土地上获得收入，在某种程度上土地解决了农民的就业问题，也就是可以认为土地为农民提供了就业保障；并且因为农民通过在土地劳作而获得收入与粮食，则可认为是有了重要的生活保障；而通过在土地的劳作获得的经济收入则构成了农民在为教育、医疗、养老等各个方面支出的经济来源，由此不难理解土地在农民生活中所提供与承担的社会保障的重要作用。

在很长一段时间以来，土地就在农民生活的方方面面发挥着重要的保障作用，成为农民重要的后盾。然而，长期以来人们只关注土地中耕地的社会保障作用，却很少关注林地在社会保障中的重要作用。对于大量在林区生活的林农而言，林地所提供的社会保障作用比起耕地显得更加重要。在长期考察林地林农生活状况以及在土地改革的长期经验指导之下，中国各级政府正在加大新一轮土地制度改革，尤其是集体林权制度改革。政策制定者希望通过集体林权制度改革，充分发挥市场在资源配置中的基础性作用，提高森林资源的利用率，推动林区城镇化发展以及由此激发林区活力，全面开发林区经济发展潜力，实现林区适度的规模经营，让更多的林农投身于林区林权改革工作当中，解放林区生产力，提高林区林农收入，促进林区快速发展，完善林区医疗、文化以及基础设施建设，由此完善林区的社会保障功能。

构建社会主义和谐社会，我们应当保障每个公民被公平、公正的对待。但是长期以来，生活工作在林区的工作人员尤其是林农，因为一系列原因，没能够享受到社会发展的红利，没能够享受到由社会发展带来的优质社会保障，并且随着林木减产，自然灾害等原因，所能获得的收入更是少之又少，这对他们来说是极其不公平的，并且这样的现象在构建社会主义和谐社会的进程中应当早日被解决，让林区每一个人都享受到应有的社会保障。为了解决好这些问题，推动我国林区经济快速健康发展，促进林农增收，改善林农生活环境，完善林区社会保障，集体林权制度改革正在全国全面开展当中，这也是构建社会主义和谐社会的必然选择。

（一）城市、农村和林区社会保障的区别

新中国成立不久，我国在对城市开展社会保障的各项工作时，其实也建立了一系列的农村社会保障体系。虽然在农村实行的社会保障制度限于当时的经济发展水平，保障水平并不高，但是当时的农村社会保障制度对于农村以及林区人民生活水平的提高起到了很大的作用，而且在农村以及林区的社会保障制度在过去50年中也积累了大量的经验与教训。

但是随着我国经济快速发展以及社会生产力的快速提高、人口的不断增加等，导致了我国农村以及林区出现了大量的剩余劳动力，而他们中的大部分又处于失业的状态。而林地以及耕地的社会保障功能也是大不如前，加上计划生育等政策影响，传统的农村林区社会保障制度已经远远不能适应农村林区经济的快速发展要求。建立健全林区的社会保障体系，对于我国社会发展的公平以及推动社会的稳定，都是非常重要的。就我国林区发展的现状而言，如何借鉴国外对于林区社会保障工作的好的经验，并且结合我国发展的实际情况，为我国解决好"三农""三林"等问题起着重要作用。此外，我国大部分人口生活在耕地林区，完善好他们的社会保障，提高他们的生活质量，并推动我国林区城镇化、现代化，对于推动我国经济快速健康发展具有重要的战略意义。

社会保障的基本内容包括以下几点：一是社会保险，即在劳动者遭遇生病以及失业等一系列风险时所提供的帮助，以保障其基本生活需要；二是社会救助，即对于没有劳动收入的老弱病残等提供最低生活帮助；三是社会福利，即国家通过一系列福利事业，来提高国民生活质量，并促进社会进步；四是社会优抚，即对规定的优抚对象提供物质和服务帮助等。而社会保障从其特点来看又有普遍性、福利性、互济性以及强制性等特点。从以上几点我们进行分析，我国林区的社会保障相比与城市乃至农村都有着明显的区别，这些区别主要是体现在林区社会保障的不足，主要表现在以下几个方面。

1. 林区社会保障的范围小且覆盖面窄

在林区已经建立的社会保障项目仅仅是全国乃至农村中非常小的部

分，而没有建立社会保障机构的地区并没有在林区收取各类社会保障所需的基金费用，又由于林区没有有效的监督机制，社会保障的各项政策没能落实到位，所以林农参加社会保障的积极性也不高，在林区林农所能享受到的社会保障范围变得极为有限。加上国家不能对林区的全体人员提供社会保障，而实际情况是林区针对不同职工提供不同程度的社会保障服务，林区下岗职工以及林区务农职工并没有享受到社会保障，也就是在林区社会保障的覆盖面是极其有限的，在林区一些林农甚至没有享受到城镇居民的最低生活保障。

2. 林区社会化程度低，社会保障功能差

目前，在林区的社会保障以养老以及医疗为重点在一些小范围内开展，而并没有在全国范围内广泛推进，社会保障基金的调节范围是十分有限的。就全国范围而言，林区参加养老保险的人口数量十分有限。而在农村积极推进的农村合作医疗制度虽然在一定程度上解决了就医难的问题，但是并没有充分解决好农村以及林区医疗保健的整体问题，这些保障只是社区化的保障，改善也只是社区化的改善而已，没有实现社会化的改善。这种情况的发生不仅在一定程度上削弱了社会保障对于劳动者生活的保障作用，而且可能成为林区城镇化以及林区参与市场竞争的一种障碍。

3. 林区社会保障制度设计不尽合理

社会保障制度是社会保障工作方方面面的核心内容，而社会保障制度在林区可以说是少之又少。即便在1991年由民政部制定了《县级农村社会养老基本方案》，但是从方案的各项内容来看还是存在许多不足的。首先其内容就有规定农村养老保险基金筹集以个人缴费为主，而这对于仅靠林地收入以及林地相关活动来获得收入的林农来说是极为不现实的。林区林农的社会保障与城市传统的社会保障其实没有本质区别，还是要求林农自己向自己的账户里存钱来养老，还要承担相应的管理费用。所以即便在新的农村及林区社会保障制度已经执行多年，但是依然有大量的农民游离在社会保障制度之外。从我国城镇养老保险与农村以及林区养老保险制度的比较可以看出，在城市中，城镇职工的养老保险由国家、单位以及职工本身三方共同承担，在这其中，个人承担的部分是非常有限的；而根据

《县级农村社会养老基本方案》，在农村以及林区，养老保险基本上是由农民独自承担的，这对农民造成了很大的经济压力。即便现阶段经济快速发展，仍然因其较低的经济收入水平导致了在农村林区生活的农民较低的社会保障水平。

4. 林区社会保障基金管理缺乏法律保障

在我国现阶段，林区社会保障制度还没有建立健全，这就造成在林区的社会保障相关立法的缺失，没有形成规范有效的法律法规，造成的结果便是在林区用于社会保障的各项资金在管理上存在大量的约束缺失，林区社会保障资金使用风险加大，无法保障这部分资金的保值增值。甚至有的部门将林区社会保障资金用于其他目的，包括资金周转、投资股票，等等，还有一些工作人员贪污腐败，致使大量社会保障资金流失，严重影响林区社会保障工作的正常运营。

5. 林区社会保障管理较为分散

我国现阶段林区社会保障存在着城乡分离、多头管理、各自为政的局面。在各部门之间没有形成统一而有效的管理机制，各部门之间遇到问题也不能统一解决。从管理层面来看，很多地区的社会保障属于劳动部门管理，而医疗保障部分则属于卫生部门以及乡村集体共同管理，民政部门则负责农村养老和优抚救济工作，一些地方搞了地方保险公司，这些情况混杂在一起就形成了多个部门鱼龙混杂，管理不利的局面。除此之外，由于这些部门的地位以及利益关系各不相同，所以在推进社会保障工作时难免出现管理上的混乱现象。再加上林区社会保障发展水平非常的不平衡，有些地方甚至极为缓慢，这就为林区进一步开展社会保障工作增加了更多的问题。

6. 林区社会保障功能没有得到充分的发挥

在我国经济发展当下，失业保障在对失业人员进行再培训然后促进失业人员再就业方面有着非常重要的作用。但是在林区这部分社会保障没有得到充分的发挥，主要表现在以下方面：（1）林区职工对于失业保险的参保率是非常低的，这就造成失业保险不能发挥其在社会保障中的基础性作用；（2）从林区失业保险的用途可以看出，林区失业保险基金主要用在了林区职工失业后的基本生活补助上，而这部分基金用于失业后的职业培训以及再就业方面的比重非常小，这就使得失业保障基金没有得到充分的利用，林区社会保障功能没有得到充分的发挥。

7. 城市与农村、林区社会保障水平差距越来越大

随着我国经济的快速发展，我国逐步从计划经济时期就形成的离退休制度、公费医疗制度、劳保医疗制度以及免费住房制度等社会保障制度向以社会保险为主要核心内容的新型社会保障制度过渡，但是在这一过渡时期，由于我国存在着大片的农村以及林地，而这些地方具有市场经济特点的社会保险制度并没有完全的建立健全。而且在过去的几十年间，城市的社会保障发展受到了国家的高度重视，基本满足了城市人口的基本社会保障需要。而在农村的社会保障工作则是由地方基层自行解决，这就导致城市与农村还有林区的社会保障水平产生越来越大的差距。

8. 社会保障种类上的差别

在我国，由于城市与农村以及林区在社会保障制度以及水平上的差异，导致城市居民与农村农民以及林区林农享受到的社会保障差别也是非常大的。首先从医疗卫生角度来看，城镇居民享受着由计划经济时期便开始的公费医疗以及后来发展市场经济条件下的大病统筹保障；而在农村的农民以及生活在林区的林农只能够享受到基层组织筹集的合作医疗，其水平与城镇居民所享受的社会保障水平差距是非常大的，在农村及林区，绝大部分医疗费用是需要农民与林农自己承担的。除此之外，城镇居民还享受着失业保险与工伤保险等各类齐全的社会保险，而农民这方面的社会保障是几乎缺失的。城镇居民还享有养老金等，而绝大部分农村以及林区老人不得不继续在土地上劳作。其次在社会福利以及社会优抚方面，城镇居民比起农村以及林区林农享受到更多的社会福利，尤其在义务教育等方面的差距更是格外显著，在农村以及林区，基础教育往往都得不到保障，甚至寄希望于"希望工程"等。最后就最低生活保障水平而言，农村以及林区生活的人们对于城镇最低生活保障水平也遥不可及。

（二）林地作为林农最后保障的原因

我国现阶段林区社会保障应该涵盖以下几个方面：一是对于林区灾民实现生产自救、社会互助还有国家扶持等；二是对于林区贫困农户实行扶持生产及群众、集体互助与国家救济相结合；三是对于林区"五保"农户实现集体供养、集体救济，办理养老院等；四是对于在林区的优抚对象进行地方补助以及各类群众优抚等；五是还应该对林区老人实现社会养老与家庭养老相结合。但是由于林区社会保障制度并不完善，导致在国家推进集体林权制度改革时，林农林权流转的意愿并不强，林区林农往往将林地当作是自己最后的保障。

相关研究表明，在林区林户家庭人数较多且平均年龄较大的林农，他们对于林地的流转意愿是非常低的，因为这样的家庭可能往往需要承担更多的家庭负担，即使这些林地的产值可能非常低，他们也不愿意将林地进行流转，他们将林地视为家庭养老防灾的最后屏障。所以可以说明的是，传统的林地保障理念在很大程度上降低了林区林农将林地进行流转的意愿。

在我国林区发展的现阶段，林区所承担的其辖区内人员的就业、养老保险以及病残、教育等各方面的社会保障体系并没有建立健全，在林区非林就业岗位上所能获得的经济收入并不稳定且收入也不高时，林农仍然会将林地作为保障自己就业以及获得一份收入的基本生活资料和生活保障的最后退路。有的林区出现了极其罕见的现象，林农宁愿将林地不进行治理而让其荒芜也不愿意将林地进行流转。甚至有的地方林农认为如果将林地流转出去，那就是在损害子孙的利益，是一种败家的行为，这种将林地作为自己祖上留下的家业的传统思考方式在很大程度上影响了林农将林地进行流转的意愿。而在另外一些林区，则是由于林业市场的快速发展，林地价值不断攀升，一部分对于林地依赖程度不高的林农，在获得林地之后，将林地作为很有潜力的投资目标，便将林地固定下来，自己也不经营，坐等林地升值再转卖；也有另外一部分林农，在得知国家将出台一系列的林区生态补偿政策之后，就期盼着会有外来办厂单位将林地买下，并支付一笔高额的林地补偿费用，在这样思维驱动下，林农也是不愿意将林地流转出去的。

在我国经济发展过程中，城乡二元经济结构占据了重要的位置，我国的社会保障体系只能够覆盖城镇中的居民，而生活在农村以及林区的绝大部分农民则没能够享受到规范的社会保障，林地则成为保障大量林区林农生存、就业、教育、养老、医疗等多项事宜的根本所在。因而在我国林区社会保障体系还没有建立健全之前，林农是不会轻易离开他们生活的根本保障之源——林地。因而只有当林农在林区的生活得到了根本保障，而不是单纯的只能依靠林地来维持生活时，林地流转以及林农参加其他经济活动才会变得有可能。但是就现阶段的林区社会保障体系而言，这是非常困难的。

（三）破解林区社会保障困境的举措

现阶段，集体林权制度改革在推动林区经济快速发展以及推进林区社会保障工作方面有着举足轻重的作用。因此推动集体林权制度改革，逐步将林地资源向市场开放，妥善处理林区林农的社会保障问题，需要将林权流转工作与社会保障工作放在一起考虑，实现林地利用与林地保障相分离，实现林地资源有偿使用与自由流转，由林地使用权来承担林地社会保障功能。为了破解林区社会保障困境，有以下举措可以考虑。

1. 利用林地使用权的财产性收益来筹集林区社会保障基金

在我国林区生活着大量的林农，这些林农收入普遍偏低，这就造成了在林区筹集社会保障基金的巨大困难。除此之外，由于我国地域辽阔，林区与林区之间存在着千差万别，如果是想要采取以政府主导，个人缴纳与集体缴纳相结合的统一收费模式，则很有可能将导致公共财政投入资金的利用率偏低，甚至出现一些林区林农无法缴纳社会保障费用的情况。林地作为林农最大的财富，如果能够将林地资源在市场流通中转化出其本来的价值，让林农能够以林地使用权来获得社会保障所需要的费用，则有可能为林区林农提供长期稳定且公平的社会保障，而与此同时，这样的举措也可以在很大程度上减轻国家公共财政支出的压力。具体做法是，林地集体用地的财产性收入包括林地流转获得的收入、林地补偿款以及各地政府为林地带来的转移性支付一起构成林地社会保障的经济来源。为了落实这个计划就要求集体林权制度改革，推进林地自由流转工作，建立完善的林地使用补偿机制。在此基础上，完善林区社会保障制度或者聘请有资历的社会保障基金管理团队，保障林地社会保障资金的保值增值，推动林地社会保障工作有序进行。

2. 完善林区村民自治

利用林地使用权而获得的财产性收益可以用于林区社会保障工作，而林地林农获得林地财产性收益可能会受到其他一些因素影响，这些影响一方面来自于林区部分政府机构与开发商的勾结，造成林农林地权益受损；另一方面可能来自于村委会的暗箱操作，将林地低价流转。因而为了维护林农合法权益，推动林区社会保障工作顺利开展，当务之急便是制定村民自治基本法，增强林农依靠法律法规来维护自身合法权益的途径。当集体林地的管理组织行为有悖于林地集体的设立目的时，可以通过村民自治的手段来纠正这些问题，只有这样，集体林地的使用价值才有可能真正地被体现出来，为林区社会保障体系的建立以及资金的筹集做好基础工作。

3. 林区林户以其林区成员资格获得林区社会保障

只要林农生活在林区，且是该林区的成员，就应该获得以林地收益为基础的基本生活、教育、医疗以及再就业等社会保障，当然林区社会成员的资格判定应该由林区权威的机构认定后才能生效，并且林区内对社会保障部分做出贡献的成员应该给予额外的货币补偿等，同时鼓励林区林农向城市分流。这种林区成员获得社会保障的方式并不是简单的以林地换社会保障模式，而是将林地林权改革与林区社会保障建立过程很好地结合起来，为林区经济发展与林农自身发展提供一个良好的机制，更好地实现城乡发展相结合。当然这种林区成员的认定以及各项工作的开展都是建立在林区村民自治的基础上。在集体林权制度改革的过程中，林农充分获得林地的经营权，林地的使用也充分代表了林农的思想。这样将林地流转与社会保障结合起来，通过村民自治的方式，可以有效弥补在林区社会保障工作中国家规范保障的缺位。

4. 打破城乡福利"瓶颈"，促进城市林区劳动力合理流动

就目前我国经济发展以及社会保障的覆盖情况来看，存在着许多问题，其中较为突出的就是城市福利陷阱以及林区社会福利严重不足的情况。在林区新型社会保障制度建立的过程中应当避免出现像城市那样的社会保障中的福利陷阱，应当根据林区经济发展的实际情况制定出符合林区福利水平的社会保障制度。在现有的城市农村二元社会保障制度下，限制了大量城市与农村的社会劳动力的自由流动。而现阶段的社会保障制度将失去林地的林农排斥在了社会保障之外，使得他们在年老、丧失劳动力、疾病等情况下自己的基本生活得不到保障，这也就限制了劳动力的自由流动。新型林区社会保障制度应当充分考虑林权流转之后失去林地的这部分林农的社会保障问题，推动林区城镇化进程，促进林区经济持续快速的发展。

5. 实现城市林区公平与效率相统一

社会公平是社会保障的基本要求，从我国现阶段的发展情况以及社会保障的覆盖情况来看，保障的主要是城镇居民，特别是国家行政机关与企事业单位的工作人员，而对于社会保障需求格外明显的农村及林区农民被搁置在了社会保障的体系之外，这显然不符合社会公平的原则。新型林区社会保障制度应当充分体现社会公平的原则，实现好城市与林区之间的公平，逐步缩小城市与林区社会保障的差距。此外，新型社会保障制度应当考虑到整个社会的运行，确保和推动社会在新的社会保障制度的完善过程中变得更加有效率的运行，进而实现社会的长期稳定与繁荣。

6. 提高林农参与社会保障的意识

在林区，不仅要提高林农参与社会保障的意识，也需要提高林区相关部门的社会保障意识。林区林农应主动了解国家关于林区社会保障的各项方针政策，以帮助自己在遇到各类社会保障问题时可以做到有路可循。在林区的劳动保障部门应当努力扩大林区社会保障覆盖面，这将有利于林区社会保障资金更加合理有效的利用，也将提高林区的整体社会保障能力。

一方面，应该加大在林区社会保障知识的宣传力度，让林农可以更好地了解社会保障的更多问题，增强林农参与社会保障的主动性与积极性等；另一方面，应该加大林区社会保障工作的执行力度，协调推进林区社会保障工作顺利开展。林权社会保障宣传应当从非常重要的高度认识到林区社会保障工作对于保障林区经济安全、减轻林区林农社会负担，减少林区政府财政困难的重要性。这样便可以在林区使林农积极参与社会保障与相关部门推动林区社会保障工作协同进行，在林区形成参与社会保障的良好理念。

7. 实现政府、企业、社会分离

在林区，政府与企业的分离应当采取逐步分离的方法，在政府与企业的分离过程中可以设立管理机构来临时履行政府在林区企业的相关职责，与此同时，在分离过程承担职责的机构可以在后期将企业管理的权利逐步的移交给林区部门。林区企业可以将除了自己应当承担的社会保障责任履行好之外，将剩余的社会保障责任交付于社会，这样在林区的企业就可以真正成为市场经济的主体。这样一来，在林区的政府、企业、社会的责任与义务将清楚地界定出来，这对于推进林区社会保障而言，无疑是大大地减少其中的障碍。

8. 提高林区就业

就业对于社会保障的重要意义不言而喻，在林区应当采取多种措施来解决林区林农的就业问题。首先，林区应该积极开发林下经济资源，吸收大量的富余林区劳动力，在林区可以开展种植野生植物与各类果干业务，推进各类食品加工厂的生产经营。除此之外，还可以种植各类森林药材，大力拓展林区林下畜牧养殖业。当然林下经济的开发利用一定要提高林区林下经济工作人员的责任意识，确保林木资源的合理开发和有效利用，促进林区经济快速发展与繁荣，创造大量的就业岗位，吸收林区多余劳动力。其次，林区可以加大产林用林的林材基地，扩大与人工林合作的产业发展规模，大力发展浆纸原材料基地、人造板原材料基地建设，加快这些林木原材料基地的建设将大大吸收林区剩余的劳动力。最后，积极发挥林区社会保障的失业保险功能，通过林区失业保险对林区失业人员进行各类就业培训，然后进行就业指导与就业推荐，让林农学会更多的就业技能，帮助林农再次找到合适的工作岗位。

9. 保障林区劳动者的最低生活水平

首先，在林区应当建立和完善最低生活保障制度。在还没有建立最低生活保障的林区应当加快建立相关制度，而在那些已经建立了最低生活保障的林区则是应当进一步扩大社会保障的覆盖面积以及加大社会保障的能力。最低生活保障水平代表了最低生活保障制度的最后一道防线，建立并健全林区最低社会保障制度将有利于保障林区劳动者的最低生活水平，而对于那些没有参加社会保障的林农形成良好的示范效应，增加其他林农积极参与林区社会保障的热情，也有利于降低林农改善生活质量的机会成本。其次，在林区应当积极转移剩余劳动力，林区剩余劳动力主要集中于林木加工以及林地开采等几个领域，对于这部分林农应当积极转移，可以考虑与外地进行积极就业合作，将这些林农的特长与优势发挥出来。最后，在保障林农在林区的最低生活保障水平中，林地旅游可以充分发挥其本来的优势，在拓展林区旅游业的同时，将林区林户积极安排到林地的旅游工作当中，将林户的脱贫工作与林区旅游开发有机地结合起来。此外，在林区可以发展小的城镇，以小的城镇为社会保障工作开展的中心，为林区林农脱贫致富提供平台，为林区最低生活保障工作开展提供便利。

10. 加快完善林区社会保障立法进程

我国虽然已经将建立并健全与经济发展水平相适应的社会保障制度写进了宪法，但是与宪法相适应且适合我国林区社会保障的相关法律制度是远远滞后的。因而当前的第一要务是尽快建立《社会保障基本法》，还有就是与之相配套的《社会保险法》《社会福利法》《社会救助法》以及《医疗保障法》等，以此来提高林区社会保障的立法层次和法律的强制执行力。除此之外，还应该进一步完善现有的社会保障法律法规、部门规章制度，查缺补漏，增加各项法律法规以及各部门之间在社会保障过程中的协调、衔接。

二、林权流转模式创新减弱社会保障功能

（一）林权流转模式创新对社会保障制度的完善作用

在我国集体林权改革已经开展十年有余，集体林权制度改革对于林区经济发展以及林区社会保障制度的完善给予了极大的推动作用，它在很大程度上改善了林区林农的医疗、就业、教育等方方面面，而这些推动作用主要表现在以下几点。

1. 林区林农发展积极性提高，生态环境得到改善

在集体林权制度改革之后，林农成为林区真正的主人，林农对于林区林业发展的积极性大大提高，与此同时，林区林业发展的巨大潜力也得到了彻底的解放。在集体林权制度改革之后，尤其是在集体林权制度改革的先行省份，包括福建、江西、辽宁、浙江等省份的林区发展规模不断创造新的历史，成活率与保存率也是在90%以上，而各个省份的森林覆盖率更是不断提高。特别是在集体林权制度改革与退耕还林以及林区重点保护的项目相结合，更是有效促进了林区的林业快速发展，在林区因造林就业人数不断增加。因而在集体林权制度改革之后，林区生态环境得到进一步的改善，林区林农生活环境变得更加怡人，从侧面提高了林区的社会保障水平。

2. 林区林业相关产业得到快速发展

在集体林权制度改革之后，林地经营权以及林木所有权被彻底激活了，林业成为林区经济发展中新的投资热门，种苗培育、经济果林以及各类林区花卉产业得到迅速发展，林区旅游业以及这类蔬菜种植业和养殖业接二连三的快速崛起。各类产业产值得到迅速提高，为林区社会保障的资金筹集提供了源泉，为开展社会保障工作的前期准备做好了经济铺垫。

3. 林权流转有效拓展了林区就业渠道

集体林权流转制度改革不仅使林区林业得到快速的发展，还在林区创造了大量的就业岗位与机会。特别是在美国次贷危机之后，集体林权流转制度改革就为大量返回林区的林农创造了许多良好的就业条件，出现了许多在城里失去工作，回到林区迅速找到工作的局面。据国家统计部门的相关统计，集体林权制度改革为 19 个以及开展林权流转工作的省份创造了超过 3600 万个就业机会与就业岗位，为我国应对这次金融危机以及维持社会稳定，做出了重要贡献。除此之外，更为重要的是由于林权流转的不断推动而创造的大量就业机会与岗位，使林区社会保障制度得到进一步的完善与推动，由就业带动收入提高以及相关领域的社会保障工作的顺利完成得到了可靠保障。

4. 林区林农的收入与财产有效增加

在集体林权制度改革之后，林农获得了林区林地的使用权与经营权，并通过自由流转，让林农的收入与财产得到更加有效的保障。在集体林权制度改革之后，林地确权到每家每户，每个林户获得林业资产额达到 10 万元左右。同时林地可以自由流转之后，林区林农也不断尝试寻找新的致富方法，在一定程度上增加了林农的生产性收入。有的省份大力发展林下经济中的种植业与养殖业，形成了一套完整的林下经济产业链；有的林区则是依据自身特点，种植苹果、大枣等，收益每年增长好几倍。在林权可以自由流转之后，林地流转到了那些林地使用效率最高的林农手里，而他们则对原来的林户进行了很好的补偿。因为这一系列的良性循环，林区林农的收入与财产有效增加，林区社会保障得到有效的经济保证，为林区后续社会保障工作的开展奠定了基础。

5. 林区社会管理水平得到提高

林区集体林权制度改革的过程，是一个民主决策、管理以及监督的过程，同时这也是一个普及法律、宣传各类相关政策以及化解在林权制度改革过程中的各种矛盾的过程。在集体林权制度改革的过程中，有大量优秀的党政机关以及技术工作人员工作在林权制度改革的最前线，为林区林农解决了大量的困难，同时在这一过程中，也增强了基层工作团队的办事能力以及他们的法制、民主和为群众服务的意识。与此同时，各个林区坚持林权制度改革工作公开、公平、公正的展开，这一进步完善了林区村民自治制度，充分保障了林区林农的民主权利以及经济利益，在推进各项改革工作的同时，不断提高林区村民自治，提升林区社会管理能力，为林区社会保障工作的顺利开展，以及林区社会保障过程中的社区工作人员积累了丰富经验。

（二）实际创新中存在的不足

集体林权制度改革对于林区经济的快速发展起到了非常大的推动作用，而林权流转的开展则是对林区社会保障制度的进一步完善，并且对改善林区林农生活水平起到了很好的促进作用。但是在林权流转过程中，由于存在一些问题，在改善林区社会保障方面还有一些不足，具体表现为以下方面。

1. 林区非林就业没有保障，林权流转信心不足

在我国林区发展现阶段，林地依然是林农最为根本的生产资料与生活保障，虽然林农完全依附于林地所获得的利益并不丰厚，甚至有的时候还是非常少的，但是经营林地却是非常安全稳定的，基本可以满足林农所需的生活保障，因为这样的原因，林农并不愿意将自己的这份保障转让出去，而去转向没有保证的非林就业。目前来看，很多林农认为不将林地流转出去，自己经营效果会更好。而也有一部分林农认为从事非林职业也能够获得不错的就业机会与收益，但是非林就业非常没有保障，一旦失去工作则很有可能导致各种不确定的情况接踵而至，威胁到其原本还算不错的生活。因为大部分林农并没有一技之长，相关部门也没有能够提供任何的生活保障与就业保障，或者其他的一些再就业服务，这就使得所有的不良后果将由林农独自承担。面对这样的风险，大部分林农还是会选择放弃林地流转，选择继续在林地经营，除非林农可以预见到在林区可以获得更高收益与风险很低的就业机会，并且政府可以提供保障，否则林农是不会将林地流转出去的。

2. 林地细碎化，经济收益低

我国属于人口大国，而人口中大部分在农村以及林区，由于这个原因，在集体林权制度改革之后，林农获得林地的进一步结果是，林地变得非常细碎化，林地经营的规模变得非常狭小，而林区如果想要推进社会保障制度，筹集林区社会保障所需要的一部分基金，这样将变得非常困难。一是林地面积小，林地分散，而且好多林地都是处于地势险要的地方，很难进行规模化经营，这就要求在林地流转过程中要和多个林农同时谈判交涉，自然会造成交易成本的增加，甚至个别林农随意抬高林地价格，造成林地流转的巨大困难；二是即便进行了规模化经营，但是由于多个林地之间的属性并不统一，每块林地的自然条件也是各不相同，这也大大增加了规模化生产的成本，造成经营收益降低，林地流转困难，进而为社会保障工作的下一步开展造成不利影响。

3. 林区林业保险制度明显落后

林业的发展是相当困难的，因为林业本身属于比较脆弱的行业，这就需要政府肩负起保护林业的责任，建立完善的林业保险制度以保护林区林业，同时这也是深化林权制度改革的重要手段。但是由于在林区的林农保险意识不强，政府保险补贴力度不大，以及林区林业保险品种单一，因而在林区没有能够建立健全有效的林区保险制度，这使得林区林业保险发展缓慢并且严重滞后于林区经济发展的需求，为林区社会保障制度的完善带来障碍。

4. 林区投资、融资体系落后

最近几年，国家对于林区的投入已经大大增加，但是仅仅依靠财政投入，且在国家财政投入有限的情况下，显然已经不能满足林区经济快速发展以及林区社会保障制度完善的需求。现阶段，林区的经济投入主要还是来自于政府投入，而其他资本的投入比例还是非常有限的，林区面临发展过程中资金不足的问题。而林区融资困难，仅仅依靠自身林业发展不足以满足林区发展的需求。另一方面，由于社会投资者对于林区经济发展潜力以及国家对于发展林区的相关政策不是非常了解，在没有能够准确了解林区经济状况的时候不敢贸然投资。在我国经济发展的过程中，始终没有建立健全适合我国林区发展特点，满足林区投资、融资特点的机制，没有能够形成多渠道的融资途径。这就导致我国林区发展主要依靠国家投资，不能有效吸引金融市场资本以及其他社会资本，进而使得林区产业资本的积累严重不足，林区发展遇到资本"瓶颈"，严重制约林区经济快速发展以及林区社会保障制度的完善。

5. 林区剩余劳动力安置不当

在集体林权制度改革之后，大量林农将林地流转出去，加上国家之前实施的其他一些项目，包括天保工程等，林区存在大量的剩余劳动力。虽然国家相关部门在实施这些项目以及在林权流转时早有林地剩余劳动力分流再安置就业的政策，但是这一问题还是没有得到解决。据调查，这些剩余劳动力中相当一部分属于年老人员，并且其中还有很大一部分并没有一技之长，林地相关部门也没有对他们进行再就业培训等，这直接影响了林地流转工作的进一步开展，对社会稳定也有很大的不良影响。此外，由于林权流转工作不能顺利开展，林区社会保障也出现了很多问题。

6. 林区工资偏低

林区经济的快速发展与林农收入增长速度明显不匹配，林区职工的工资增长缓慢，而林区社会保障所需的各项费用不断提高，这就造成了林区日益增长的矛盾。虽然国家出台了一系列政策，对林区社会保障以及林区职员工资提高进行了大量的补贴，但是由于资金不到位以及其他支出的不断增加，都使得林区工资非常低，以至于严重影响林区林农参加社会保障的积极性与可行性。

（三）完善社保制度，推进林权改革

为了能够更好地推进林权制度改革，完善林区社会保障制度，我们有以下几个方面的建议。

1. 加快完善林区社会保障的法律体系

社会保障的特殊之处在于它的政府强制性以及非营利性，社会保障制度体现的是政府保障所有社会成员公平的享有各项社会保障权利。而要实现这一点，在林权流转过程中不断完善林区林农的社会保障，就必须以法律法规的形式来规范林农个人的权利与义务，把保护林农社会保障纳入社会法制的轨道上来。

2. 建立林区社会保障资金支撑体系

林区社会保障制度的正常运行，资金的保障发挥着关键作用。所以我们必须抓好林区社会保障资金的筹集、管理、运用、监督以及保值增值工作。逐步建立起林区社会保障资金以保险费用为主体，国家统筹补助为其重要补充，多渠道保障林区社会保障资金的支撑体系，并不断开拓新的渠道，增强林区社会保障资金的筹集管理能力，进一步增强林区社会保障基金的支付能力。

3. 减轻林区企业经济负担

按照国家新常态经济发展规划，政府与企业的分离应当继续进行，减轻林区企业所承担的社会保障负担，将林区养老的统筹资金变为动态管理，不断补足林区社会保障统筹费用的资金缺口。对于林区企业实行政策性补贴与减免税收，以及降低企业贷款利息，为林区企业转型以及扩大生产提供方便，增强政府对于林区企业的经济扶持力度，实行更加灵活、开放与优惠的政策，建立起更加适合林区的企业经营模式，加速林区产业化进程。

4. 做好林区职工安置工作

林区应当进一步申请更多的一次性安置指标，将林权流转后的一次性安置工作扩大范围，使更多的林农享受到社会保障带来的福利。对于林区存在的其他剩余劳动力，国家应当出台更多的优惠政策，鼓励林农自谋生路，开创新的事业，带动林区发展，增加林区就业。

5. 加快林区产业升级

林区需要适应市场需求的不断变化以及林区生态建设的需要，加快林区产业调整速率，将林区资源转化为经济优势，将主要力量投射到林产品加工、绿色有机食品生产以及旅游业的开发项目上，全面打造林区发展的新局面，创造出更多的就业职位。在构建林区新型产业链的过程中，需要不断关注国内与国际两个市场，注重在这一过程中的招商引资，不断扩大产业规模，注重林产品的质量，进而提高林区在国际林产品市场中的影响力，打造特色品牌，吸引更多的国家项目与资金转向林区。

6. 加快林区社会保障工作平台的建设

林区社会保障制度的建立与完善关系到林区林农的根本利益，所以应该尽快制定出完善的社会保障法律法规，以规范有效的措施来促进林区社会保障工作的顺利开展，并在此基础上建立完善林区社会保障的各个部门，以保障林区社会保障工作的顺利开展。林区社会保障职能部门应当清楚地界定各自的职责，明确分工，建立健全适合林区发展的社会保障实际工作业务，实行社会保障工作目标责任制，并进行严格的监督与检查，努力做到各项信息透明化与公开化，大力普及规范化操作流程，加快林区社会保障工作网络平台建设，建设一支林区社会保障协同管理团队，有效促进并推动林区社会保障平台正常快速有效的运行，切实保障林区社会保障工作的顺利完成。

7. 推进林区抵押贷款机制

林地流转过程中，资金短缺也是林权流转困难的重要原因，更是林区社会保障完善的一种阻碍。许多林农因为资金短缺失去了林地流转过程中获得心仪林地的机会，这些情况可能导致林权流转的更难推进。为了解决好这些困难，在林区应当推进林权抵押贷款机制，从而扩大林农在林地流转过程中对林地的需求。目前林地获得抵押贷款的成本还很高，所以国家应当出台一系列的优惠政策，帮助林农较为容易地获得贷款，这有利于林农在林区扩大再生产，提高自己的收入，进而促进林区社会保障资金的筹集以及林区劳动力的进一步分流与就业，为林区社会保障起到推动作用。

参考文献

［1］陈岩、黄清：《对推进国有林区社会保障制度的思考》，载于《商业研究》2006 年第 16 期。

［2］齐文德、王立才：《国有林区社会保障问题研究》，载于《绿色财会》2006 年第 12 期。

［3］李丹、曹玉昆：《以社会救济、社会福利为切入点，构建国有林区社会保障体系》，载于《东北农业大学学报》（社会科学版），2007 年第 3 期。

［4］于林春、刘德林：《森工林区社会保障问题初探及建议》，载于《绿色财会》2003 年第 4 期。

［5］王克强、周雷、刘红梅：《我国林区社会保障研究综述》，载于《生态经济》（中文版）2007 年第 7 期。

［6］贺振明：《我省林区社会保障制度存在的问题与对策》，载于《吉林林业科技》2012 年第 4 期。

［7］贾洪波、穆怀中：《东北林区社会保障发展刍议》，载于《北京林业大学学报》（社会科学版）2009 年第 2 期。

第八章

山区城镇化、林权流转与林地可持续利用

一、森林资源的战略意义与林地资源的特殊性

1. 可持续发展与林地资源可持续利用的概念和内涵

可持续发展这一概念在 20 世纪 80 年代被首先提出，在随后的 30 余年，社会科学领域和自然科学领域的学者们从未停止过对其内涵和应用的探讨，而至今其标准且统一的概念始终没有成形。1987 年 2 月，世界环境与发展委员会于日本东京通过关于未来人类发展的报告——《我们共同的未来》，其中提到："可持续发展是指满足当代人的需要，又不对后代人满足其需要构成威胁的发展。"由加拿大国际开发署等 11 个单位发起，在世界银行等 14 个单位的合作下，世界野生生物基金会、联合国环境规划署、世界自然保护同盟共同于 1991 年编写的《保护地球——可持续性生存战略》提到，可持续发展即为在生存不超出维持生态系统承载能力的情况下，提高人类的生活质量的发展过程。国际生物学联合会与国际生态学联合会于 1991 年 11 月在一次关于可持续发展的专题讨论会议中提供了更为简洁的定义："保护和加强环境系统的生产和更新能力"。世界银行在《1992 年度世界发展报告》中定义可持续发展为："建立在成本效益比较和审慎的经济分析基础上的发展和环境政策，加强环境保护，从而导致福利的增加和可持续水平的提高。"

总的来说，可持续发展这一概念探讨的是经济社会发展和人类、资

源、生态之间的关系。它首先强调可持续性原则，即人类的社会发展和经济增长要在环境与资源允许的范围之内，不可超过其承载能力；其次强调公平性原则，即同代人之间的横向公平和跨代际的纵向公平；最后强调共同性原则，即环境作为一种最广泛的公共品，需要所有人、群体、国家通过各种行动、政策、合作共同保护。

　　与可持续发展一样，林地可持续利用的概念也没有得到政策制定者和学界的统一和规范。从更广泛范畴上，谢经荣等（1996）和余海鹏等（1998）对土地的可持续利用进行了阐述，分别为"能够满足当前和未来人们粮食需求和社会协调、平衡发展的土地利用结构和利用措施"①，和"不断提高人群生活质量和环境承载能力的，满足当代人需求又不损害子孙后代满足其需求能力，高效、持久的土地资源利用方式"②。综合前任对可持续发展和土地可持续利用的探讨，我们可以暂时将林地可持续利用的概念按照如下的方式理解——在充分尊重、学习和了解林地资源的自然特性的前提下，依据特定时间及空间的趋势，合理地利用、开发、治理、保护林业资源，协调处理好山区人民经济增长、社会发展需求与林地资源、森林自然环境的关系，不仅要公平而高效地满足当代所有人的需求，还要保证后代人对林业资源的使用。

　　林地资源的可持续利用应体现在经济、资源、生态三方面的可持续性。其中，经济的可持续性是林农和森工企业利用林地资源进行林业生产的首要出发点，如果不考虑经济这一侧面，那么整个可持续发展的概念都无从谈起。然而，经济的可持续性并非是占优于其他方面的持续性的，毕竟三者需要互相协调、互相妥协、互相促进。另外，经济的可持续性不仅要求我们关注当前短期的经济效益和社会发展，还要关注未来长期的经济效益和社会发展。资源的可持续性恰恰为我们长期的经济效益和社会发展提供了保证——传给下一代的林地资源必须同时在质量上和数量上不缩水。生态的可持续性从物种多样性，气候、水土的涵养方面为林业生产乃至区域全部的生产生活提供了更广义的潜在保障，同样不可或缺。

---

① 谢经荣、林培：《论土地持续利用》，载于《中国人口、资源与环境》，1996年第4期。

② 余海鹏、孙娅范、黄适富：《重庆市农业土地资源开发利用的可持续性评价》，载于《数量经济技术经济研究》，1998年第2期。

2. 森林、林业与林地可持续发展的重要性

在陆地生态系统中，森林是较为复杂、稳定性较高、跨越时间与空间范围较广的一类生态系统。作为陆地生态系统的主体，森林对人类社会乃至全体陆生物种和整个地球环境气候都有极其重要的作用。森林的生态作用自然不用多说，其对人类社会、人类的生产生活等诸多方面也发挥着积极的作用。例如，森林可以有效地涵养水土，缓解水土流失。不同于农田，林地往往表现出垂直的结构，加之地表覆盖着各类动植物，可以有效地将降水截留，防止雨水混同土壤和养分溜走。即便遇到暴雨，有相当一部分降水截留不住而出现冲刷地表的情况，森林各类植被对土壤的固定和吸附作用也会防止土壤与养分随雨水冲下山林。另外，森林比农田更复杂的生态会为土壤提供更多的微生物分解腐殖质的过程，起到改良土壤质地的作用。再如，对人类社会，尤其是对城市而言，森林具有防风固沙、净化空气、减少噪声的重要作用——通过复杂的根系和枯枝枯木结构吸附表层土壤颗粒，通过改良土壤品质避免土壤沙化，通过树木树冠主体降低风速，可起到显著的防风固沙作用；森林还可通过微观疏松宏观细密的结构防止声波反射，减小城市噪声；可通过光合作用和呼吸作用吸收二氧化硫、二氧化碳等无用甚至有害气体，释放氧气，起到净化空气的作用。

不仅是森林对生态和人类社会具有重要作用，建立在森林之上的林业也是我国甚至全球的基础产业之一，是国民经济的重要支柱，具有战略意义。首先，林业是人类当前产业网络结构的根基。各类木材是建筑、矿业、工业、农业等产业不可或缺的原材料，其他林产品，如橡胶、药材等，也是人类生产生活不可或缺的一部分，另外林下经济（如林下养殖、森林景观开发和利用）促进了农业和服务业的发展。其次，林业可吸收大量的劳动力，起到缓解就业压力，稳定社会的作用。我国森林分布面积较广，情况各异，除基础林业外还可依据实际情况因地制宜地开展森林景观、花卉业、医药基地等多种产业，促进就业。而且森林的辐射面积极广，除山区外，周边平原、农村、城市都可以森林为依托，开展多种生产经营活动，解决就业问题。

在集体林权制度中，我们更加关注林地的使用和保护。林地资源作为

森林资源和林业的依托及基础组成部分，其是否可持续对森林和林业的可持续性有着决定性作用。林地是一种自然禀赋，不是由人类生产出来的产物，因此林地的供给量是缺乏弹性的，是几乎不能被人类所改变的。人类能做的不是生产更多的林地，而仅仅是保护更多的林地。在相对固定的林地供给的前提下，即便人类可以通过提高其他生产要素的投入，如劳动，来提高林地的边际生产效率，但这并不能改变林地有限总量对林业生产产出也有限的事实。因此，这不可避免地导致林地资源的可持续利用成为资源与环境可持续性和经济与社会发展领域的重要话题，也不可避免地成为了集体林改制度改革中我们无法忽略的一个重要侧面。本章我们重点探讨的是林权流转、城镇化与林地资源的可持续利用的关系。

3. 我国林地资源的特征

如前所述，林地具有总量有限的特性——对于任何一个国家，只要国界和疆域一确定，土地的总供给量就确定了。对于耕地，人类可以通过填湖造田、填海造田、开山造田等方式提高总供给，然而对于林地，由于森林生态系统的复杂性，人类是无法通过任何手段在短期内将其他类型的土地转换成林地的，因此，对世界各国来说，林地具有总量有限的普遍性。除此之外，世界各地的林地还具有质量可变的特性。所谓质量可变，本质上是说即便森林是一种相当复杂也相对稳定的生态系统，但面临人类的干扰和破坏，也可以表现出较大的不稳定性和脆弱性。具体来讲，林地土壤表层的形成是气候、动植物和微生物对山体及岩石层长期作用形成的，其中包含大量的水分、养分、空气，是森林生态系统赖以生存的物质基础。进入 20 世纪后半叶，人类的活动以及人类活动间接导致的自然条件的变化，共同促使林地土壤表层各种成分的变化，带来了林地质量的波动，其中以质量下降为最主要的波动表现。

我国幅员辽阔，林地资源从总量来看也较为丰富。根据我国 2009～2013 年进行的第八次全国森林资源清查数据来看，我国林地面积达到 2.08 亿公顷，居世界第五位的，森林总蓄积量达到 151.37 亿立方米，居世界第六位，而森林覆盖率也达到 21.63% 的不断上升的水平。我国的有林地、灌木林地、疏林地、未成林造林地、苗圃地、无林地分别占林地资源总面积的 50%、12%、7%、3%、0.04%、9%。林地资源主要集中于东北、内蒙古、西南等地区。除有生态涵养作用的防护林、公益林，用材林是林地资源最主要的用处，总面积超过了我国林地资源总面积的一半；经济林其次，占总面积约 10%；薪炭林、竹林等其他用途的林地占用林地资源面积较少，均不超过 5%。

在集体林权制度改革的伊始，我国的林地资源除了表现出总量有限性和质量波动性这两个各国林地的普遍特征外，还在林地资源的利用方面表现出了诸多的特点和问题。首先，我国林地资源虽然总量巨大，但人均水平较为匮乏，我国人均森林面积仅为 0.12 公顷，是世界平均水平的 1/5 左右。其次，我国林业资源的利用率和生产率较低，全国林地单位公顷蓄积量仅为世界平均水平的 70% 左右，而单位公顷净生长量也显著低于世界平均水平。另外，我国林地资源的利用过程中还存在着林地资源地力下降的现象，例如，从 20 世纪 50 年代至 90 年代，杉木林面积增长了 3 倍，但蓄积量只增长了 0.5 倍，单位面积产量下降了 2/3。

我国林地多年来出现了向非林地转化的现象，截至集体林权制度改革试点开始时已经到了极难逆转的地步。一方面，由于林木生长周期长，以及认识偏颇等原因，林农在当地政府的带领下将许多山区的林地转而种植蔬菜和水果，导致林地变成无法保持水土的劣质地。另一方面，随着国家经济的发展，各类工程纷纷将林地列为项目选址，尽管法律禁止，但公路、采矿采石、居民住宅等工程在地方政府的保护和纵容下将林地转换为建设用地。根据第四次全国森林资源清查数据，全国每年有 44 公顷的有林地因各种原因被转换成了非林业用地，而第五次的清查数据告诉我们，全国每年有 56.2 公顷的有林地遭遇了类似的事情。

在集体林权制度改革执行的十余年里，上述林地资源的特性仍在不断的持续甚至恶化，为整体改革的深入提供了不小的挑战。因此，在城镇化、集体林权制度改革的过程中，林地资源的可持续利用是一个绝对不容忽略的话题。

二、山区城镇化与林地资源保护

作为一个国家现代经济与社会发展水平的综合指标，城镇化是我国实现工业化和现代化的必经之路，是我国国家发展过程中必将经历的一个阶段。而中国森林分布广泛，山区面积辽阔，经济发展落后，城镇化比率偏低，因此山区城镇化是山区发展，乃至全国现代化和经济发展的不可逾越的阶段。山区城镇化轰轰烈烈地推进，不可避免地影响了各地林地资源的可持续利用，具体表现为生态失衡、环境污染、林地地质破坏、资源浪费等。这些冲突需要我们对山区城镇化采取更加审慎的态度。

1. 山区城镇化导致的生态问题

山区城镇化引发的最直接的争议是林地本身的生态问题。山区的林地是我国重要的资源储备基地，也承载了特殊的生态服务功能，在国家的资源安全、生态安全保障方面有战略性的地位和作用。然而山区快速的工业化和城镇化往往是从林地和山地的开发入手，那么林地本身的生态脆弱面就自然而然地暴露在工业化及城镇化过程中各项工程的面前，受到直接的影响。在我国的大部分山区，林地开发的首要步骤是削山、填沟和造地，这也是对林地自身破坏最严重也最直接的方式。尽管"削山造地和毁林造地"会为城镇化各项工程提供大量的建设用地，但这一过程会严重破坏山区自然的山水肌理，导致地质环境与水文环境、动植物多样性受损。最终，森林覆盖率大幅下降、山地面积快速减少，导致水土流失等一系列次生问题。

地质灾害是山区城镇化开展各种盲目而不科学项目的过程中衍生的最为明显的恶果。山区山地自身的生态破坏看似是隐性的，看似短期之内不会暴露出任何恶果，但频发的地质灾害恰恰证伪了这样的看法。由于地质环境和水文环境的改变，加之全球变暖带来的降雨增多，山区水土流失现象越来越严重，导致泥石流、山洪等地质灾害问题在我国山区的城镇化进程中越来越引人关注。国务院于2012年批复的《全国地质灾害防治"十二五"规划》中显示，目前全国范围内已识别的地址灾害隐患有23万处，特大型地质灾害隐患有1800余处，其中需要治理的滑坡泥石流隐患有2.8万处。这些地质灾害隐患绝大多数位于山区，部分是原始存在的，部分是由山区城镇化导致的，但都因为山地环境复杂、修补治理难度大以及城镇化进程的加快而变得更加岌岌可危，在频率和破坏力两方面都有上升的趋势。例如，我国西南部于2012年夏季暴发多次大型泥石流灾害，涉及甘肃、四川、云南等多个省份，失踪和死亡百余人。而地质灾害作为地震的次生灾害之一，也对山区人民安全造成了巨大的威胁，在 2012 年 9 月云南省彝良县发生的地震造成 80 余人死亡，其中 60 余人由于山石崩塌致死。目前在我国，除偶发特大地震外，山区的地质灾害已成为第一大灾害。因此山区城镇化的推进速度和推进质量，都需要我们进一步审视。

除了城镇化中各个工程起步时通过对山区林地进行削山毁林来获取建设用地的现象，各地的项目工程在正式运行后还出现了严重的环境污染问题，尤其是山区各类私营企业的快速发展导致的污染。例如，许多山区的乡村纷纷设立工矿企业，这类企业的规模小，经营方式粗放，技术含量低，又处在环保监管的边缘地带，在生产过程中产生的废水、废气、固体废弃物大多没有经过专业的处理就被排放到林地、河流、空气中，对土壤、水体、空气造成了严重污染。另外，许多山区的零散产业在向规模化经营的方向发展，但规模化的重点往往集中在生产本身，而忽略了废弃物的处理，导致各类污染呈现总量大且相对集中的趋势。

山区城镇化和林地资源可持续利用不是单方面的作用关系，而是相互促进和相互制约的关系。林地资源受到破坏后，将导致山区城镇化过程中内生发展动力不足的问题。长久以来，山区城镇化往往依靠基础设施投资、房地产开发、矿产资源输出支撑，但这些依靠外源拉动的方式都不具有持续性。然而，被破坏的林地资源无法提供经济支撑，从很大程度上断绝了内生的发展方式，使得山区的城镇化建设无法持续，许多地方在轰轰烈烈的基础设施建设后，由于内在经济实力无法和初期的投入相互协调一致而变成了"空城"或"鬼城"，同时给当地带来了巨大的财务负担。

2. 山区城镇化过程中出现林地生态问题的主要原因

尽管人为和自然两方面的因素都可以导致山区城镇化过程中出现生态环境问题，但由于自然因素造成的生态环境波动是目前人类几乎无法左右的，而且影响甚微。从山区城镇化的人类活动角度来看，主要有四个方面的原因导致了林地资源生态问题：一是人口素质与人口数量的拖累；二是城乡二元社会结构对环境的影响；三是山区工业化过程中的企业粗放型生产方式；四是保护生态环境的政策制度和法律规范不健全，以及法律法规的落实和监管力度不够。另外，政策制定者和各领域学者分别列举了其他内在原因，在全国各地的实践中也都有各自不同的原因，由于尚无定论，也不是本章要讨论的重点，这里不再赘述。

3. 案例分析——湖南省湘西自治州山区城镇化对森林资源可持续性的破坏

湖南省湘西自治州位于湘西西北部，地处武陵山区的中心位置。湘西自治州不仅是重点林区，以森林资源丰富而闻名，还是革命老区、民族地区和贫困地区。作为中央确定的集中连片特困区中的先行试点区域，湘西自治州开始了规模巨大的山区发展尝试，其中主要的切入点是林业建设。在湘西山区经济发展的初级阶段，经济发展的动力除了外部投资和政策支持外，主要是自身自然资源的消耗。随着综合开发力度不断加大，以及城镇化的呼声越来越高，湘西自治州的生态环境问题日益突出并成为制约山区发展的"瓶颈"。

湘西自治州的矿产资源极为丰富，截至 2011 年底共勘测出 64 种矿产，其中锰和汞的含量居全国前五位，铅、锌、钒、磷等矿产含量居湖南省前十位。自 2000 年以来，湘西自治州的矿产产量逐年上升，以采矿业领衔的湘西工业也突飞猛进，2010 年实现工业增加值 102.21 亿元。然而，纵然采矿业蕴含并创造了大量的经济价值，但该产业与湘西的生态系统形成了尖锐的矛盾——毁坏林地资源获取项目用地的现象随处可见，工业废弃物的不规范处理和随意排放也对湘西的环境带来了极大的破坏。具体来讲，主要的环境污染表现是山区林地地表的破坏、诱发地质灾害、空气污染、水污染、生物多样性遭到破坏。

伴随山区城镇化的往往是农村林地的改革和市场化，因此，除了采矿业以外，湘西自治州的林农业也在如火如荼地发展。然而，粗放的林业经济增长加剧了林地的石漠化。石漠化是土壤石质荒漠化的简称，是土地退化的现象。一旦石漠化发生，就意味着林地在短期内不可逆转地丧失，林农的生活保障也就随之丧失。根据湘西自治州石漠化检测调查的数据，州内石漠化面积占全州面积的 22.9%，达到了 35.54 万公顷。石漠化的原因除了各项山区综合开发项目的影响外，还有山区农民粗放的林业经营模式。在城镇化和经济发展的大基调下，为了追求更大的经济效益，许多林农放弃了林业经营，转向了开垦耕地、种植粮食的道路。

林地开垦是一个植被破坏的过程，而粮食的种植又是极大破坏林地土壤肥力的过程，加之这两个过程中出现的水土流失的恶性循环，林地极易出现石漠化。

湘西自治州的林地资源为区域的生态保持以及城镇化和经济发展做出了巨大的贡献。但是，在现行的山区开发模式下，两种贡献并不能共生共存，我们看到，无论是工业的发展，还是农业的发展，都对湘西自治州的林地资源和森林生态环境造成了破坏。而林地资源和森林生态系统的恢复都是一个长期的过程，这也导致了这些破坏是短期内不可逆转的，使得林地资源的利用不具有可持续性，林业的发展不再具有可持续性。

三、林权流转与林业资源的可持续利用

（一）产权明晰对林地资源可持续利用的重要性

亚当·斯密的《国富论》首先提出了"无形的手"这一概念，强调市场会自动调节资源配置，达到最优的均衡状态，甚至包含权利的分配和生态资源的保护。然而，市场的作用在既有制度、现实法律、人类行为准则的限制下往往无法充分地调节出最优的结果，此时便需要在此范围之外，人为地进行框架性和制度性的调整。产权制度便是其中最为重要的制度框架之一，其对权力和资源进行了初次的分配，也对后续的权利和资源的流转规则做了良好的规定。在良好的产权制度环境下，权利主体明确了权利和责任，权利标的物的保护和可持续利用问题往往也迎刃而解。

从经济学的角度看，林地资源的可持续利用是一种平滑消费的表现，是由林地相关权利主体在针对各自经济、社会、生态等目标分别进行最大化所得到的结果。类似的，林地在短期内被过度使用，无法可持续利用的现象也是权利主体通过理性决策得到的结果。这一结果看似是由林农等林权主体的经营理念决定，但我们并不能简单地责备他们忽视生态保护和社会责任，过度看重短期的经营效益，破坏林地资源的可持续利用。本质上说，产权是否受到法律法规的明确规定和保护、是否受到相关部门的落实

才是林地资源可持续利用的真正决定性因素。只有在良好的林权制度下，林权主体才会在珍爱自身权利的同时不去侵犯他人的权利，才能通过林地资源获得更多更持久财富的同时从数量上和质量上保证林地资源和森林生态系统。

具体来讲，在林权流转中涉及的林地使用权的明晰、林权继承权的落实和保护、生产收益权的放宽和落实、林权处置权的落实和保护、相关生态补偿的落实，都是决定林农是否能够爱惜林地资源，实现长期可持续性经营的关键，后面会做更详细的探讨。

（二）林权流转中地权稳定性对林地资源可持续利用的重要性

本次集体林权制度改革，尤其是林权流转的改革极大地调动了山区林农生产的积极性，也通过各条作用机制提高了林业生产效率。然而，尽管我国目前林地流转的总体规模较小也较为稳定，但呈现出了流转频率和规模地域分布极其不平衡的现象，即某些地区林权流转开展不够深入，流转规模和频率较小，而另一些地区表现出林地所属纷繁调整以及林农之间非正式流转居多的现象。小冢与朱言拓等人（Otsuka and Suyanto et al.，2001）的一篇论文指出，土地产权的不稳定性和不完整性将导致土地资源质量的退化及数量的减少。

我国于 2002 年颁布的《中华人民共和国农村土地承包法》从法律上提出了土地承包经营权稳定 30 年不变的倡议和规定，其内在用意主要在于避免土地所属的频繁变换，稳定农民的土地使用权，实现土地可持续利用的目的。

然而林权流转改革的铺开鼓励了个别地区频繁流转林地使用权的现象。在经营极限较短或较不确定的情况下，林农往往对林地没有长期投资收益的良好预期，反而过分关注短期的林业经营效益和下一次林权流转的收益。而由于目前我国林权价值评估机制较为落后，林地估价往往无法反映出林地资源的质量和可持续经营性。因此，林农往往过度而不规范使用林地，却忽略了对林地土壤肥力等方面的维护，实现短期收益。而这一对林地资源的破坏往往没有通过林权机制评估反映出来，在将手中林地流转出去时不会受到林地破坏的损失，这就更加使得林地的过度使用失去约束。随着山区经济发展、规模化经营拓展、山区城镇化的推进等趋势，越来越多的林农将不再经营林地，给我们形成了未来林权流转规模和频率渐增或持续不变的预期，若不及时规范林权流转的具体做法，林地资源的可持续利用性将受到更大的损害。

（三）集体林权制度改革对林地资源可持续利用的促进作用

首先我们应当认识到，集体林权制度改革的最终政策目标是与林业可持续经营的作用相一致的。从经济目标来看，集体林权制度改革希望加强林农等经营主体的积极性，从而带动林业整体的发展，并通过关联作用辐射到相关产业和邻近区域；从社会目标来看，林权改革希望在满足山区人民衣食住行的前提下，实现缓解就业、消除贫困、提高山区人民精神需求的目的；从生态目标来看，林权改革希望建立良好的环境保护机制，为山区人民甚至全国人民的生产生活和精神健康需求提供良好的自然环境和生态景观。这三方面目标均是与林地资源可持续利用和林业可持续经营这两个概念协调一致的。

集体林权制度改革通过土地确权工作，明确林业经营主体的法律地位，重新配置林业资源、规定林业生产关系，让经营者拥有林地的使用权，让种树者拥有林木的处置权，即"山定权、树定根、人定心"这三定。比之前更加明晰的产权制度规范了权利和责任，调动了各地林业经营主体的积极性，也进一步使林地资源受到经营主体的爱惜和保护，促进了可持续利用。另外，集体林权制度改革通过林权流转工作，鼓励林农按照"依法、自愿、有偿、规范"的原则，进入林权流转市场，进行林权流转，进一步促进了林业生产要素配置的优化，推动了林业可持续经营的深化程度。

当然，尽管新一轮集体林权制度改革相比于过去的林权制度有相当大的优势和进步性，当前我国各地的政策落实状况不同，落实重点也不同，加之政策自身和配套政策的不足之处，导致林地资源的可持续利用在许多地方是受到破坏的，我们将在下一节继续探讨。

（四）集体林权制度改革对林业资源可持续利用的潜在风险

1. 产权制度角度的潜在风险

在集体林权制度改革的林地确权阶段，尽管国家强调要做到"三定"的产权明晰，但在各地的具体实践中，"三定"的执行往往无法做到彻底地执行。林地相关权益的权属不清往往就导致了权利的执行者和享有者分离，而与权利对应的责任所属出现争议，生态保护责任无法落实到明确的权利主体头上。

例如，全国各地许多林地的所有权是归属于集体，所谓村集体所有的林地，本质上属于全体村民共同拥有。然而，"村民集体经济组织"（或"村民集体""村民小组"）这一概念缺乏法律上的明确定义，而在实践中也具有较强的抽象性和不确定性。因此在现实操作中，不是每个村集体经济中的成员都能作为权利主体充分地行使自己对林地的所有权；相反，林地的所有权往往由村委会代为行使，替代村民代表大会进行确权、承包、转让等林权操作。久而久之，"村民集体经济组织"这一权利主体被曲解成村委会或者村干部，加之缺乏监管，寻租机会大，这一现象滋生了村委会专制腐败，违背法律和村民意愿进行损害集体经济的林地确权工作，扭曲了集体林权制度改革的初始资源分配。同时，村委会违背市场规律进行"暗箱操作"，低价转让集体林权，严重损害了林农的权益，压减了林业资源的真正价值，抑制了集体林权制度改革的效果。由于实质上没有应得的林地使用权和处置权，林农在这样的环境下对集体产业的经营和管理成果漠不关心，也就对本该属于自身的林地是否可持续利用漠不关心。

产权不完整和落实困难也严重抑制了林农的护林积极性。林权权能不完整的体现之一在于林木处置权和收益权的落实困难，以及林权继承权的不明确。从名义上讲，林农在确立自身林地使用权的林地上进行林业生产，实行"谁造谁有"的制度，个人可以获得完整的造林成果，即林木的完整所有权。在实践操作中，林权的占有很容易实现，但处分和收益的权利，作为权利人获取林业生产收益的关键，却受到了诸多限制。首先，《森林法》中限制了林木的采伐额度，而多地作为天然林保护工程的重点区域，有着更加严格的禁伐限伐规定，在自己权利所属的林地上采伐任意林木都需要取得相应的采伐证。天然林保护工程进入第二期阶段，集体林权制度改革也不断深入，不少地方在进行开放采伐的尝试，但限制依然严格，申请程序依然烦琐。其次，林木的采伐指标在不少地方只能有大型林业企业取得，个体林农难望其项背，采伐许可证逐渐成为一种昂贵的商品，作为官商勾结和权力寻租的工具。从收益权的角度来看，部分地区的林木收购工作被少数受当地政府扶植的企业所垄断，其他企业进入市场的行政壁垒较强，这种统一收购的垄断模式使得林农丧失了林木交易的谈判优势。从继承权的角度来看，由于林木生长周期很长，林业生产活动往往需要代际之间的传递才能保证稳定的林业收益，而各地基层政府或集体经济组织中有许多都出现了随意调整林地、限制继承权、强制更改继承人的行为，无法保障林农应有的经营权，强制缩短了林农的经营预期。林权不稳定，得不到保障，从很大程度上剥削了林农的利益，抑制了林农投入林业生产经营的热情和积极性，更加抑制了林农进行生态保护的热情。

2. 细碎化经营模式角度的潜在风险

在当前全国各地的林业经营中，家庭经营（一户或少量几户经营）是林业经营的主要模式。在集体林权制度改革、林权流转以及山区城镇化的大背景下，这种模式从短期来看于其他模式并无过多的劣势，以投资少、机动性强的特点在短期内可改善林农的生活水平。然而，从长期角度来审视，这种细碎化的经营模式跟规模化经营模式相比，在维持林地资源可持续利用方面有较大的劣势。

家庭经营模式往往面临林业生产投资不足的困境。山区往往属于经济社会发展相对落后的区域，林农作为山区人民的主体，平均收入较低，从前提上限制了林业生产的初期投入。同时，细碎化的生产方式不同于集约化生产，没有规模效应，导致在林业生产的各个环节单位成本都较高，更加提高了林业生产的投入。另外，林业生产周期长、受自然条件和国家宏观经济环境影响较大，以及前面提到的产权模糊不稳定的现象，导致林业生产风险较大，而林农个体恰恰是风险抵御能力较弱的经营主体，使得其在初始投资时采取更为保守和审慎的态度。加之目前林权抵押尚不受大多数法律认可，银行对林权抵押尚有疑虑，各地的林权抵押融资方式尚未很好地服务林农。总而言之，多种因素都导致了家庭经营模式的投资欠缺，在这种情况下，资本投入往往用于林业生产本身，而非林地生态的维护，导致了林地资源不可持续利用的现象加剧。

家庭经营的经营主体容易出现追求短期利益的行为，也抑制了林地资源可持续利用的性质。尽管各地山区的林农在得到自己确权的林地后，爱惜林地的意识增强，甚至在个别地方出现林农自发组织护林的可喜现象，然而，由于固有理念和意识的限制，以及林业生产经营技能与相关管理知识的缺乏，大多林农没有具备长远的、理性的、根据不同条件环境进行动态规划的经营预期和经营行为，往往对短期经济利益的追求盖过了对确权林地的爱护。例如，许多林农一旦取得采伐许可证后，就尽量短时间内将所有指标采伐完，不可避免地导致林地地表生态的波动，破坏了林业的可持续经营；再如，大多林农倾向于选择收益高的林木进行栽培，而不顾手中的林地是否适合目标林木的生长，从长远上破坏了森林生态系统的稳定性。

家庭经营的模式还往往导致森林生态系统的破碎化。在这样的生产模式下，同一个山头被分成了多块地，每个家庭又分别拥有几块分开的林地。而由于缺少规范的生产知识，每个家庭在同一时期有着不同的经营决策，使得同一个山头的不同地块呈现出不同的林地生态状况，如不同树种、不同树龄等，使得山区整体的生态既不相容也不协调，破坏了林地生态系统和资源的可持续利用性。另外，家庭分散经营还会加大自然灾害暴发的风险，而家庭个体抵御这些灾害的能力较弱，灾害一旦发生，林地资源的可持续利用性往往遭受短期内不可逆的破坏。这些灾害主要包括火灾和病虫害，都是极易扩散的自然灾害，然而不同家庭之间很难联合起来对抗这些灾害，又因为缺乏相关知识和正确的指导而无法单独抵御，这些原因都为林地资源的可持续利用提出了不小的挑战。

相比之下，联合经营等集约化生产模式是有效保护林地资源可持续利用的经营模式。森林资源的自然属性从前提上决定了其集约化经营的特性，首先无法分块划界；其次需要规模经营才能降低成本。从经济学的角度来看，生产规模由大变小，单位成本必将由于规模经济而降低，单位产出也将由于规模经济而提高，在资金、长线经营方面有了更强的竞争力，也能更好地抵御风险，同时避免短期逐利行为。从组织行为的角度分析，联合经营代替个体经营，能做出更理性的决策，民主的内部制度配合良好的政策和法律环境，能为林地资源的保护提供极好的激励机制。从生态学的角度来看，集约化生产有利于从整体上对林地的生态系统进行规划，增强系统的整体性和稳定性，保障系统的基本结构，使其可持续性得以维持甚至增强。然而，在现实实践中，我国各地的集约化经营模式，尤其是村民联合经营模式面临许多问题。例如，村委会和集体林业合作组织的权责不明，导致权利的受益人和行使人分离，决策不透明，对林地进行生态保护的责任人进而更加不明确；再如，集体林业合作组织往往规模小、层次低，无法通过规模化经营促进林地资源的可持续利用；又如，许多地方的集体林业合作组织只是名义上的联合生产，本质上仍是各家管各家，没有实行统一的管理和生产，以家庭经营的模式对林地资源的可持续利用性进行着破坏。

3. 林权流转制度角度的潜在风险

林权流转措施的本质目的是通过建立林权流转平台，将林业资源配置进一步优化，不但更加激发林农的生产积极性，提高林农的整体收入，促进城镇化，还可以改善山区生态，促进林业的可持续经营和林地资源的可持续利用。

林权流转政策规定，各地都可以将集体林权依法进行公开竞拍。为了保证公开性和公平性，对于参与拍卖及竞标的个体没有进行限制，除了当地山区的村民外还包括了许多外地人员、机构，甚至有一些政府与林业部门的工作人员以个人名义参与竞拍。对于普通山区林农来说，由于缺少资金以及对政策信息、宏观经济形势、林业经营投资回报了解不够，处于竞拍的劣势，往往在林权流转中败下阵来。各地的相当一部分林权都流转到了外部人员和机构的手中，然而其中许多人或机构流入林权的目的并不是进行林业生产，而是进行倒买倒卖、炒作套利，他们往往对林地实体产出带来的利润不感兴趣，只关心通过升值产生的价格差带来的利润，许多对林业的生产经营随随便便，只等升值卖出。这自然就忽略了林地生态的养护，有些甚至将林地闲置，形成了大量的资源浪费，不利于林地资源的可持续经营。

另外，如前所述，林权流转改革的铺开鼓励了个别地区频繁流转林地使用权的现象。在经营权限较短或不确定的情况下，林农往往对林地没有长期投资收益的良好预期，反而过分关注短期的林业经营效益和下一次林权流转的收益。而由于目前我国林权价值评估机制较为落后，林地估价往往无法反映出林地资源的质量及可持续经营性。因此，林农往往过度而不规范地使用林地，却忽略了对林地土壤肥力等方面的维护，实现短期收益。而这一对林地资源的破坏往往没有通过林权机制评估反映出来，在将手中林地流转出去时不会受到林地破坏的损失，这就更加使得林地的过度使用失去约束。随着山区经济发展、规模化经营拓展、山区城镇化的推进等趋势，越来越多的林农将不再经营林地，给我们形成了未来林权流转规模和频率渐增或持续不变的预期，若不及时规范林权流转的具体做法，林地资源的可持续利用性将受到更大的损害。

因此，林权流转虽然促进林业可持续经营的美好初衷，但由于国家政策制定不严密，以及各地流转期初流转资格的审查不足和流转期后对流转林地用途的监管不严，导致林权流转制度给林地资源的可持续利用带来了较大的风险。

4. 公益林经营角度的潜在风险

2008 年颁布的《中共中央国务院关于全面推进集体林权制度改革的意见》（以下简称《林改意见》）提出了公益林和商品林分类管理的概念。在各地的林权改革深化和实践过程中，也都对分类经营提出了诸如公益林经营的补偿制度的细化政策。林木的生产种植与粮食的生产种植不同，不仅肩负着经济方面的任务，更重要的，还要兼顾生态保护方面的任务，因此《林改意见》的分类经营制度的本质目的就是要在林权改革中兼顾林地资源的可持续利用性，而各地将落实分类经营主要是通过生态补偿机制来实现。全国各地，尤其是北方各省的公益林总量很大，例如，2009 年山西省划定的公益林面积达到全部林业用地面积的 82%，比例不容小觑，这使得分类经营制度和生态补偿制度成为全国林地资源是否能够可持续利用的关键。在各地的实践中，由于公益林相对于商品林的先天劣势，在公益林的划分和生态补偿制度方面面临许多难题。

首先，公益林和商品林分类经营的第一步是两种林地的界定与划分，目前两种林地的区分标准尚不明确和统一，各地的林地特点不同，且技术水平差异较大，导致划分困难。我国中部地区和东部沿海有许多人工林，质地相似，便于划分分类经营。而我国西南地区和东北地区的林地大多天然形成，形态种类繁杂，给公益林和商品林的划分带来了较大的难度，也拖慢了集体林权制度改革的进程。个别地方为追赶改革进度，匆匆进行区分，导致公益林和商品林混乱，最终影响到生态效果及对林地资源的可持续利用。

其次，重点公益林补偿金额过低，很难实现生态保护的目的。在《中央财政森林生态效益补偿基金管理办法》中，每亩重点公益林的补偿标准仅为5元。尽管各地的执行过程中，补偿标准均有不同程度的提高，但仍然面临补偿标准偏低、补偿依据单一、补偿无法覆盖全部重点公益林、补偿标准无法根据自然环境和市场经济环境进行动态调整等问题，在这种环境下，林农偷偷采伐贩卖生态林木获得的收益要远大于保护生态林木获得的补偿，这些问题已成为各地制约林地资源可持续利用的重要短板。我国西南地区，例如，贵州省锦屏县，由于前期公益林与商品林的分类问题，以及后期重点公益林的生态补偿问题，区域矛盾较多，为林权改革和林权流转工作带来了较大的阻碍，更不易于生态资源可持续利用。

最后，普通公益林的生态补偿缺乏依据，补偿金额更加低廉，同样给生态保护带来较大的困难。相对于重点公益林，普通公益林的总量是巨大的，其发挥的生态功能总量不亚于重点公益林，同样在林地资源的可持续利用上有巨大的意义。然而，由于缺乏国家层面的法律法规支持，许多地方忽略了对普通公益林的补偿，有些地方不进行补偿或补偿金额远低于重点公益林。尽管普通公益林在多数地区是可以进行采伐等经营活动的，但采伐指标仍然受到严格的控制，加之极低的公益林补偿，普通公益林根本无法在流转市场上与商品林竞争，在林木市场上也有极其明显的劣势，这极大地抑制了林农经营普通公益林的积极性，更不要提护林、造林的积极性了。

因此，由于生态价值评估技术不完善、生态环境方面对于林业经营的政策和法律尺度过严、各地生态与经济协调不善、生态补偿机制手段不充分等因素，分类经营的构想仍然无法为林地的生态保护提供其应有的作用。尽管各地政府可以强制某些重点公益林不进入林地流转市场，而进行政府统一管理，但经过个别地方的实践，这种尝试无法大范围的执行。在这样的条件下，林农往往缺乏经营公益林的积极性，也更加丧失了养护公益林的热情，某些林农甚至偷偷采伐公益林林木或将商品林树种在公益林林地上进行栽培。在地方政府和林业主管部门监管不到位的情况下，往往守法成本较高，违法成本较低，更加无法遏制林地资源受破坏的趋势。

5. 集体林权制度改革背景下现行生态保护制度角度的潜在风险

衡量一项社会政策或法规制度的有用性，不应该关注其曾经发挥了怎样的作用，而应该思考其在现行的社会环境下是否依然能够发挥原本设计时的作用。一旦该项社会政策或法规制度不能再适应当前的社会环境，往往会导致社会内相关群体的冲突，抬高交易成本等问题。我国的生态保护制度在过去几十年中发挥了至关重要的作用，但在集体林权制度改革开展十余年后，生态保护制度所处的社会环境发生了较大的变化，在政策目标、政策措施手段两方面不再具有充分的适应性，为我国山区森林生态系统保护，尤其是林地资源的可持续利用暴露了较大的潜在风险。

首先，在政策目标方面。我国现有的各项生态保护政策以及地方相关配套政策都是从生态保护的角度出发的，仅仅是为了实现某种生态收益的最大化。在集体林权制度改革之前，林地的使用权还属于集体，在尽可能追求集体经济效益的同时往往会兼顾其他社会责任，加之集体经济组织成员之间的法律责任是互相联系的，尤其是在生态保护方面，不会出现某个个体公然知法犯法。即便许多情况下林地实际上由林农个体经营，在权属和责任上也不完全独立。因此，林权改革前的林业经营大多具有某种公益、集体的性质，在执行目标上和生态保护制度是相一致、相适应的。集体林权制度完成土地确权后，林地的经营主体完全变成了独立的林农家庭、合作组织、森林企业等主体，都是经济学中"理性的私人"。脱离了集体的限制，这些"理性的私人"会将经济利益最大化当作林业经营的唯一目标，在面临生态环境这一公共品时往往陷入了囚徒困境式的博弈结果——无论其他人怎样选择，为了追求短期经济利益而进行经营速生林、超额采伐、不进行林地养护等林地资源破坏都是有利可图的。此时个人目标无法再与公众目标相重合，反而出现了冲突，因此在当前的环境下，我国生态保护制度的目标不再具有适应性，或者说我国生态保护制度的作用对象转换后，即由集体换成私人，不再具有适应性。

其次，在政策手段方面。现有的生态保护制度中，各地采用的手段往往是政府的规制和管制，通常以封山、禁伐、罚款、生态移民等手段为主，均是约束性的手段，性质强硬。在集体林权制度改革前，作为林业经营主体，大家以集体的角度面对这些政策手段，妥协性较大。然而在林权改革后，这些生态保护制度仍然以这样的手段继续进行生态保护。例如，天然林保护工程刚刚进入第二期，在这股热潮之下，各地建设保护区时往往将林地大片的归入保护区范围进行管制。再如，在林地确权中，各地为了保证生态保护的绩效，将大片本该属于商品林的林地纳入公益林，实行严格的砍伐管制等。然而，林农家庭等私人经营主体往往只关注个人经济效益，不顾社会责任，加之各地政府和林业主管部门的监管不力，这些限制性、约束性的政策手段往往在私人经营的环境下力不从心，不具有适应性。

事实上，生态保护措施根据所采用的手段可以大致分为两类：一类是通过限制规制等手段达到目的的约束性措施；另一类则是通过教育、宣传、补贴等手段达到目的的鼓励性、引导性措施。前者较为强硬，往往与政策对象的相关利益冲突较大，会抑制政策对象在其他方面活动的热情和积极性，甚至会引发其反抗情绪。在保障措施不够完善的情况下，也往往会导致政策对象通过各种漏洞逃避管制。而后一种引导性的政策措施往往比较缓和，易于政策对象接受，往往会有较强的适应性。值得一提的是，通过建立市场机制，也是一种重要的行之有效的引导措施，例如某些国家将破坏环境的权利当成一种商品进行市场交易流通等方式。然而，尽管集体林权制度改革后，我国各地都有对公益林的补偿制度，但由于补偿金额过低等原因，无法充分实现生态保护的目的，而市场机制也远远没有完善，使得我国生态保护制度在鼓励性、引导性措施和手段方面做得还远远不够。

现有生态保护制度无法适应当前集体林权制度改革的大背景，生态保护很难达到目的，林地资源的可持续利用更加得不到保障。

（五）案例分析——湖南省资兴市林权流转工作对林地资源可持续利用的促进作用

资兴市位于湖南省东南部，是湖南省的重点林区市。随着市场经济制度在山区的深入，资兴市林农的市场经济意识逐步提高，在林业生产中对经济效益的追求与资兴市林区生态保护的矛盾日渐突出。由于当地林改前的产权不明、林业经营机制不灵活、利益分配不合理等问题，资兴市存在着林农生产积极性不高、林业交易暗箱操作、集体山林低价流失、林地资源遭到严重破坏的现象。国家于 2003 年在湖南、福建、江西等省开展了集体林权制度改革的试点工作，作为湖南省的重点林区市，资兴市经过短期的调研和研究，于 2004 年正式展开了以林权流转为核心的林权制度改革。

2004 年 7 月开始，资兴市人民政府以"先试点、后推广"的方式，在连坪乡试点较为成功的前提下，先后出台了《资兴市森林、林木、林地使用权流转管理办法》和《资兴市林业局关于加强森林资源管理，促进森林、林木、林地经营权或使用权流转实施办法》等文件，成立了各级的组织领导机构，向全市铺开了林权流转改革。

在核心的林权流转措施上，资兴县落实明确的产权制度。首先，资兴市开展林地确权工作，为了尽快明晰产权，同时加快了林权登记和林权证的发放工作。同时，资兴市采取各项措施完善林地的承包责任制，并极力稳定原有的林地林权关系，并允许林农长期无偿使用已经划定的自留山。另外，对流转后的林木、林地权属关系，资兴市林业主管部门及时、依法换发新的林权证明并进行林权变更登记。如前所述，良好的产权制度对林地的可持续利用发挥着至关重要的作用，而资兴县对林地严格的确权工作也为当地林地资源的保护提供了基础。

为了加快林权流转的市场化，资兴市一方面开展了森林资产评估工作；另一方面建立了较为完善的林权流转交易服务中心。资兴市森林资源资产评估中心于 2004 年 8 月由资兴市林业调查设计院牵头建立，并制定了《资兴市森林、林木、林地资产评估管理办法》，由该评估中心对需流转的林木、林地进行评估，经评估后才能进入市场完成场内交易，评估中心的服务收费由当地物价部门进行核定。为了完善林权交易服务中心，资兴市每个乡镇成立了相应的森林林木林地流转交易服务所，各交易所与交易中心实时联网进行同步更新，同时对外发布林木林地招标交易信息。另外，流转过程中的申请、评估、审核等信息均在资兴市森林林木林地流转交易中心和各乡镇交易所进行公示并建立各种档案，真正做到了公开、公平、公正。规范的林权价值评估制度可以真实地反映林地的价值，预防了林农在流转前对林地不负责任的破坏，在分类经营下也能很好的区分商品林和公益林的价值，避免混同流转后导致的种种问题。而作为市场化的关键要素，规范、公开的流转程序和完善的流转平台也极大促进了场内流转，避免了私下流转中出现的频繁流转、地权不稳定导致的林地资源生态下降的情况，也能遏制倒买倒卖、炒作投机的行为，维持林地的可持续经营。

资兴市规范的核心流转政策并不能完全保证林地资源的可持续利用，为进一步保证林权流转中的生态效益，资兴市严格森林资源保护管理——在规范林木和林地使用权流转活动的全过程，坚持实行"七个统一"原则，即统一计划管理、统一规划设计、统一组织采伐、统一招标销售、统一更新造林、统一检查验收和统一技术服务。在采伐、运输、加工过程中，资兴市严格遵循凭证经营，防范生态风险。为防止木材经营者带指标上山收购或压级压价收购木材的现象，资兴市不将采伐配额直接分配给木材经营者，而是结合各乡镇实际情况安排林木采伐任务与上级下达的年度林业生产计划，直接将采伐配额分配到林权所有者，并在各交易所进行公示。此外，资兴市要求在林权流转过程中，凡是涉及伐木工作的，都要签订造林合同，并缴纳 1800 元/公顷的造林预留金，确保林地林木的可持续性。

资兴市林权流转改革调动了各种社会主体投入林业生产的积极性，促进了森林资源的培育，增加了造林面积，为森林资源培育打下了基础，提高了森林生态效益以及林地资源的可持续利用性。林改初期的 2004 ~ 2007 年，与 2000 ~ 2003 年相比，造林面积增加 46.5%，绝对量上增加了 9093 公顷。根据资兴市"十五"森林资源规划调查结果，每年可增加的各类林地生产蓄积量达到 113487.7 立方米。据估算，资兴市林权改革前 4 年增加的森林涵养水源总量为 $4507.71 \times 10^4 \mathrm{m}^3/\mathrm{a}$，对应经济价值达到 3020 万元。而综合测算森林蓄积量、水源含氧量、固定二氧化碳量、净化空气量，并转化成经济价值，约达到 7143.04 万元。此外，资兴市的土壤价值、营养循环价值、生物多样性价值、生态景观旅游价值也获得了不同程度的提高，这都是规范林权流转程序、促进林权流转市场化、严格执行森林资源保护管理所收获的林地资源的可持续利用的成果，值得各地学习效仿。

参考文献

［1］蔡依璓：《我国集体林权制度改革中的生态保护问题研究》，华东政法大学，2010 年。

［2］财政部、国家林业局：《中央财政森林生态效益补偿基金管理办法》，2007 年。

［3］程鹏：《集体林权改革背景下的生态保护制度创新研究》，武汉大学，2012 年。

［4］国务院：《中共中央、国务院关于全面推进集体林权制度改革的意见》，2008 - 6 - 8。

［5］鲁德：《中国集体林权改革与森林可持续经营》，2011 年。

［6］全国人民代表大会常务委员会：《中华人民共和国森林法》，1998 - 4 - 29。

［7］申恒荣：《林地可持续发展的初步研究》，2003 年。

［8］谢经荣、林培：《论土地持续利用》，载于《中国人口、资源与环境》1996 年第 4 期。

［9］俞海、黄季焜、Scott Rozelle、Loren Brandt、张林秀：《地权稳定性、土地流转与农地资源持续利用》，载于《经济研究》2003 年第 9 期。

［10］余海鹏、孙娅范、黄适富：《重庆市农业土地资源开发利用的可持续性评价》，载于《数量经济技术经济研究》1998 年第 2 期。

［11］赵绘宇：《林权改革的生态风险及应对策略》，载于《法学》2009 年第 12 期。

［12］钟晓云、王利民：《试述林权改革与森林可持续经营的关系》，载于《内蒙古林业调查设计》2011 年第 6 期。

第九章

林权流转意愿分析

一、研究综述

1. 研究背景和意义

继党的十七大报告中明确将生态文明作为全面建设小康社会的新要求之后，胡锦涛同志又再次在"十八大"报告中强调"建设生态文明，是关系人民福祉、关乎民族未来的长远大计"，我们要把生态文明"融入经济建设、政治建设、文化建设、社会建设各方面和全过程"。发展林业作为生态文明建设的重要一环更是备受重视。从新中国成立至今的六十多年时间里，我国一直非常重视林业的发展，并在林业改革的道路上不断探索。伴随着 1953 年全国进入计划经济建设时期，林业也走上了合作化道路。1956 年 6 月，全国人大颁布了《高级农业生产合作社示范章程》，该章程中规定，除少量零星的树木外，幼林和苗圃、大量的成片的经济林和用材林，都划归合作社集体所有，以前分属于各家各户的林地也转为合作社集体所有，农村林业逐步由分散经营转向集中统一经营。1981~1991 年，集体林区实行开放市场、分林到户的政策，这使得农民可以拥有比较充分的林地经营权和林木所有权。1992~2002 年是林业产权制度改革的探索时期，期间出现了多个林业改革试验区，并开展了山地开发、林产品流通市场、林业股份合作等一系列改革实践。2003 年，《中共中央国务院关于加快林业发展的决定》和《农村土地承包法》开始实施，福建、江西、辽宁等省份更是进行了大胆的林权制度改革探索，主要包括"明晰产权，放活经营权，落实处置权，保障收益权"等。

2008 年出台的《中共中央国务院关于全面推进集体林权制度改革的意见》，更是再次强调"深化改革，完善政策，健全服务，规范管理"的重要性，并提出"实现资源增长、农民增收、生态良好、林区和谐"的新目标。2010 年更是集体林权制度改革的关键一年，"明晰产权"作为新一轮集体林权改革方案中的核心，相比之前的林改政策有了明显的突破。该方案指出，在保持集体林地所有权不变的基础上，通过实施家庭承包的经营方式将林地使用权落实到农户，从而明确了农民在林地承包经营中的主体地位。

集体林权制度虽然经历了多次改革，但仍存在很多的问题，如经营机制不灵活、林地的利用率不高、利润分配不太合理等。自 2010 年实行家庭承包经营方式后，虽然使得农户拥有了林地的使用权和较为完整的支配权，在一定程度上促进了农户的林业生产积极性，但也滋生出集体林地细碎化、林地分散化经营的情况。加之现在农村外出打工人数增多，农户对林地的依赖程度下降，更使得大片林地闲置，导致林地总体经营的效率不高。

由于林地流转有利于林地的规模化经营，而林地的规模化可以通过整合零散的林地资源、降低劳动成本、提高劳动效率等优势达到增加林业收入的目的。因此，为了进一步促进林地经营的规模化、集约化发展，加快林业城镇化进程，在林权改革后，各地政府都相应出台了一系列措施鼓励和引导林地流转。这些措施虽然在一定程度上促进了林地流转，但由于部分农户根深蒂固的传统观念，使得其林地流转的意愿并不强烈，很多地区的集体林地流转在实施上依然存在较大阻力，严重制约了林业经济的发展和林业城乡一体化的融合。此外，由于现阶段缺少完备的法律法规和必要的配套设施，导致林权流转后出现了很多纠纷案件，这也在一定程度上阻碍了林地规模化经营的转变。因此，鉴于林地流转作为林地规模化经营的重要一环，对林业城镇化发展以及林业资源的充分利用有着不可忽视的重大意义，本章将着重分析农户的林权流转意愿及其影响因素，希望能对今后相关的政策制定和调整产生一定的借鉴意义。

2. 研究数据及框架

本章使用的数据主要来自于国家林业局集体林权制度改革监测小组开

展的"林权制度改革监测"课题。该"林权制度改革监测"课题每年都会对包括辽宁、福建、江西、湖南、云南、陕西、甘肃7个省份的70个县的农户家庭进行调研。调研的内容以农户家庭为单位，涉及农户家庭林地经营状况的各个方面，主要包括家庭基本情况及林地情况、集体林权制度改革情况、农户家庭生计情况、林改评价与政策需求、妇女参与情况五大部分。2014年的检测问卷更是首次包含了农户流转意愿、希望流转的方式、流转的主要原因以及流转途径等问题。本章的实证研究部分即以2014年的农户调查数据为基础，该次调查在辽宁、福建、江西、湖南、云南、陕西、甘肃这7个省份中，每省调研10个县市，最后所得的有效调查问卷为3500份，平均每省有500份。

本章以农户的林地流转意愿及其影响因素为主要研究内容。第二部分将从农户的角度出发，首先描述农户的林地流转意愿，并比较各个省份的流转意愿差异。由于农户的流转意愿可能受到多方面因素的影响，我们将从农户的家庭因素、经济因素、林改实施因素等各个角度出发，选取可能对林地流转意愿产生显著影响的因素进行重点分析介绍。第三部分将建立适当的计量经济模型，从实证的角度论证上述哪些因素会对农户的林地流转意愿产生显著的影响。该部分将首先将各个省份的影响作为固定效应来研究；其次在各个省份内部进行细致研究，从而比较不同省份各个影响因素的区别。在第四部分，我们将以前面得到的显著因素为例，运用因果推断技术，证明所得的相关因素是否是真正影响农户林权流转意愿的原因。第五部分，我们将对影响农户林地流转意愿的重要因素进行梳理，探究背后的理论原因，并为政府调整相关方面的法律法规提出指导性建议。

二、林权流转意愿初步探究

（一）农户林地流转意愿分析

集体林权制度改革后，农民获得了林木所有权和林地承包经营权、处置权、收益权，在不改变林地用途的前提下，允许承包人依法进行转包、出租、转让、入股、抵押或作为出资、合作条件等，这些市场经济的运作方式使得林地流转日益活跃。农户进行林地流转，一方面可以实现林地的资源价值，从而获得流转收益；另一方面可以汇集分散的林业生产要素，实现规模化经营，加速林区的城镇化建设。因此，林地流转现已成为深化林业改革的重要内容。随着集体林权改革的发展，关于林地流转的研究越来越多。由于意愿决定行为，农户的林地流转意愿也将决定其是否真正进行林地流转的行为，因此对于林地流转意愿的研究可以更好地帮助我们了解农户的流转行为。本节将首先关注农户的林地流转意愿以及区域间的差异，然后会进一步研究流转意愿背后可能的影响因素。

1. 农户林地流转意愿整体分析

在 7 个省份的 3500 户农户的调查数据中，我们发现只有 13% 的农户想将自己的林地进行流转，有 74% 的农户不希望将自己的林地进行流转，还有 13% 的农户现在处于犹豫状态（见图 9 - 1）。这些数据说明农户整体的林地流转意愿并不强烈，因此我们有必要去进一步探究哪些因素遏制了他们进行林地流转的想法。

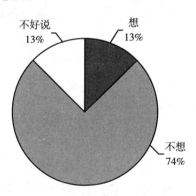

图 9 - 1 农户林地流转意愿总体分析

在希望进行林地流转的农户里，我们又进一步分析了他们希望流转的面积以及流转方式。从表 9 - 1 中我们发现，虽然都希望进行林地流转，但是流转的面积在不同农户间存在非常大的差异。平均而言，农户希望流转的面积是 20，最小值仅为 0.4，而最大值达到了 6000。从流转方式上看，有超过一半的农户家庭希望以抵押的方式进行流转，其他几种流转方式所占的比例都非常小，出租的方式占到了 2.05%，转让的方式占 1.85%，转包的方式占 1.42%，互换的方式占 1.17%，入股的方式只占 0.3%（见图 9-2）。

表 9-1			流转面积统计（$1/15m^2$）			
最小值	25% 分位数	均值	中位数	75% 分位数	最大值	标准差
0.40	8.43	20.00	52.50	71.73	6000.00	304.50

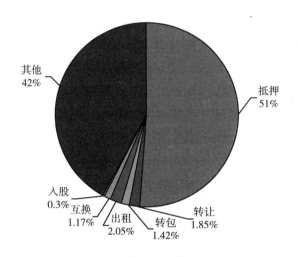

图 9-2 农户林地流转方式分析

2. 农户林地流转意愿区域性差异分析

因为我们的数据中包含辽宁、福建、江西、湖南、云南、陕西、甘肃 7 个省份的数据，因此我们下面将对 7 个省份的农户林地流转意愿进行具体分析。表 9-2 展示了不同省份的农户林地流转意愿差异。从表 9-2 中我们发现，云南的农户林地流转意愿最高，希望进行流转的比例占到了 25.10%；其次是湖南省，希望进行流转的比例为 19.56%；辽宁和陕西的林地流转意愿也超过了 10%，分别为 14.16% 和 14.78%；然后是江西（8.24%）和福建（6.64%）；尤其要注意的是甘肃，仅有 1.5% 的农户希望将自己的林地进行流转，比例非常低。

表9-2	农户林地流转意愿分省份分析		单位：%
省份	想	不想	不好说
辽宁	14.16	82.45	3.38
福建	6.64	91.55	1.81
江西	8.24	89.70	2.06
湖南	19.56	75.56	4.89
云南	25.10	72.29	2.61
陕西	14.78	84.13	1.09
甘肃	1.50	26.44	72.06

从流转面积而言，7个省份希望流转的面积均值都差不多，大都集中在20~30的范围内，但从中位数来看差异较大。中位数体现的是整个调查样本中50%的人集中在什么水平，因此从中位数上看，福建希望流转的面积最大，即50%的人希望流转316.50及以上面积的林地；其次是陕西，50%的人希望流转123.40及以上面积的林地；辽宁、江西、湖南、云南、甘肃在这一指标上没有显著差异。

表9-3	流转面积分省份分析（1/15m²）				
省份	最小值	均值	中位数	最大值	标准差
辽宁	0.72	30.00	50.40	300.00	63.32
福建	2.00	16.50	316.50	6000.00	1176.07
江西	2.00	23.40	56.81	350.00	82.12
湖南	0.40	18.70	40.61	280.00	55.67
云南	0.50	18.00	43.61	400.00	67.04
陕西	2.50	32.00	123.40	616.50	163.86
甘肃	1.00	13.00	35.00	100.00	35.48

从林地流转的方式上来看，各个省份也存在着较为明显的差异（见表9-4）。辽宁的农户最倾向的流转方式是抵押，这一比例占到了73.13%，其次是转包和出租，分别占14.93%和7.46%。福建的农户有不到一半的家庭希望选择抵押的流转方式，其次是转包（26.47%）和其他（23.53%）。江西的农户表现类似，有33.33%的家庭希望以抵押的方式进行流转，也有较少部分的家庭选择转包、出租、互换和入股等方式。湖南

的农户有接近一半选择的流转方式为其他，这说明目前可选的几种流转方式都不能很好地满足农户对林地流转方式选择的需求。云南的农户最倾向的流转方式为转包和抵押，分别占 25.69% 和 23.61%，其次为入股，占 11.11%，还有很少一部分选择了转让和互换。对陕西的农户而言，除了 42.65% 的农户选择了其他的流转方式外，其余农户主要集中在转包、抵押和转让三种流转方式上。对甘肃而言，由于其希望进行林地流转的农户比较少，所以流转方式也最为集中，有 96.75% 的家庭选择了转让的流转方式。

表 9-4　　　　　　　　　　农户林地流转方式分省份分析　　　　　　　单位：%

省份	抵押	转让	转包	出租	互换	入股	其他
辽宁	73.13	0.00	14.93	7.46	0.00	1.49	2.99
福建	44.12	0.00	26.47	5.88	0.00	0.00	23.53
江西	33.33	0.00	16.67	2.78	2.78	2.78	41.67
湖南	26.53	4.08	17.35	1.02		4.08	46.94
云南	23.61	2.78	25.69	0.00	2.78	11.11	34.03
陕西	16.18	10.29	19.12	10.29	0.00	1.47	42.65
甘肃	0.05	96.75	0.52	0.19	2.09	0.02	0.38

（二）影响林地流转意愿的可能因素分析

国内众多学者都对影响农户林地流转意愿的因素进行了大量的分析和研究，概括起来主要分为两大类：农户内部因素和农户外部因素。我们根据林业监测调查的内容，将内部因素和外部因素进一步细化，其中内部因素又分为农户家庭特征、农户家庭收支特征、农户家庭林地情况以及林地经营情况；外部特征可以进一步细分为是否确权、是否核发林权证、是否存在林业纠纷、是否接受过林业科技服务以及是否加入林业合作社等。下面我们将对上述构建出的因素体系里的指标逐一进行阐述。

1. 可能影响因素整体分析

（1）农户家庭特征。对于农户家庭而言，林地是一项非常重要的生产资料，因此整个家庭的特征也是影响林地是否进行流转的关键因素。在农户家庭特征上，我们选取了家庭总人口、家庭劳动力人口、长期外出打工人口、外出涉林打工人数及时间、本地涉林打工人数及时间以及每户平均年龄等因素。从表9－5展示的描述性分析结果上看，各个家庭的平均人口数为4.57，最小值为1，最大值为20；劳动力人口平均为2.92，有50%的家庭劳动力人口超过了3人；长期外出打工的人数比较少，平均还不到1人，但也存在个别家庭长期外出打工的人数很多。外出涉林打工和在本地涉林打工的人数和时间都不多，平均值都非常小，但是涉林打工的时间最大为365，这说明有些涉林打工人员是常年干活的。农户家庭的平均年龄为36.49，最大值为65.50，存在老龄化的趋势。由于长期外出打工人数和涉林打工的人数及时间都比较小，而且有50%的观测都为0，因此在后续研究对林地流转意愿的影响因素时，我们只选取了家庭总人口、劳动力人口和每户平均年龄三个因素来表示农户的家庭特征。

表9－5　　　　　　　　　　农户家庭特征总体统计

	最小值	中位数	均值	最大值	标准差
家庭总人口	1	4	4.57	20	1.75
劳动力	0	3	2.92	13	1.33
长期外出打工人口	0	1	0.90	7	1.05
外出涉林打工人数	0	0	0.01	4	0.13
外出涉林打工时间	0	0	0.70	365	14.81
本地涉林打工人数	0	0	0.07	4	0.32
本地涉林打工时间	0	0	5.58	365	33.35
每户平均年龄	0	36.40	36.49	65.50	14.54

　　（2）农户家庭收支情况。农户将林地进行流转可以将细碎化的林地集中起来，从而更好地利用林地资源，获得流转收益，同时林地流转可以实现林地的规模化经营，有助于降低劳动力成本，获得更高的劳动回报。因此，林地流转是和农户家庭的收入息息相关的。从这个角度而言，农户家庭的收支现状也会在一定程度上影响他们是否进行林地流转的决策。这里，我们选取家庭林业生产经营支出、家庭林业总收入、家庭生产经营总收入和家庭借款四项作为衡量农户家庭收支情况的具体指标，它们的描述

统计情况见表9-6。

表9-6　　　　　　　　　　家庭收支情况总体统计

	最小值	中位数	均值	最大值	标准差
家庭林业生产经营支出	0	560	7281.84	1300800	35965.41
家庭林业总收入	0	0	8956.87	3445000	72123.80
家庭生产经营总收入	-234450	0	22927.87	2500000	88553.78
家庭借款	0	0	17286.69	3000000	88942.84

　　从表9-6中我们可以看到，农户的家庭林业生产经营支出的平均值为7281.84，最小值为0，最大值为1300800，标准差为35965.41，最小值的存在可能是因为当年该农户没有进行林业生产。农户的家庭林业总收入的平均值为8956.87，最小值为0，最大值为3445000，标准差为72123.80，中位数也为0，这说明3500户农户中有一半以上的家庭当年的林业总收入为0。从家庭总体的生产收入上看，平均值为22927.87，明显高于家庭林业总收入，这说明林业收入目前还只占到家庭总收入40%左右的比重，农户家庭对林地资源的依赖性并不高。从家庭借款上看，平均值为17286.69，最小值为0，最大值为3000000，中位数也为0。

　　进一步的，我们对农户家庭林业生产经营支出和农户家庭林业总收入进行了更为细致的分析。从图9-3中可以看出，在农户家庭林业生产经营支出上，有48.25%的花费是在家庭自投劳力支出上，有20.79%在雇佣劳

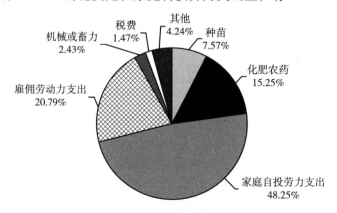

图9-3　农户家庭林业生产经营支出情况

动力上，说明农户家庭林业生产支出的大部分比例都花费在劳动力的雇佣上。此外，还有15.25%的支出花费在农药上，7.57%的支出花费在机械或畜力上。

图9-4展示了农户家庭林业总收入的具体情况。从图9-4中可以看出，首先农户家庭的林业收入中占最大比重的是经济林收入，占28.45%，其次是林下经济收入（16.52%）和用材林收入（15.33%）。涉林打工收入和竹林收入的比例也超过了10%，而财产性收入和转移性收入只在农户的林业总收入中占非常小的比例，还不到5%。

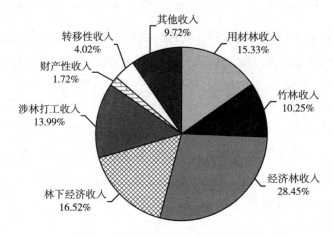

图9-4 农户家庭林业总收入情况

（3）农户家庭林地情况。农户的林地资源禀赋是林地重要的特征，因此也将直接影响农户的林地流转意愿。这里，我们选取了家庭耕地面积、家庭林地块数、家里林地面积、现有流转面积、流入和流出面积、流入总块数和流出总块数来具体描述农户家庭的林地情况。表9-7详细列出了各个细化指标的描述性统计结果，可以看出，家庭耕地面积的均值为7.47，最小值为0，最大值为245；家庭林地面积的均值为84.14，中位数为29.80，说明有50%的农户家庭林地面积超过29.80。在林地块数上，每户家庭平均拥有的林地块数为3.85，最小值为0，最大值为89，说明这些农户中已经有一些实现了林地的规模化经营。从流转面积上看，均值为10.66，只占林地平均面积的12.7%，从中可以看出已经流转的林地还是只占林地面积中比较小的一部分。

表9-7 家庭林地情况总体统计

	最小值	中位数	均值	最大值	标准差
家庭耕地面积	0	5.00	7.47	245	11.56
家庭林地块数	0	3.00	3.85	89	3.58
家庭林地面积	0	29.80	84.14	4900	213.91
流转面积	0	0.00	10.66	5700	141.54
流入面积	0	0.00	8.56	5700	139.92
流出面积	0	0.00	2.09	700	21.83
流入总块数	0	0.00	0.07	7	0.40
流出总块数	0	0.00	0.07	9	0.39

（4）家里林地经营情况。同林地的天然禀赋一样，农户家庭的林地经营情况也将直接影响农户的流转意愿。我们选择了木材采伐量、竹材采伐量、林下种植面积、林下养殖面积、林下产品采集加工面积和森林景观利用面积来表示林地的经营情况。从表9-8所列的描述性分析结果中可以看到。

表9-8 家庭林地经营情况总体统计

	最小值	中位数	均值	最大值	标准差
木材采伐量	0	0	47.83	150000	2589.31
竹材采伐量	0	0	97.11	50000	1168.65
林下种植面积	0	0	1.33	600	14.21
林下养殖面积	0	0	2.39	4000	78.01
林下产品采集加工面积	0	0	4.72	5000	122.86
森林景观利用面积	0	0	0.00	1	0.02

（5）外部政策制度情况。除了农户家庭因素和林地因素外，农户是否愿意流转林地还和其所处的环境以及政策制度有很大关系。集体林权制度改革是一个渐进的过程，很多的法律法规、政策制度都还处于发展阶段，因此研究外部政策制度对林地流转意愿的影响，能更有针对性地发现问题，并提出相应的改进方向。在外部政策制度方面，我们考察了是否对所有林地进行确权、是否全部核发林权证、是否存在林权纠纷、家庭中是否有人在流转企业或大户处打工、是否接受过林业科技服务、林机具补贴金额和件数、是否加入林业合作组织以及林业合作社的经营和管理情况等。

　　表9–9给出了外部政策制度情况的总体统计情况。在所调查的3500户农户家庭中，对所有林地确权的比例非常高，达到了96.63%；全部核发林权证的比例也非常高，达到了85.49%，说明这些地区的林地确权政策贯彻的比较彻底。此外，调查显示，有3.46%的农户家庭出现过林权纠纷，这一比例比较低，说明目前在所调查的区域林权纠纷出现的并不普遍，这也从一个侧面反映了当前相关法律政策还是比较健全的。就科技化服务而言，有不到1/3的农户家庭接受过林业科技化服务，这一比例还有待提升。调查还显示仅有10.37%的农户家庭加入了林业合作组织，这一比例相对较低，不利于林地的规模化经营。

表9–9		外部政策制度情况总体统计	
对所有林地确权	96.63%	接受过林业科技服务	30.53%
全部核发林权证	85.49%	加入林业合作组织	10.37%
有林权纠纷	3.46%	林机具补贴件数	1.03
在流转企业或大户处打工	0.89%	林机具补贴金额	21.09元

　　由于加入林业合作社是进行林地规模化经营的一个重要途径，而我们的调查中发现，仅有1/10的农户家庭选择加入林业合作社。为了进一步分析这背后的原因，我们下面对林业合作社进行了更为细致的剖析。图9–5展示了没有加入林业合作社的原因，从中可以看出，农户家庭之所以不加入林业合作社，很大程度上是因为当地没有建立该类组织，仅有15.59%的农户家庭是不想加入。图9–6展示了林业合作社所提供的各项服务占

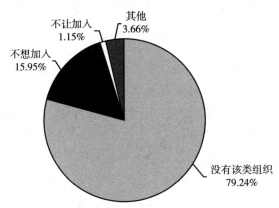

图9–5　没有加入林业合作社的原因

比，从中看出科技、销售、营林生产、贷款、"三防"等各项服务所占的比重大体相同，说明林业合作社在这些服务项目上均有涉及。表9-10则展示了林业合作社的管理和经营情况，从中可以看出，有50%以上的林业合作社经营和管理状况良好，但也有不到1/3的林业合作社经营情况一般。

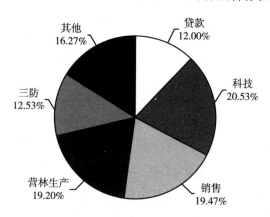

图9-6　林业合作社提供的服务

表9-10　　　　　　　　　　合作社经营管理情况　　　　　　　　　　单位：%

	好	比较好	一般
合作社管理情况	52.63	17.89	29.47
合作社经营效果	50.54	14.67	34.78

2. 可能影响因素区域分析

上一节对可能影响林地流转意愿的因素进行了整体分析，本节我们将对不同的省份进行细致分析，从而对比影响因素在省份之间的差异。

（1）农户家庭状况。表9-11展示了辽宁、福建、江西、湖南、云南、陕西和甘肃7个省份在农户家庭基本状况和收支状况上的对比情况。

表9-11　　　　　　　　　　各省份农户家庭情况统计

	辽宁	福建	江西	湖南	云南	陕西	甘肃
家庭总人口（人）	3.92	4.53	5.15	4.84	4.72	4.20	4.68
劳动力（人）	2.56	2.98	3.08	3.07	2.72	3.07	2.94
每户平均年龄	44.42	38.85	15.03	40.31	36.00	40.73	38.22
家庭林业生产经营支出（元）	5575	22288	6413	12580	3768	730	—

续表

	辽宁	福建	江西	湖南	云南	陕西	甘肃
家庭林业总收入（元）	6321	33120	8344	12459	2256	412	—
家庭生产经营总收入（元）	8661	48402	13135	24583	22027	4074	—
家庭借款（元）	17205	59815	48486	21658	13173	3070	—

在家庭总人口这一指标上，各个省份之间没有显著的差异，其中总人口数最大的为江西，平均每户有 5.15 人；最少的为辽宁，平均每户有 3.92 人。在劳动力人数上各个省份之间的差异也不大，大都集中在 2.5 ~ 3 人之间。从户均年龄看，江西的每户平均年龄最低，仅为 15.03，说明江西的农户家庭中养育的子女比较多，拉低了家庭的平均年龄；此外，辽宁、陕西和湖南的户均年龄都超过了 40 岁。

在农户家庭收支统计上，甘肃相应的数据是缺失的，因此我们只对比了其余 6 个省份的情况。在家庭林业生产经营支出这一指标上，各个省份存在着明显的差异，福建的平均支出最高，达到了 22288 元；其次是湖南，户均支出也超过了 10000 元，达到了 12580 元；江西、辽宁和云南的户均支出在 3500 ~ 6500 元，位于第二梯队；支出最少的是陕西，为 730 元。和林业生产经营支出相对应的即为林业总收入，高支出意味着高投入，而高投入也在一定程度上会带来较高的生成回报，因此各省在林业总收入上的分布情况和在林业总支出上的情况类似。福建的户均林业总收入最高，达到了 33120 元，其次是湖南的 12459 元，然后是位于第二梯队的江西、辽宁和云南，分别为 8344 元、6321 元和 2256 元，林业收入最低的同样是陕西，仅为 412 元。再来看家庭生产经营总收入，排在第一位的依然是福建，达到了 48402 元，湖南、云南和江西三省的家庭总收入也超过了 10000 元，排在最后两位的是辽宁和陕西，户均总收入为 8661 元和 4074 元。最后再来看家庭借款，福建的家庭借款总额也是最高的，达到了 59815 元；其次是江西，户均家庭借款为 48486 元；农户家庭借款最少的是陕西，仅为 3070 元。综上所述，福建的借款最高但是营林收入也最高，说明福建的农户能充分利用贷款等进行林业生产；相反，陕西的农户在林业生产总体的支出和收益上都最低，当地政府应才采取积极的措施鼓励当地农户家庭在林业生产上的投入。

（2）农户家庭林地生产经营状况。表 9 - 12 展示各个省份的农户家庭所拥有的林地基本情况以及生产经营情况。从林地块数和林地面积来看，各个省份之间存在的差异比较大。江西农户平均拥有的林地块数最大，为7.25，辽宁和福建的户均林地块数最小，尚不足 3 块。在林地面积方面，陕西农户平均林地面积最高，达到了 171.63，但是陕西的户均林地块数并不大，仅为 3.47，说明陕西的林地每块面积较大，细碎化程度较小。相反，甘肃农户家庭林地面积最低，仅为 36.03，说明甘肃的林地细碎化程度比较高。

表 9 - 12　　　　　　　各省份农户家庭林地生产经营状况统计

	辽宁	福建	江西	湖南	云南	陕西	甘肃
家庭林地块数	2.97	2.76	7.25	4.29	3.61	3.47	3.02
家庭林地面积	72.88	78.78	92.07	63.72	72.14	171.63	36.03
木材采伐量	5.12	310.45	6.08	0.82	0.84	0.21	—
竹材采伐量	0.00	419.85	235.41	27.91	2.89	0.10	—
林下种植面积	3.94	1.32	0.46	0.32	2.13	1.06	—
林下养殖面积	10.40	4.52	0.30	0.35	0.91	0.19	—
林下产品采集加工面积	13.52	0.61	14.10	0.39	5.63	0.01	—
森林景观利用面积	0.00	0.00	0.00	0.00	0.00	0.00	—

在林地生产经营方面，我们的数据中同样缺少甘肃的信息，因此我们仅比较其他 6 个省份的情况。从木材采伐量和竹林采伐量上看，福建的户均采伐量都是最高的，分别为 310.45 和 419.85，远远高于其余各个省份。江西省的竹林采伐量也很高，达到了 235.41，但其木材采伐量很低。其余各个省份在木材采伐量和竹林采伐量上都比较小。在种植面积上，辽宁的农户主要集中于林下养殖和林下产品采集加工；福建的林下养殖面积也较大，为 4.52；江西主要集中在林下产品的采集加工，是 6 个省份中最高的，达到了 14.1；湖南、云南和陕西三省则在林下种植、林下养殖和林下产品采集加工上都非常低。同时，我们还注意到 6 个省份中没有农户家庭进行林业景观利用。

（3）外部政策制度情况。表 9 - 13 给出了 7 个省份在外部政策制度情况方面的对比情况。

表 9 – 13　　　　　　　　各省份外部政策制度情况统计　　　　　　单位:%

	辽宁	福建	江西	湖南	云南	陕西	甘肃
对所有林地确权	96.0	83.9	99.3	98.9	99.8	99.0	100
全部核发林权证	68.7	53.6	97.7	89.8	98.4	92.0	99
有林权纠纷	3.2	11.4	3.7	2.9	1.0	2.0	—
在流转企业或大户打工	0.4	0.8	0.2	1.1	0.8	0.0	2.8
接受过林业科技服务	29.4	39.0	26.5	31.1	45.3	31.6	—
加入林业合作组织	13.1	12.2	6.6	9.1	20.0	3.6	2.8

各个省份的林地确权情况都非常好，只有福建稍差一些，仅为83.9%。在核发林权证这一指标上，辽宁和福建的实施比例较低，分别为68.7%和53.6%，其余各个省份的实施情况都非常好，几乎都在90%以上。在林权纠纷问题上，只有福建的林权纠纷出现的比例较高，为11.4%，其他各个省份的林权纠纷出现比例都很低。在接受科技服务方面，云南的比例最高，达到了45.3%，其次是福建，达到了39%，其余各个省份集中在20%~30%。在加入林业合作社方面，云南的农户加入林业合作社的比例最高，达到了20%，其次是辽宁和福建，也超过了10%，最差的是陕西和甘肃，仅为3.6%和2.8%。

三、林地流转意愿影响因素的实证分析

1. 模型简介

由于我们希望研究的农户林地流转意愿是一个0 – 1型变量，其中1表示愿意流转，0表示不愿意流转。鉴于我们的因变量是一个0 – 1型的虚拟变量，所以一般的线性模型并不适用，因此我们选择的计量模型是logistic模型。Logistic模型是处理定性因变量的常用方法，在社会学和经济学的研究中应用非常广泛。下面我们将首先介绍一下logistic模型。

在logistic模型中，设y为因变量，x为所有解释变量，β为相应的模型系数，其中第i个观测样本的概率密度可写为:

$$\begin{cases} P(y_i = 1 \,|\, x_i) = F(x_i, \beta) \\ P(y_i = 0 \,|\, x_i) = 1 - F(x_i, \beta) \end{cases}$$

当采用 logistic 模型时，将上述概率密度进行 logistic 变化，则 $F(x\beta)$ 的累积分布函数可写为：

$$P(y = 1 | x) = F(x,\beta) = \frac{\exp(x'\beta)}{1 + \exp(x'\beta)}$$

进一步的，将所有样本的概率密度累乘起来，则可得到整个样本集合的对数似然函数：

$$\ln L(\beta | y, x) = \sum_{i=1}^{n} y_i \mathrm{Ln}[F(x_i,\beta)] + \sum_{i=1}^{n} (1 - y_i)\mathrm{Ln}(1 - F(x_i,\beta))$$

给定样本集合的对数似然函数后，我们可采用最大似然法来进行模型求解，从而得到模型系数 β。

2. 农户流转意愿影响因素整体分析

在考察影响农户林地流转意愿的影响因素时，我们将农户内部因素分为农户家庭特征、农户家庭收支特征、农户家庭林地情况以及林地经营情况；外部特征分为是否确权、是否核发林权证、是否存在林业纠纷、是否接受过林业科技服务以及是否加入林业合作社等。计量模型中所选用的具体变量如表 9 - 14 所示。

表 9 - 14　　　　　　　　　　农户流转意愿影响因素分析

	变量	含义
因变量	是否想进行林地流转	1 = 是，0 = 否
自变量		
农户家庭特征	家庭总人口	
	劳动力	
	每户平均年龄	
农户家庭收支情况	家庭林业生产经营支出	
	家庭林业总收入	
	家庭生成经营总收入	
	家庭借款	
家庭林地情况	家庭林地块数	
	家庭林地面积	

续表

	变量	含义
家庭林地经营情况	木材采伐量	
	竹材采伐量	
	林下种植面积	
	林下养殖面积	
	林下产品采集加工面积	
	森林景观利用面积	
外部政策制度情况	对所有林地确权	1 = 是，0 = 否
	全部核发林权证	1 = 是，0 = 否
	有林权纠纷	1 = 是，0 = 否
	在流转企业或大户打工	1 = 是，0 = 否
	接受过林业科技服务	1 = 是，0 = 否
	加入林业合作组织	1 = 是，0 = 否
	林机具补贴件数	
	林机具补贴金额	
	合作社管理情况	1 = 好，0 = 较好或一般
	合作社经营效果	1 = 好，0 = 较好或一般

我们首先对 7 个省份的 3500 户农户数据进行统一分析，考虑到不同省份的农户林地流转意愿存在显著差异，我们将省份作为一个固定效应考虑在内。Logistic 回归的结果见表 9 – 15。

表 9 – 15 农户流转意愿影响因素分析

	系数估计值	标准差	T 值	P 值	显著性
截距项	– 2.4610	0.4691	– 5.2460	0.0000	***
甘肃	3.7060	0.2388	15.5180	0.0000	***
湖南	1.6680	0.2290	7.2860	0.0000	***
江西	0.7841	0.2872	2.7310	0.0063	**
辽宁	0.8671	0.2305	3.7620	0.0002	***
陕西	0.9502	0.2433	3.9060	0.0001	***
云南	1.4970	0.2331	6.4210	0.0000	***
家庭总人口	– 0.0437	0.0402	– 1.0880	0.2765	
劳动力	0.0091	0.0510	0.1780	0.8587	

续表

	系数估计值	标准差	T 值	P 值	显著性
每户平均年龄	−0.0022	0.0047	−0.4670	0.6403	
家庭林业生产经营支出	1.23E−06	1.81E−06	0.6810	0.4959	
家庭林业总收入	1.11E−06	1.04E−06	1.0710	0.2840	
家庭生成经营总收入	−1.70E−07	7.86E−07	−0.2170	0.8283	
家庭借款	−8.69E−07	8.96E−07	−0.9710	0.3316	
家庭林地块数	−0.0863	0.0191	−4.5140	0.0000	***
家庭林地面积	0.0001	0.0002	0.6460	0.5185	
木材采伐量	−1.21E−05	0.0001	−0.1800	0.8573	
竹材采伐量	−0.0002	0.0002	−0.9070	0.3642	
林下种植面积	−0.0276	0.0144	−1.9200	0.0549	*
林下养殖面积	0.0004	0.0005	0.7910	0.4287	
林下产品采集加工面积	−0.0001	0.0007	−0.1110	0.9114	
森林景观利用面积	−9.7850	229.6000	−0.0430	0.9660	
对所有林地确权	0.4683	0.3791	1.2350	0.2167	
全部核发林权证	−0.3962	0.1684	−2.3530	0.0186	**
有林权纠纷	0.0814	0.3018	0.2700	0.7874	
在流转企业或大户打工	−1.6530	0.5218	−3.1680	0.0015	***
接受过林业科技服务	0.0946	0.1149	0.8240	0.4101	
加入林业合作组织	2.3550	0.1598	14.7370	0.0000	***
林机具补贴件数	−0.0026	0.0495	−0.0520	0.9581	
林机具补贴金额	−0.0008	0.0007	−1.1310	0.2581	
合作社管理情况	−1.4990	0.5778	−2.5940	0.0095	***
合作社经营效果	−0.4221	0.5823	−0.7250	0.4685	

注：* 表示 1% 的显著性水平上显著，** 表示 5% 的显著性水平上显著，*** 表示 10% 的显著性水平上显著。

从 logistic 模型的结果上看，在可能影响农户流转意愿的各个变量中，真正对因变量有显著影响的变量为省份、家庭林地块数、林下种植面积、全部核发林权证、在流转企业或大户处打工、加入林业合作组织以及合作社的管理情况。我们以福建作为基准，研究其余各个省份和福建的对比情况。从表 9 − 15 的结果可以看出，其余各个省份的农户林地流转意愿都显著高于福建。其次，家庭林地块数对农户家庭的流转意愿产生了负影响，说明农户家庭拥有的林地块数越多，农户越不愿意将其进行流转，这可能是因为林地块数多会导致林地的细碎化程度较高，因此带来较高的流转成本。林下种植面积也对农户的林地流转意愿产生负影响，即林下种植面积越高农户越不愿意进行林地流转。这可能是由于林下种植是农户参与程度较高的林下经营活动，种植面积越高说明农户对自有林地的参与程度越高，依赖性越强，因此也不愿意流转出去。全部核发林权证对农户的流转意愿也产生了负影响，但在上述分析中发现，除了辽宁和福建两个省份核发林权证的比例较低外，其余各个省份核发林权证的比例都高达90%，因此这一负效应的产生有可能是由于省份效应的存在，因此我们将在各个省份的具体回归分析中观察这一变量对因变量的影响情况。在流转企业或大户处打工也对农户的流转意愿产生消极的影响，即如果家庭中有人在流转企业或大户处打工的话，该家庭更不倾向于将自有的林地进行流转。这一现象的产生可能是由于目前林地流转过程中尚存在很多问题，流转后的收益并没有达到农户的预期所导致的。最后，我们发现，加入林业合作组织会对农户的林地流转意愿产生积极影响，即农户家庭如果加入了林业合作社，则更倾向于将自有的林地进行流转，说明林业合作社的建立是促进农户进行林地流转的重要因素，各地政府可以通过建立合社的方式来鼓励农户进行林地流转，实现林地的规模化经营，加速城镇化进程。

3. 农户流转意愿影响因素区域性分析

上一节，我们对7个省份的3500户农户进行了总体的林地流转意愿分析，并把各个省份作为固定效应考虑在内，这种总体分析是建立在各个省份的农户林地流转意愿分布变化幅度相同的假设上的。在本节中，我们假设各个省份的农户林地流转意愿是相互独立，我们将对各个省份的调查数据分别进行 logistic 回归，然后对比不同省份的影响因素。表9－16 给出了辽宁、福建、江西三省的回归结果，表9－17 给出了湖南、云南、陕西三省的回归结果，表9－18 给出了甘肃的回归结果。由于甘肃的调查数据缺失程度较大，在很多指标上都没有相应的取值，因此在用甘肃的数据进行回归时，只能得到一部分指标的系数估计值。这种指标取值缺失所带来的回归系数缺失情况在其余各个省份中也存在，但仅限于一两个指标，我们将缺失的指标在回归结果中用"×"表示。从各个省份的回归结果中我们发现，影响每个省份的农户林地流转意愿的指标存在着较为明显的差异。

对辽宁而言，家庭总人口对其农户的林地流转意愿产生显著的消极作用，即家庭人口数越少，该家庭越愿意将自有林地进行流转，这可能是因为家庭人口数少代表了可支配的劳动力也少，因此该家庭更愿意将林地流转出去统一进行经营管理。此外，在流转企业或大户打工和接受林业科技服务对林地流转意愿产生了积极的促进作用。

对福建而言，家庭总人口同样显著抑制了农户的林地流转意愿。此外，对因变量产生消极影响的还有每户的平均年龄，而参加林业合作社则有着促进作用。

对江西而言，每户平均年龄对农户的流转意愿产生了正影响，这是因为江西的户均年龄都非常小，家庭结构呈现年轻化，受传统思维的影响较小，因此更希望将林地流转出去。此外，家庭林地块数对农户林地流转意愿产生显著的负影响，但接受林业科技服务和加入林业合作社则对林地流转意愿产生显著的正效应。

表9-16 辽宁、福建、江西三省农户流转意愿影响因素分析

	辽宁		福建		江西	
	系数估计	显著性	系数估计	显著性	系数估计	显著性
截距项	-1.7637		1.9168		-32.5028	
家庭总人口	-0.3585	**	-0.5637	***	0.0977	
劳动力	0.3725	**	0.1649		-0.1207	
每户平均年龄	0.0145		-0.0648	***	0.0312	***
家庭林业生产经营支出	6.92E-06		6.77E-07		2.73E-06	
家庭林业总收入	-7.89E-06		1.66E-06		-3.08E-06	
家庭生成经营总收入	7.36E-07		-1.93E-07		-7.12E-07	
家庭借款	1.78E-06		8.68E-08		2.52E-06	
家庭林地块数	-0.0367		-0.0956		-0.1040	**
家庭林地面积	0.0008		0.0017		-0.0006	
木材采伐量	0.0026		-0.0047		0.0007	
竹材采伐量	×		-0.0001		-0.0005	
林下种植面积	-0.0245		-0.0360		0.0557	

续表

	辽宁		福建		江西	
	系数估计	显著性	系数估计	显著性	系数估计	显著性
林下养殖面积	-0.0009		0.0026		0.0486	
林下产品采集加工面积	-0.0002		-0.0211		-0.1298	
森林景观利用面积	×		-12.6731		×	
对所有林地确权	-0.1573		0.5148		14.1240	
全部核发林权证	-0.7389		-0.6639		15.6256	
有林权纠纷	-0.6047		0.2247		0.0571	
在流转企业或大户打工	1.3053	*	1.7394		-16.9096	
接受过林业科技服务	0.5852	***	-0.3390		0.8930	**
加入林业合作组织	3.0434		1.1046	*	3.8942	***
林机具补贴件数	-0.0036		0.3358		-1.7059	
林机具补贴金额	×		-0.0008		-0.0179	
合作社管理情况	-2.2029		-4.7986		-0.6620	
合作社经营效果	-0.4413		-3.4827		-3.0026	

　　注：* 表示 1% 的显著性水平上显著，** 表示 5% 的显著性水平上显著，*** 表示 10% 的显著性水平上显著。

　　对湖南而言，家庭林地块数和林下种植面积对农户的林地流转意愿产生了显著的消极作用，而加入林业合作社则能显著地促进农户的林地流转意愿。

　　对云南而言，除了家庭林地块数、林下种植面积和加入林业合作社的影响外，家庭借款和林下产品采集加工面积也能显著地影响农户的林地流转意愿。具体来说，家庭借款对农户的林地流转意愿产生抑制作用，这可能是因为该省很多农户通过贷款的方式进行林地的生产经营，家庭借款越低，说明农户自身用于林地生产经营的支出越低，投入越小，依赖程度越小，因此也就越希望流转。而林下产品采集加工面积则对因变量产生正影响，这可能是因为林下产品的采集加工需要更多的专业知识和科技化服务，这对农户的要求也会更高，因为农户会越希望将林地流转出去进行统一的规模化经营管理。

　　对陕西而言，家庭借款同样对农户的林地流转意愿产生了显著的负影响，此外，在流转企业或大户处打工和接受林业科技化服务则对林地的流转意愿产生了促进作用。

表9-17 湖南、云南、陕西三省农户流转意愿影响因素分析

	湖南		云南		陕西	
	系数估计	显著性	系数估计	显著性	系数估计	显著性
截距项	-0.5594		-16.2452		-14.5828	
家庭总人口	0.1128		-0.0246		0.0441	
劳动力	-0.1075		-0.0211		-0.2096	
每户平均年龄	-0.0075		-0.0063		-0.0221	
家庭林业生产经营支出	-7.76E-06		-1.06E-05		7.52E-05	
家庭林业总收入	5.29E-06		9.82E-06		2.92E-05	
家庭生成经营总收入	-1.33E-06		-5.35E-07		6.78E-06	
家庭借款	-4.72E-07		-9.44E-06	**	-3.89E-05	*
家庭林地块数	-0.1231	***	-0.1940	***	-0.0127	
家庭林地面积	-0.0010		-0.0005		-0.0002	
木材采伐量	0.0070		0.0132		0.0825	
竹材采伐量	-0.0013		-0.0124		-0.3361	
林下种植面积	-0.1971	*	-0.5821	**	-0.0201	
林下养殖面积	0.0305		0.1957		-0.0588	
林下产品采集加工面积	0.0143		0.0072	*	-2.0146	
森林景观利用面积	×		×		×	
对所有林地确权	0.2661		1.4029		14.1919	
全部核发林权证	-0.3548		14.8258		-0.4510	
有林权纠纷	-0.5221		1.0094		0.4156	
在流转企业或大户打工	-0.4106		1.2269		0.7761	***
接受过林业科技服务	-0.0047		-0.3422		3.1074	***
加入林业合作组织	3.5184	***	2.3849	***	-4.4872	
林机具补贴件数	-12.2456		-14.8276		-0.0005	
林机具补贴金额	×		×		×	
合作社管理情况	-1.4791		-2.4510		-7.1034	
合作社经营效果	×		0.2913		-10.6805	

注：*表示1%的显著性水平上显著，**表示5%的显著性水平上显著，***表示10%的显著性水平上显著。

最后，对甘肃省而言，由于很多变量缺失，因此只有家庭林地块数和林地面积对农户的流转意愿产生了显著的影响。

表9－18　　　　　　甘肃农户流转意愿影响因素分析

	系数估计	显著性
截距项	1.2161	
家庭总人口	－0.0880	
劳动力	－0.0207	
每户平均年龄	－0.0199	
家庭林地块数	0.0999	*
家庭林地面积	－0.0034	**
林下养殖面积	16.1615	
全部核发林权证	0.7414	
在流转企业或大户打工	－17.4742	
加入林业合作组织	0.1814	
合作社管理情况	17.8591	

注：＊表示1%的显著性水平上显著，＊＊表示5%的显著性水平上显著。

四、林地流转意愿的因果分析

新中国成立以来，我国的集体林权制度先后经历了土改时期"分林到户"的农民私人所有制，农业合作化时期"山林入社"的农民私有、集体经营，人民公社时期"集体所有、统一经营"，"三定"时期的家庭联产承包，以及当前新一轮林权改革的市场化经营五个阶段（刘璨等，2007）。2003年起，随着新一轮的集体林权改革，林地的所有权、使用权、收益权和处分权逐渐明晰，实行林地家庭承包经营的同时允许林权的市场化流转。从生产要素理论出发，林权的流转本质上是优化资源配置的过程（吴静等，2013），新一轮集体林权制度安排通过明晰林权带来了社会资源使用效率的提升。

林业生产的主要生产要素包括林地、劳动力和资本。家庭联产承包制下，以家庭为单位的林业生产需要根据当期各项生产要素禀赋进行生产决策。但由于资源禀赋的限制，家庭林业生产中会出现资源浪费的现象，有些家庭富有林地却缺乏劳动力和资本，而有些家庭则缺少林地但劳动力和资本过剩。林权流转使林地资源过剩家庭的林地流出，同时换取资本的流入，而林地流入家庭能够提升资本投入的产出率（黄雷，2015）。但是在林改过程中由于林地流转体系的不健全，配套制度的不完善（许丁丁等，2011），农户林权流转意愿受到限制，林权的市场化流转以及林业的市场化经营发展受到制约。因此，研究农户林地流转意愿低下的产生原因，对于完善制度、健全林权流转体系、推进林权制度改革具有非常重要的意义。

流转意愿会受到交易成本（交易信息获取成本、交易手续、交易制度规定等）和议价能力的直接影响，而加入林业合作组织是降低交易成本和提升议价能力的重要手段。之前的研究对于河北（戴芳等，2010）、云南（许丁丁等，2011）和北京（黄雷，2015）等省市农户林权流转意愿的实证分析中发现，林权流转的容易程度即流转的成本会影响到农户的流转意愿。陈珂等（2009）发现村社林权流转制度和交易价格的满意程度也会影响到农户的流转意愿。因此，本节对林业合作组织对农户林地流转意愿的影响进行研究，不同于一般的相关关系研究，我们研究的是两者之间的因果关系，考察加入林业合作组织是否是流转意愿变化的原因，以及加入林业合作组织能够多大程度地影响农户林权流转意愿。

（一）因果推断方法介绍与模型

1. 因果关系与相关关系

所谓因果关系是指某个因素的存在会导致某个特定结果的产生。而相关关系是一个统计学概念，它指一个变量会随着另外一个对变量的变化而变化，统计学上可以通过相关系数、回归分析等方法对线性或者非线性相关关系进行刻画并检验。两者之间存在相关关系并不意味着因果关系。一个非常简单的例子是太阳伞的销量与冰镇饮料的销售存在正向的相关关系，但是太阳伞销量的提升并不是冰镇饮料销量增加的原因，两者可能都是夏季到来气温升高的结果。

相较于相关关系我们可能更为关心因果关系，了解现象间的因果成因才能提出正确的建议。在太阳伞与冰镇饮料的例子中，根据相关关系做出以饮料打折促销提升阳伞销量的决策是荒谬的，而了解气温与两者销量的因果关系能使商家在夏季到来之前提前备货。因此，本书将从因果角度，探索加入林业合作组织与林地流转意愿的关系，以期能够利用因果分析结果提出有建设性的建议。

2. 潜在结果模型

因果推断比相关分析更为困难，假设更为复杂，其主要的分析方法有潜在结果模型与图模型方法，本书将采用潜在结果模型进行分析。潜在结果模型（potential outcome model）也叫 Rubin 因果模型，该模型由鲁宾（Rubin，1974）正式提出。对于个体 $i(i=1,\cdots,N)$，都潜在地可分配到实验处理 $Z_i=1$（实验组）或 0（控制组），在本书中 $Z_i=1$ 表示农户加入林业合作组织，反之 $Z_i=0$。设 $Y_i(1)$ 和 $Y_i(0)$ 分别表示研究对象 i 在 Z_i 取值为 1 和 0 时的潜在结果，即参加合作组织时的林权流转意愿和不参加时的流转意愿。在稳定单元干预假设下（stable unit treatment value assumption，SUTVA），每个个体的潜在结果不受其他个体实验处理情况的影响，个体的因果效应可以被定义为 $Y_i(1)-Y_i(0)$，进而总体的因果效应可以通过对个体因果效应加权平均获得。具体地，我们有两种最常用的总体因果效应估计量，分别为平均因果效应（average treatment effect，ATE）：

$$\pi_{ATE}=E[Y(1)-Y(0)]=\sum_{i=1}^{N}[Y_i(1)-Y_i(0)]$$

和实验组平均因果效应（average treatment effect on the treated，ATT）：

$$\pi_{ATT}=E[Y(1)-Y(0)|Z=1]=\sum_{i=1}^{N}[Y_i(1)-Y_i(0)|Z_i=1]$$

但是因果推断的关键问题（Holland，1986）是一对潜在结果中我们只能观察到一个。农户不能既参加合作组织又不参加合作组织，对于参加的农户我们只能观察到 $Y_i(1)$，反之只能观察到 $Y_i(0)$，因此对于个体的因果效应无法计算。但潜在结果模型认为，可以通过比较实验组的平均结果（即参加合作组织家庭的平均林权流转意愿）和控制组平均结果（即不参加合作组织家庭的平均林权流转意愿）来估计因果效应。

3. 观察性研究的因果推断与倾向分方法

以上所提的直接比较方法只能应用于实验研究的因果推断。所谓实验研究指，实验处理 Z_i 是随机指派的。但是在林权流转问题中，是否加入合作组织不是被随机指定而是农户自己决定的，这种研究被称为观察性研究。观察性研究中，直接比较实验组和控制组估计的因果效果是有偏的，因为在观察性研究中其他可能影响到 Y 的协变量 X 在实验组和控制组的分布可能是有差异的。例如，考察吸烟对寿命的影响时不能直接比较抽烟的人的平均寿命和不吸烟人的平均寿命，因为吸烟人群多为男性而不吸烟人群多为女性，寿命的差异可能不是吸烟造成而是性别所决定的。一个常用的解决方法是采用倾向分方法对样本进行匹配或者加权。

　　倾向分（propensity score）$e(X_i) = P(Z_i = 1 \mid X_i)$ 是给定协变量时个体属于实验组的条件概率，它的主要性质是给定相同的倾向分，两个个体协变量的概率分布相同，即 $f(X_i \mid Z_i = 1, e) = f(X_j \mid Z_j = 0, e)$（Rosenbaum et al.，1983）。因此倾向分可以被用来平衡协变量的分布，用匹配或者加权的方法把观察研究数据处理成近似的实验研究数据。倾向分主要采用 logistic 模型进行估计，即：

$$\hat{e}(X_i) = \frac{\exp(X_i)\hat{\beta}}{1 + \exp(X_i\hat{\beta})}$$

　　利用估计的倾向分，匹配指将倾向分相同或相近的实验组个体和控制组个体配对，然后利用匹配后的数据直接比较实验组和控制组的平均结果。本节采用最常用的一比一近邻匹配方法，对于每一个参加合作组织的农户找到和它倾向分距离最近的控制组个体。倾向分加权是采用倾向分作为权重对个体进行加权，使加权样本的协变量在实验组和控制组有相似的分布。本节中，我们将使用逆概率倾向分加权估计量（inverse probability weighting，$\hat{\pi}_{IPW}$）和修正的概率倾向分加权估计量（adjusted inverse probability weighting，$\hat{\pi}_{AIPW}$）对 ATT 和 ATE 进行估计。其中逆概率倾向分加权估计量在倾向分模型正确时是因果效果的无偏估计，而当模型制定错误时回归调整的概率倾向分加权估计量引入潜在结果的估计模型，为估计的有效性提供双重稳定性（doubly robust），即只要倾向分模型和潜在结果模型有一个指定正确，估计就是有效的。本节中由于结果变量林权流转意愿是二元变量，因此在采用修正的概率倾向分加权估计量时也使用 logistic 模型进行建模。

（二）基于"林权制度改革监测"数据的林业合作组织因果效果估计

1. 数据与主要变量

本节利用"林权制度改革监测"数据，该数据由国家林业局集体林权制度改革监测小组收集。数据包含福建、甘肃、湖南、江西、辽宁、陕西、云南7个省份的70个县的农户家庭进行调研。调研以家庭为单位，调研涉及内容包括家庭基本情况及林地情况、集体林权制度改革情况、林改评价与政策需求五大部分。2014年的检测问卷新增了农户流转意愿、希望流转的方式、流转的主要原因以及流转途径等问题。本节的实证研究以2014年的农户调查数据为基础，共含有效调查问卷为3500份。分析采用变量见表9-19，其中协变量采用了农户地区情况、家庭特征、收支情况、林地情况、林地经营情况和外部制度六类变量。

表9-19 采用变量及描述性统计

	变量	含义	均值	标准差
结果变量 Y	是否想进行林地流转	1=是，0=否	0.25	0.43
处理变量 Z	加入林业合作组织	1=是，0=否	0.09	0.29
协变量变量 X				
地区情况	省份			
农户家庭特征	家庭总人口		4.57	1.75
	劳动力		2.92	1.34
	每户平均年龄		36.43	14.33
农户家庭收支情况	家庭林业生产经营支出		7282.84	35985.67
	家庭林业总收入		8959.17	72166.33
	家庭生产经营总收入		20519.49	166918.19
	家庭借款		17307.31	88993.89
家庭林地情况	家庭林地块数		3.85	3.58
	家庭林地面积		84.06	213.90

续表

	变量	含义	均值	标准差
家庭林地经营情况	木材采伐量		47.89	2590.85
	竹材采伐量		97.23	1169.34
	林下种植面积		1.33	14.21
	林下养殖面积		2.39	78.06
	林下产品采集加工面积		4.73	122.93
	森林景观利用面积		0.00	0.02
外部政策制度情况	对所有林地确权	1=是, 0=否	0.97	0.18
	全部核发林权证	1=是, 0=否	0.86	0.35
	有林权纠纷	1=是, 0=否	0.03	0.18
	在流转企业或大户打工	1=是, 0=否	0.01	0.09
	接受过林业科技服务	1=是, 0=否	0.29	0.45
	林机具补贴件数		1.03	58.72
	林机具补贴金额		21.03	341.49

　　清理缺失数据后共保留 3353 份问卷，各省的样本量、林权流转意愿率、林业合作组织参加率，以及参加与不参加合作组织的家庭的林权流转意愿率见表 9－20。其中甘肃林权流转意愿比例最高但参加林业合作组织的比例最低。但是在比较参加和不参加林业合作组织的家庭林权流转意愿率时，从表格数据和直方图（见图 9－7）中可以看出，参加的家庭在各个省均比不参加的家庭意愿率高。

表 9－20　　　　　　　　分省林权流转意愿及合作组织参与情况

	福建	甘肃	湖南	江西	辽宁	陕西	云南	全部
样本量（个）	497	500	449	437	471	500	499	3353
林权流转意愿率（%）	8.2	68.6	24.3	10.3	17.4	14.6	27.7	24.8
林业合作组织参加率（%）	10.1	2.8	6.7	6.6	13.2	3.6	20.0	9.0
参加林业合作组织农户的林权流转意愿率（%）	12.0	71.4	70.0	58.6	54.8	72.2	56.0	51.8
不参加林业合作组织农户的林权流转意愿率（%）	7.8	68.5	21.0	6.9	11.7	12.4	20.6	22.1

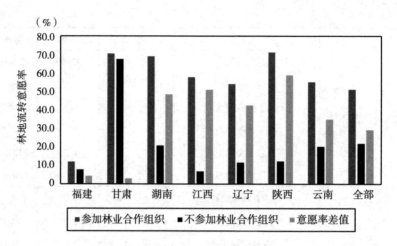

图 9 - 7　各省林地流转意愿率

2. 倾向分估计结果

从图 9 - 7 中可以看出除福建、甘肃两省外，其他各省参加和不参加林业合作组织的流转意愿率均有较大的差异。但如上所述，直接比较观察性研究的实验组和控制组结果来估计因果效果是有偏的。偏差源自于实验组和控制组分布不同的协变量的影响。在因果推断中经常采用标准化均值差异 $SMD = \dfrac{\bar{X}_1 - \bar{X}_0}{\hat{\sigma}_1}$ 来检验协变量的平衡性，其中 $\bar{X}_1$ 和 $\bar{X}_0$ 实验组和控制组变量 X 的样本均值，$\hat{\sigma}_1$ 为实验组的样本标准差。通常 SMD 小于 0.25 时变量平衡较好（Stuart，2010）。除此之外也可以采用 Kolmogorov-Smirnov 统计量检验实验组和控制组变量的分布是否相同（见表 9 - 21）。

表 9 - 21　　　　　　　　　　倾向分匹配前标准化均值差异

	全部	福建	甘肃	湖南	江西	辽宁	陕西	云南
甘肃	0.54							
湖南	0.13							
江西	0.13							
辽宁	0.18							
陕西	0.42							
云南	0.42							

续表

	全部	福建	甘肃	湖南	江西	辽宁	陕西	云南
家庭总人口	0.10	0.14	0.05	0.09	0.28	0.06	1.51	0.08
劳动力	0.17	0.04	0.16	0.06	0.15	0.03	0.31	0.22
每户平均年龄	0.13	0.21	0.34	0.06	0.42	0.05	0.05	0.26
家庭林业生产经营支出	0.08	0.32	0.00	0.28	0.29	0.30	0.06	0.01
家庭林业总收入	0.04	0.23	0.00	0.21	0.09	0.22	0.33	0.16
家庭生产经营总收入	0.06	0.13	0.00	0.38	0.03	0.03	0.14	0.14
家庭借款	0.07	0.03	0.00	0.16	0.12	0.03	0.02	0.27
家庭林地块数	0.02	0.15	0.66	0.01	0.29	0.06	0.00	0.32
家庭林地面积	0.12	0.18	0.93	0.21	0.26	0.05	0.03	0.18
木材采伐量	0.54	1.72	0.00	0.17	0.23	0.00	0.00	0.10
竹材采伐量	0.11	0.15	0.00	1.16	0.16	0.00	0.00	0.09
林下种植面积	0.09	1.58	0.00	0.32	0.15	0.03	0.14	0.10
林下养殖面积	0.05	1.15	0.00	0.16	0.00	0.12	0.00	0.12
林下产品采集加工面积	0.83	0.03	0.00	0.06	0.03	0.27	0.00	1.15
森林景观利用面积	Inf	0.00	0.00	0.00	0.00	0.00	0.00	0.00
对所有林地确权	0.03	0.06	0.00	0.13	0.00	0.10	0.00	0.00
全部核发林权证	0.03	0.23	0.00	0.20	0.00	0.15	0.12	0.00
有林权纠纷	0.09	0.15	0.00	0.00	0.00	0.09	0.30	0.09
在流转企业或大户打工	0.04	0.00	0.18	0.24	0.00	0.00	0.00	0.02
接受过林业科技服务	0.28	0.51	0.00	0.02	0.05	0.08	0.50	0.06
林机具补贴件数	4.30	0.19	0.00	0.00	0.00	0.00	0.00	0.00
林机具补贴金额	0.04	0.16	0.00	0.00	0.00	0.00	0.00	0.00

　　我们利用两种方法对各个变量在全部 7 个省内以及各个省内做协变量的平衡性检验，发现有诸多变量在参加和不参加合作组织的两组中分布确实存在差异。尤其对于全部样本的平衡性检验，发现有 7 个变量的标准化均值差异大于 0.25 并且有 9 个变量的 K－S 检验认为其在实验组与控制组分布显著不同。因此，在后续的分析中我们先采用倾向分方法进行因果效果的估计（见表 9－22）。

表9-22　　　　　　　　倾向分匹配前 Kolmogorov-Smirnov 检验 *p* 值

	全部	福建	甘肃	湖南	江西	辽宁	陕西	云南
甘肃	0.00 **							
湖南	0.81							
江西	0.82							
辽宁	0.13							
陕西	0.01 **							
云南	0.00 **							
家庭总人口	0.85	0.90	1.00	1.00	0.99	0.99	0.01	1.00
劳动力	0.02 **	0.94	1.00	1.00	0.98	0.99	0.23	0.74
每户平均年龄	0.26	0.47	0.40	0.65	0.04 **	0.80	0.80	0.03 **
家庭林业生产经营支出	0.00 **	0.44	1.00	0.03 **	0.12	0.01	0.91	0.28
家庭林业总收入	0.00 **	0.98	1.00	0.05 **	0.40	0.09	0.37	0.44
家庭生产经营总收入	0.00 **	0.79	1.00	0.12	0.16	0.09	0.84	0.21
家庭借款	0.02 **	0.96	1.00	0.77	1.00	1.00	1.00	0.47
家庭林地块数	0.29	0.41	0.88	1.00	0.04	0.97	0.95	0.02 **
家庭林地面积	0.09 *	0.65	0.31	0.26	0.48	0.00	0.44	0.13
木材采伐量	1.00	1.00	1.00	1.00	1.00	1.00	1.00	1.00
竹材采伐量	1.00	0.92	1.00	1.00	1.00	1.00	1.00	1.00
林下种植面积	0.73	1.00	1.00	0.64	1.00	1.00	0.98	1.00
林下养殖面积	1.00	1.00	1.00	0.99	1.00	1.00	1.00	1.00
林下产品采集加工面积	1.00	1.00	1.00	1.00	1.00	1.00	1.00	0.26
森林景观利用面积	1.00	1.00	1.00	1.00	1.00	1.00	1.00	1.00
对所有林地确权	1.00	1.00	1.00	1.00	1.00	1.00	1.00	1.00
全部核发林权证	1.00	0.66	1.00	1.00	1.00	0.98	1.00	1.00
有林权纠纷	1.00	1.00	1.00	1.00	1.00	1.00	1.00	1.00
在流转企业或大户打工	1.00	1.00	1.00	1.00	1.00	1.00	1.00	1.00
接受过林业科技服务	0.00 **	0.01	1.00	1.00	1.00	1.00	0.21	1.00
林机具补贴件数	1.00	0.99	1.00	1.00	1.00	1.00	1.00	1.00

注：** $p < 0.05$，* $p < 0.1$。

3. 因果效果估计

首先，我们用 logistic 模型对全部样本以及各省样本对倾向分分别建模。然后利用估计的倾向分匹配或者加权估计因果效果，除了估计结果之外，我们也检查了倾向分匹配之后各变量的平衡情况。从表9-23和表9-24中可以看出，匹配之后各变量的平衡表现较匹配前有了较大的提升，并且匹配之后只有个别变量在个别省份尚未平衡。

表 9 - 23　　　　　　　倾向分匹配后标准化均值差异

	全部	福建	甘肃	湖南	江西	辽宁	陕西	云南
甘肃	0.00							
湖南	0.06							
江西	0.00							
辽宁	0.03							
陕西	0.03							
云南	0.00							
家庭总人口	0.05	0.13	0.35	0.32	0.06	0.02	0.47	0.12
劳动力	0.04	0.09	0.14	0.42	0.08	0.01	0.32	0.05
每户平均年龄	0.04	0.18	0.05	0.34	0.07	0.03	0.00	0.16
家庭林业生产经营支出	0.10	0.12	0.00	0.00	0.14	0.11	0.42	0.07
家庭林业总收入	0.13	0.01	0.00	0.21	0.02	0.07	0.47	0.01
家庭生产经营总收入	0.05	0.08	0.00	0.18	0.15	0.22	0.14	0.01
家庭借款	0.03	0.16	0.00	0.09	0.12	0.28	0.19	0.13
家庭林地块数	0.03	0.00	0.28	0.13	0.04	0.04	1.13	0.02
家庭林地面积	0.01	0.11	0.28	0.19	0.01	0.03	0.86	0.05
木材采伐量	0.09	0.15	0.00	0.23	0.09	0.00	0.00	0.06
竹材采伐量	0.09	0.17	0.00	0.08	0.01	0.00	0.00	0.06
林下种植面积	0.00	0.14	0.00	0.20	0.04	0.00	0.34	0.05
林下养殖面积	0.05	0.14	0.00	0.17	0.00	0.13	0.00	0.08
林下产品采集加工面积	0.01	0.02	0.00	0.01	0.22	0.09	0.00	0.07
森林景观利用面积	0.00	0.00	0.00	0.00	0.00	0.00	0.00	0.00
对所有林地确权	0.03	0.23	0.00	0.19	0.00	0.07	0.00	0.00
全部核发林权证	0.01	0.04	0.00	0.00	0.00	0.07	0.17	0.00
有林权纠纷	0.03	0.11	0.00	0.00	0.00	0.22	0.17	0.07
在流转企业或大户打工	0.09	0.00	0.56	0.00	0.00	0.00	0.00	0.10
接受过林业科技服务	0.03	0.04	0.00	0.15	0.08	0.00	0.22	0.02
林机具补贴件数	0.03	0.00	0.00	0.00	0.00	0.00	0.00	0.00
林机具补贴金额	0.04	0.09	0.00	0.00	0.00	0.00	0.00	0.00

表 9 – 24　　　　　　倾向分匹配后 Kolmogorov-Smirnov 检验 p 值

	全部	福建	甘肃	湖南	江西	辽宁	陕西	云南
甘肃	1.00							
湖南	1.00							
江西	1.00							
辽宁	1.00							
陕西	1.00							
云南	1.00							
家庭总人口	1.00	1.00	0.88	0.95	1.00	0.99	0.77	0.97
劳动力	0.99	1.00	1.00	0.37	1.00	1.00	0.49	1.00
每户平均年龄	0.65	0.53	1.00	0.12	0.56	0.93	0.96	0.70
家庭林业生产经营支出	0.03 **	0.53	1.00	0.78	0.37	0.82	0.77	0.47
家庭林业总收入	0.04 **	0.70	1.00	0.56	0.95	0.93	0.49	0.08 *
家庭生产经营总收入	0.25	0.96	1.00	0.78	0.78	0.82	1.00	0.81
家庭借款	0.85	0.96	1.00	0.95	1.00	1.00	1.00	0.58
家庭林地块数	0.25	0.70	1.00	0.56	0.95	0.99	0.27	1.00
家庭林地面积	0.15	1.00	0.30	0.37	0.95	0.13	0.49	0.70
木材采伐量	1.00	1.00	1.00	1.00	1.00	1.00	1.00	1.00
竹材采伐量	1.00	1.00	1.00	1.00	1.00	1.00	1.00	1.00
林下种植面积	1.00	1.00	1.00	1.00	1.00	1.00	0.96	1.00
林下养殖面积	1.00	1.00	1.00	1.00	1.00	1.00	1.00	1.00
林下产品采集加工面积	1.00	1.00	1.00	1.00	1.00	1.00	1.00	1.00
森林景观利用面积	1.00	1.00	1.00	1.00	1.00	1.00	1.00	1.00
对所有林地确权	1.00	1.00	1.00	1.00	1.00	1.00	1.00	1.00
全部核发林权证	1.00	1.00	1.00	1.00	1.00	1.00	1.00	1.00
有林权纠纷	1.00	1.00	1.00	1.00	1.00	1.00	1.00	1.00
在流转企业或大户打工	1.00	1.00	1.00	1.00	1.00	1.00	1.00	1.00
接受过林业科技服务	1.00	1.00	1.00	1.00	1.00	1.00	1.00	1.00
林机具补贴件数	1.00	1.00	1.00	1.00	1.00	1.00	1.00	1.00
林机具补贴金额	1.00	1.00	1.00	1.00	1.00	1.00	1.00	1.00

注：** $p < 0.05$，* $p < 0.1$。

全部样本以及各省样本的倾向分系数估计结果见表 9 – 25，这里我们采用 Stata13 软件对 logistic 模型进行估计。在分省建模中，剔除了导致共线性的协变量。

表9-25　　　　　　　　　　　　倾向分参数估计结果

	全部	福建	甘肃	湖南	江西	辽宁	陕西	云南
截距项	-2.790**	-2.289**	-0.404	-10.662	-2.118**	-1.213	0.647	-2.526**
甘肃	-1.205**							
湖南	-0.338							
江西	-0.065							
辽宁	0.500**							
陕西	-1.022**							
云南	0.966**							
家庭总人口	-0.001	0.148	0.044	0.182	-0.21	-0.111	-1.125**	0.049
劳动力	-0.043	-0.063	-0.341	0.121	0.066	0.01	0.572	-0.177
每户平均年龄	0.007	-0.022	-0.047	0.035	0.028**	-0.009	-0.043	0.022*
家庭林业生产经营支出	0.000	0.000		0.000	0.000	0.000**	0.000	0.000
家庭林业总收入	0.000	0.000		0.000	0.000	0.000	0.000	0.000
家庭生产经营总收入	0.000	0.000*		0.000**	0.000	0.000	0.000	0.000*
家庭借款	0.000	0.000		0.000*	0.000	0.000	0.000	0.000
家庭林地块数	0.013	-0.119	-0.201	-0.071	-0.074	0.029	0.055	0.131**
家庭林地面积	0.001**	0.002**	-0.010	0.003*	0.002	0.000	0.000	0.001
木材采伐量	0.000	0.000		-0.022	0.006**			0.011
竹材采伐量	0.000	0.000		-0.008	0.000			0.004
林下种植面积	0.005	-0.068		0.509**	0.078**	0.002	0.002	0.009
林下养殖面积	0.007	-0.099		-0.191	0.006	-0.135		0.014
林下产品采集加工面积	-0.025**	-0.005		0.075		-0.012		-0.084**
森林景观利用面积	-0.168	-0.198		5.01		-0.591		
对所有林地确权	0.261	0.485		-0.444		0.474	-0.499	
全部核发林权证	0.760**	0.62				0.636	2.682**	0.75
有林权纠纷	1.401**		1.069	2.788**				0.598
在流转企业或大户打工	0.316**	1.096**		-0.348	0.106	0.131	0.942*	0.064
接受过林业科技服务	0.53	0.51						
林机具补贴件数	0.000	0.000						

注：** p<0.05，* p<0.1。

最后，我们展示参加林业合作组织对林权流转意愿影响的因果效果估计结果。表9-26中我们首先展示全部7个省份的总因果效果。这里ATE表示参加林业合作组织对于总体林权流转意愿的影响。我们采用了上述三种倾向分方法均得到非常显著的因果效果（95%置信区间不包含0），结果也较为接近，但由于AIPW具有双向稳健性，所以结果也更为可信，参加合作组织大约可以使流转意愿增加36%，95%的置信区间大约为（30%，42%）。ATT 表示参加林业合作组织对于参与家庭林权流转意愿的影响。我们发现林业合作组织对于参与者和总体的影响效果大体相同。数据结果显示，参加林业合作组织是林权流转意愿提升的一个原因。

表 9 - 26　　　　　　　　　　　　总体因果效果估计结果

全部		效果	*SE*	*p* 值	95% 置信区间
ATE	倾向分匹配	0.339	0.041	0.000	(0.258, 0.420)
	IPW	0.361	0.034	0.000	(0.295, 0.426)
	AIPW	0.356	0.030	0.000	(0.297, 0.416)
ATT	倾向分匹配	0.353	0.033	0.000	(0.289, 0.418)
	IPW	0.354	0.030	0.000	(0.296, 0.412)
	AIPW	0.357	0.029	0.000	(0.300, 0.415)

除此之外，我们也逐省分析了合作组织对流转意愿的影响（见表 9 - 27）。从结果中可以看出，福建和甘肃两省，参加合作组织对于流转意愿并没有显著的影响。而湖南、江西、辽宁、陕西和云南，总体效果分别约为60%、50%、45%、80% 和 45%，其中陕西的效果提升尤其显著，高达80%。而参与者效果分为约为 55%、50%、40%、55% 和 35%。

表 9 - 27　　　　　　　　　　　　分省因果效果估计结果

省份	估计量	效果	*SE*	*p* 值	95% 置信区间
福建	ATE	倾向分匹配	0.037	0.053	- 0.067, 0.140
		IPW	0.034	0.056	- 0.075, 0.143
		AIPW	0.163	2.416	- 4.573, 4.899
	ATT	倾向分匹配	0.041	0.048	- 0.053, 0.134
		IPW	0.021	0.049	- 0.074, 0.117
		AIPW	0.027	0.046	- 0.063, 0.117
甘肃	ATE	倾向分匹配	- 0.010	0.087	- 0.180, 0.160
		IPW	0.074	0.070	- 0.064, 0.212
		AIPW	- 0.026	0.029	- 0.084, 0.031
	ATT	倾向分匹配	0.077	0.057	- 0.036, 0.190
		IPW	0.033	0.119	- 0.201, 0.266
		AIPW	0.036	0.119	- 0.196, 0.269

续表

省份	估计量	效果	*SE*	*p* 值	95% 置信区间
湖南	ATE	倾向分匹配	0.611	0.075	0.464，0.758
		IPW	0.613	0.082	0.453，0.773
		AIPW	0.485		
	ATT	倾向分匹配	0.586	0.083	0.423，0.749
		IPW	0.524	0.090	0.347，0.701
		AIPW	0.525	0.126	0.278，0.771
江西	ATE	倾向分匹配	0.534	0.112	0.314，0.754
		IPW	0.505	0.089	0.330，0.680
		AIPW	0.522		
	ATT	倾向分匹配	0.552	0.053	0.449，0.655
		IPW	0.504	0.093	0.321，0.686
		AIPW	0.461	0.110	0.245，0.677
辽宁	ATE	倾向分匹配	0.438	0.068	0.305，0.571
		IPW	0.481	0.065	0.353，0.608
		AIPW	0.462	0.058	0.348，0.576
	ATT	倾向分匹配	0.468	0.063	0.344，0.591
		IPW	0.400	0.084	0.235，0.564
		AIPW	0.420	0.068	0.286，0.554
陕西	ATE	倾向分匹配	0.823	0.032	0.759，0.886
		IPW	0.790	0.055	0.683，0.898
		AIPW	0.701		
	ATT	倾向分匹配	0.667	0.092	0.485，0.848
		IPW	0.546	0.116	0.318，0.773
		AIPW	0.530	0.121	0.294，0.767
云南	ATE	倾向分匹配	0.419	0.080	0.263，0.575
		IPW	0.452	0.058	0.339，0.565
		AIPW	0.482	0.042	0.400，0.565
	ATT	倾向分匹配	0.370	0.070	0.233，0.507
		IPW	0.376	0.062	0.254，0.497
		AIPW	0.358	0.056	0.248，0.467

五、政策建议

根据分析结论，为了提升农户的林权流转意愿，提高林权流转市场的流动性以及林业经营的市场化程度和效率，从林业合作组织方面有以下的三点建议。

1. 加快组织发展林业合作组织

目前没有加入林业合作组织的主要原因是当地没有林业合作组织。在本章的调查农户中，没有加入合作组织的农户中约87%回答主要原因是当地没有林业合作组织。因此，提升林权流转意愿首先要加快在地区建设林业合作组织。2013年国家林业局发布通知，要求加快林业专业合作组织发展。根据通知规划，到2017年，我国将建设200个全国林业专业合作社示范县及2000个示范社，20%的农户加入农民林业专业合作组织，经营林地面积占集体林地面积达20%。

2. 提升林业合作组织的管理效率和经营效果

林业合作组织应该完善组织结构，提升管理效率，同时扩大为农户提供的服务范围。林业合作组织的管理效率低下会降低农户参与的积极性，并造成资源的浪费。为了林业合作组织持续、高效的发展，可以引进管理人才或者加强对管理人员的培训，组建专业知识过硬、人才结构合理的管理团队以提高运营效率和运营效果。同时，林业合作组织可以提供对参与农户的技术指导，在组织内建立快捷的信息共享方式，吸引更多的农户加入。

3. 关注不同省份林业合作组织对流转意愿影响的差异性

开展具有地区针对性的政策优化和完善工作，诸如在陕西等五省加大对林业合租组织建设的投入和政策倾斜。而对于因果效果不显著的地区重点采用其他方式来提高其林地流转意愿。例如，简化林地流转办理程序，增设林权交易场所、中介机构，流畅林地交易信息传播渠道，加快核发林权证等。

参考文献

［1］Rosenbaum，Paul R.，Rubin，Donald B.，"The Central Role of the Propensity Score in Observational Studies for Causal Effects"，*Biometrika*，1983，70（1）：41 –55.

［2］Rubin，Donald B.，"Estimating Causal Effects of Treatments in Randomized and Nonrandomized Studies"，*Journal of Educational Psychology*，1974，66（5）：688 –701.

［3］Stuart，Elizabeth A.，"Matching Methods for Causal Inference：A review and a look forward"，*Statistical Science*，2010，25（1）：1 –21.

［4］陈珂、周荣伟、王春平、王嘉：《集体林权制度改革后的农户林地流转意愿影响因素分析》，载于《林业经济问题》2009 年第 29 期。

［5］戴芳、王爱民：《河北省林农合作意愿实证分析》，载于《南京林业大学学报》2010 年第 10 期。

［6］黄雷：《集体林权改革中农户参与林地流转意愿与影响因素分析》，载于《经济师》2015 年第 5 期。

［7］刘璨、吕金芝：《我国集体林产权制度问题研究》，载于《制度经济学研究》2007 年第 1 期。

［8］吴静、王昌海、侯一蕾、温亚利：《不同林业经营模式的选择及影响因素分析》，载于《北京林业大学学报》2013 年第 12 期。

［9］谢屹、李小勇、温亚利：《农户集体林权流转意愿及影响因素分析——基于辽宁、浙江、陕西、重庆四省（市）的调研》，载于《广东社会科学》2014 年第 1 期。

［10］许丁丁、文冰、王见：《林改中农户参与林地流转意愿与影响因素分析——以云南省麻栗坡县为例》，载于《中国林业经济》2011 年第 4 期。

第十章

林权流转与林业金融

现代林业的发展，需要在不损害林农利益的前提下，引入社会资本，实现工商企业与林农的合作共赢。然而，由于林业发展的特殊性，林业金融保险体制尚未完善。笔者走访了浙江省龙泉市大小企业和林农，深入基层了解林业金融目前存在的问题，同时也了解了当地在林业金融方面做出的创新性尝试。本章以该市为例，列举了林业金融方面可能会存在的问题，总结了当地在林业金融方面的创新举措，为其他地区发展林业金融提供参考。同时，本章结合实地调研的经验和现有文献，总结了发展林权信贷、林地银行、林业发展银行以及完善林业保险制度的优势和困境，为各地区解决林业金融问题提供一定的参考。

一、林业金融存在的问题——以浙江省
龙泉市为例

林业因其面积大、周期长、不易管理、经济附加值低、林地的未来价值难以评估等特性，在融资方面让借贷方面临较高的风险，造成了林业融资难的困境。本节试以浙江省龙泉市为例，总结林业发展中中小微企业和林农所面临的各种融资问题，为发展林业经济，寻找金融突破口提供一些经验。

（一）林权证抵押贷款难

林权抵押是林权融资的重要形式之一。林权抵押是指权利人以其林权

证上所记载的林地使用权、林木使用权、林木所有权作为抵押物向银行贷款，当权利人不能到期还本付息时，银行将该抵押物变卖、拍卖以清偿其债权的方式。

随着集体林权制度改革的推进，集体林地经营权和林木所有权落实到了林户，确立了林农的经营主体地位，实现了家庭承包经营制度从耕地向林地的拓展和延伸，有利于林农合理利用林权进行抵押贷款，获得创业的初期资本；有利于进一步解放和发展农村生产力；有利于充分调动和激发农民发展林业生产的内在积极性。将林权抵押进行贷款，让山区林农有了真正意义上的抵押资产，原来的"死资产"变为了"活资产"，破解了林农贷款无合法有效抵押物而导致的"抵押难""贷款难"问题，为林业产业发展搭起了融资平台，为林农增收注入了新的活力。以浙江为例，在集体林权制度主体改革完成之后，森林资源资产被明确为林农的私有产权，空前激发了林农的林业生产积极性。浙江最贫困地区的山区农民凭借所拥有的森林资源资产，简便快捷地获得了发展资金，从而达到了脱贫致富的目标，成为浙江新农村建设的亮点。

森林资源资产抵押贷款是林业融资领域的一项金融创新，目的是为最不发达的农业产业里的经营主体提供个人小额贷款，盘活现有森林资产的价值，推动农村地区，特别是林区生产力的发展。森林资产抵押贷款是推动农村信贷、林业金融发展和完善的重要途径，对于发展林业经济、积极扩大内需、增加就业、促进林农增产和增收具有重大意义。森林资源资产是具有较高经济价值、自然增值性、价值随机波动性较大的标的，具有变现快、变现损失小、补偿率高等特征，同时因其价值波动性较大的特征，有评估难、变现风险大的缺点。所以，在林权抵押贷款的现实应用中，仍然存在大量的问题。

1. 数额小、期限短、利率高

我们在走访龙泉市肖庄食品厂的过程中，了解到该厂目前最大的困难仍然是贷款问题。负责人说："我们有充足的原料和市场，但是资金不够，不能扩大厂房，提高生产能力，每年只能生产有限的产量。"该厂在 2008 年开始获得林权抵押贷款，共计 36 万元，目前该项贷款已被取消。食品厂只有通过抵押现金流量向工商银行进行信用贷款，共计 150 万元，而食品厂每年需要的贷款量是 300 万 ~ 400 万元。目前的贷款额远远小于食品厂的需求。

林业是一个生产周期不统一的行业，不同的林种从投入到产出的时间长短不一。毛竹从投入到出产约5 ~ 7 年的时间，松木、杉木等用材林一个轮伐期一般要 20 ~ 50 年。随着生态林业和民生林业的发展，当地林农已经认识到林地经营不仅仅是造林采伐这种传统的方式，而是向香榧、毛竹、油茶、珍贵树种等中长期高效益产业发展，如香榧产业就有几百年的收益期，50 年才刚刚进入盛产期，珍贵树种都要百年以上才能成材采伐利用。目前的林业相关贷款多为一年期，最长为三年。过短的贷款期限和林业生产周期不一致，导致贷款人还款难。而因为林地的特殊性，为了控制风险，降低成本，金融部门在进行林业相关借贷时，不得不缩短贷款期限。

由于林地未来难估值、投资周期长、风险大等特殊性，金融部门在进行林权抵押贷款时，一般将利率按基准利率上浮一定比例放贷。我们在调研中了解到，龙泉市农村信用社与邮政银行是上浮 50% 进行放贷，年利率达到9%。高利率和林业投资周期长、回报慢的特性不匹配，给农户和企业造成了一定的资金压力，也不利于林权抵押贷款的广泛实施。

2. 一次性，难续约

在走访浙江能福旅游用品有限公司的过程中，董事长李能福介绍说："通过林权证抵押贷款，只贷了一年，一共 1200 万元。第二年就收回了，不贷了。现在公司没有银行贷款。目前公司的最大问题也是缺资金，融资难。"通过此次调研，我们了解到，由于林上作物周期长、风险大、林地权益的未来价值难以评估的问题，银行在进行林权抵押贷款时，审核成本高，难处置，面临的风险大，过高的风险溢价和利率也让企业难以接受，所以金融机构常常避免进行林权抵押贷款。由于政策的引导，相关银行不得不接受一部分的政策性任务，到了第二年，企业还款之后，便不愿继续借贷。林权抵押贷款在商业银行中并不受到欢迎，在自由市场里难以长久。要解决林业经济发展中的融资问题，政策性的强制借贷并不是长久之计。要寻求根本的解决方案，创新林业融资产品，实现借贷双方都有实际需求，有互利共赢的潜力。只有在借贷双方都有主动意愿时，才能促成林业金融业务长期持续地发展，从而推进林业经济的发展。

3. 处置难，评估难

我们在走访浙江龙泉阳光农业有限公司的过程中，据董事长介绍说："目前，企业面临的最大问题是贷款难。虽然通过流转证进行了贷款，利息政府也有一部分补贴，但是继续贷款的话，仍然是需要抵押物的，只有流转证或者林权证是不行的。"由于林业的特殊性，金融机构不仅面临了审核成本高、风险大的问题，当遇到借贷问题时，林权还难以处置。所以，在进行林权抵押贷款时，金融机构实际上需要贷款人出具其他更为合适的抵押物作为补充，这给林农和企业贷款增加了困难。

大部分林农处于较为贫困的山林地区，在创业阶段，有融资需求的林农本身拥有的固定资产较少，可以用于抵押贷款的资产也很少，如果依靠林权无法获得足够的贷款，林农在实现创业、扩大林业经营规模的过程中，就会受到阻碍。要促进林业经济的发展，要为林农和林业相关企业提供实实在在的适合行业发展属性的金融服务，就林权抵押贷款中存在的问题，进行仔细分析，创新金融产品，寻求解决方法。

我们此次调研过程中，通过和龙泉市林业局的相关负责人座谈了解到，由于森林资产标的小，专业的资产评估机构不愿意参与。目前的森林资产评估主要由林业规划设计所或基层林业工作站承担，不具备森林资源评估资质，缺乏专业人员和相关评估机构。一方面，林业部门的人员只能进行100万元以下的评估，大额评估需要专业的评估师；另一方面，由林业部门人员进行的评估没有法律保障，若在流转、抵押过程中发生法律纠纷，进入法律程序，评估成果将缺乏法律依据，仍然需要专业的评估师介入。而目前，浙江通过了资质认定的评估师只有7位，龙泉流转面积大、次数多，难以得到专业评估师的评定。价值评估作为贷款中重要的、决定性环节，必须保证评估的有效性、合理性、合法性，相关政府可以有针对性地培养专业评估师，或者通过优惠性政策吸引更多的专业评估师。同时，也可以扶持评估机构的建立，独立的第三方评估机构在进行业务时，更加的公平、公正，也能自主培养评估人才，提高评估业务的服务质量。政府可以积极引导这种社会中介服务机构的建立，逐步将资产评估和贷款担保业务由政府服务转化为市场服务，通过市场运作，最大限度地规避风险，同时，也合理利用市场的竞争环境，使中介机构有动力不断提升评估的可靠性，培养更多的相关人才。

（二）流转证抵押贷款试行范围小

在浙江省林业厅、丽水市林业局指导下，2013 年，龙泉市创造性地试行了林地经营权流转证制度，在全国率先出台并实施了《林地经营权流转证管理办法（试行)》，解决了林权流转受让方的权证办理问题。该制度将林地所有权、林地使用权、林木所有权、林木使用权四权分离，即将林地承包权和经营权分离，对流转的林地经营权进行确权，对符合条件的经营主体赋予林权流入的债券凭证——《林地经营权流转证》。林地流出方享有林地承包权，同时保证林地流入方的林地经营权，赋予了林地实际经营人在权属证明、林权抵押、采伐审批等方面的法律权益，方便林农进行林权抵押贷款。该制度实施后，促进林地流转 3 万多亩，成功抵押贷款 28 笔，2500 多万元。

该制度对解决林业融资问题有突破性贡献，成功帮助部分林农获得了贷款。但是由于该制度尚在探索初期，试用范围不广，了解该制度并使用的林农和企业比较少。我们在调研过程中发现，有一些小微企业还不了解《林地经营权流转证》，也不知道可以通过流转证进行抵押贷款。龙泉市肖庄食品厂的负责人介绍说："我们之前是用林权证抵押贷款的，不知道流转证，没有办流转证。"该负责人是龙泉市青年创业的典范，食品厂在成立初期也得到了政府的大力支持，在各方面都给予了扶持和优惠政策。该厂作为创业的成功典范，获得了多项荣誉，受到了政府领导的重视。然而负责人也并不知道出台了《林地经营权流转证》，没有办理，也没有享受到相关抵押贷款的优惠政策。可见流转证的宣传仍需进一步加强，关于流转证抵押贷款优惠政策的普及也需要更多的工作。

（三）融资渠道窄

目前，龙泉市的林业融资方式仍然以贷款为主，缺乏多层次的金融体系。林木相关企业分布行业广，处在不同的发展阶段，融资需求多种多样，仅靠银行等金融机构不可能也难以把相关企业对于资金的需求完全解决。由于林业周期长、难评估等特性，银行在进行林业贷款的时候更加谨慎，许多处于发展初期、负债较高、规模小、经营不稳定，但是具有巨大发展潜力的林业小微企业难以通过银行获得融资。要发展林业经济，解决林农就业问题，帮助林农脱贫，应该大力发展多种多样的林业融资服务，应当鼓励金融机构根据不同类型、不同发展阶段企业的特点，不断开发特色产品，为企业提供多样的、个性化的金融产品和服务。鼓励中小企业通过股权融资、债权融资等多种融资方式解决资金问题，不能完全依靠信贷资金，依靠银行。地方政府应鼓励发展林业相关的多层次金融市场，解决中小企业以及林农的融资需求。

（四）缺乏全面的信用体系建设

林业相关的创业者和企业缺少抵押物、信息不对称、投资周期长、风险大等特殊性，导致金融机构常常避免林业贷款。因此，地方政府应当建立信息完整、可靠的信用信息平台，供征信机构和评估机构使用，从而方便金融机构办理林业贷款业务，促进林业金融的发展，进一步解决林业融资的问题，帮助林农创业，解决贫困问题。

我们在调研中发现，地方政府和林业部分已经建立起了林权和森林资产信息管理系统，该系统的信息里包含了林户的林权信息、地理地貌、森林资产等信息。而银行等金融机构、征信机构和评估机构在进行借款方信用评估的时候，需要借款方的除了林权信息、森林资产信息以外的各种信用信息，才能对借款方进行较为全面的信用评价。这就需要将林农生活的方方面面与信用相关的信息进行整合，包括注册登记、生产经营、人才及技术、纳税缴费、劳动用工、用水用电、节能环保等信息。目前的信息系统里缺乏这些更为全面的信息。只有在各种消费、信用信息完全的情况下，才有利于金融机构、担保机构、评估机构对借款方进行全面有效的信用评估，促进林业金融的健康发展，从而带动林业经济的发展。

（五）村级担保组织注册登记困难

为解决林农在林权抵押贷款中的困难，降低银行等金融机构在进行林业相关贷款时面临的风险大、难评估、难处置的问题，同时缓解担保机构的担保压力，龙泉市开展村级担保组织试点。由花桥村42名村民和村委会共同出资60万元组建了花桥村惠农担保合作社。社员将山林、土地、房屋等证件抵押给合作社，为合作社提供反担保，并向合作缴纳一定的担保费用（120元/万元）。担保合作社和信用联社建立协作伙伴关系，合作社将风险保证金存入信用社，信用社确认其担保行为，以风险保证金10倍的总限额向社员发放林权抵押贷款，并给予一定的利率优惠，贷款利率由平时上浮88%下降到上浮20%。林农通过合作社担保贷款更加方便、快捷、优惠，同时银行机构也降低了风险，减轻了财产评估、财产处置等方面的压力。

我们在调研中了解到，这种既方便林农又方便银行的村级担保合作社尚处于探索阶段，遇到了注册登记的困难。如果以担保机构在工商部门注册，门槛和条件限制抬高，还需要省级相关部门的审批，在民政部门注册也不符合要求。村级担保合作社是一种创新的组织形式，解决了林农在林权抵押贷款过程中的各种问题，是一种合理的创新性举措，是可以促进林业资本流通，缓解林业经济发展中的资金难问题，促进林业经济发展的方法，如何将村级担保合作社合法化、规范化是在林业金融创新过程遇到的一个亟须解决的问题。

（六）缺乏省际联网的信息平台

目前，全国集体林权制度改革的主体改革已结束，大部分地区的林权已经确权到户。但在实际林权流转的过程中仍会遇到一些问题，如村与村之间，组与组之间，在所属林权上会存在一些争议。各省之间的林权信息也未实现联网制，各地区的林权流转细则有一定差异，这对于林权的流转也会造成一些不便。

在走访花桥村时，村长告诉我们："由于和福建省交界，与邻村的有些林权流转的问题没有清楚地解决，对林权抵押贷款也造成了一些不方便。"

省际地区是相对落后贫困的地区，解决贫困问题应该特别关注省际地区。林权所属纠纷和信息联网问题应该得到更多的关注，只有解决了信息共享、权属问题，才能促进林业经济发展，帮助省际地区解决贫困问题。

二、林业金融创新性办法——以浙江省龙泉市为例

龙泉市位于浙江省西南部，是全省最大的林区县（市）、省级重点林区、全国南方重点林区县（市）之一，素有"浙南林海"之称。全市总面积 3059 平方千米，森林蓄积量 1745 万立方米，居全省之首；森林覆盖率 84.2%，居全省第二。全市 28.93 万人口（2013 年末），农民占 24 万，农民人均林地面积 16.6 亩。2013 年龙泉市林业总产值 49.5 亿元，农民人均林业收入 6396 元，占农民人均收入的 62%，林业资源是龙泉重要的生产要素和农民重要的生活保障。因此，继续深化集体林权制度改革，创新林业融资模式，盘活林业资本市场，对地方经济的发展具有重要意义。国家展开集体林权制度改革后，龙泉市不断深化集体林权制度改革，创新农村金融发展方式，破解了盘活森林资源、以林权作为抵押物、经营权发证三大难题，先后被评为"全国首个农村林业改革发展试验示范基地""全国集体林权制度改革先进典型县""全国科普服务林改试点县"。为完善林业金融政策，解决林业融资难问题，进一步推进林业经济发展，本节总结了浙江省龙泉市的金融创新亮点，为各地区发展林业金融服务提供参考。

1. 试行林地经营权流转证制度

在浙江省林业厅、丽水市林业局指导下，2013 年，龙泉市创造性地试行了林地经营权流转证制度，在全国率先出台并实施了《林地经营权流转证管理办法（试行）》，解决了林权流转受让方的权证办理问题。

林地经营权流转证由龙泉市市林业局登记，市林权管理中心颁发，是证明林地流转关系和权益的有效凭证。林地流转双方依法进行林地流转，按照"申请、受理、审核、公示、记载于登记簿、发证"的程序，即可将合同约定的权利义务记载于林地经营权流转证登记簿，办理林地经营权流转证。同时，登记机关在林地出让方林权证上注记流转地受让方、流转期限等《林地经营权流转证》信息，并对原林权证的林权抵押、林木采伐等

权限进行限制。

《林地经营权流转证》是对符合条件的经营主体赋予林权流入的债权凭证，其中注明了承包权利人，赋予了林地实际经营人在权属证明、林权抵押、采伐审批等方面的法律权益。同时，林权证仍由流出方的林农掌握。该制度将林地所有权、林地使用权、林木所有权、林木使用权四权分离，即将林地承包权和经营权分离。林地流出方享有林地承包权，同时保证林地流入方的林地经营权。该制度破解了林地流转中权利不明晰、流入方抵押贷款难、采伐审批难的问题，规范了林权流转行为，增加了林权抵押贷款量，促进了林业规模化、集约化的发展。

2014 年，龙泉市发放《林地经营权流转证》136 本，流转面积 31856 亩，《流转证》抵押贷款 28 笔，共计 2536 万元，是全国试行《流转证》最早，发证面积最多的市（县）。

2. 探索生态林信托创新

林地信托指的是当地政府作为委托人，以当地公益林收益权作为信托财产，以当地村民作为受益人，在不改变公益林的性质、经营模式以及所有权、承包权、使用权、管护权等权属的前提下，将信托机制运用于林地收益权和承包经营权的流转。通过将林地收益权和承包经营权的金融凭证化，让农户获得收益权凭证，并且将收益权凭证作为抵押物，由合作社做担保向银行借钱，进行融资。

此次龙泉进行的林地信托主要以生态林为主。受到国家政策制约，公益林既不能抵押，也不能流转，林农的生产经营活动受到严格限制，难以在生态林的基础上进行经济活动，只有每年收到的政府公益林补偿，依靠林地的收入十分微薄。然而，信托可以将生态林每年的政府补贴作为担保抵押，向林农发放数倍放大的信用贷款，从而赋予林农更多的财产权利，盘活生态林资产，增加林农财产性收入，拓宽林农致富渠道。

龙泉与浙江万向信托公司合作，从 2014 年 3 月开始，经过调查筛选、宣传讲解、征求意见、方案设计、可行论证、试点确定，召开了十三次部门、镇村企业及村民代表座谈会，在农民自愿的基础上，确定在水塔村 3.7 万亩生态林和山坑林场 1.2 万亩生态林分别开展农户及国有公益林收益权信托试点，分别取名"万向信托——绿色摇篮 1 号和 2 号公益林收益权信托计划"。2014 年 7 月 22 日上午，龙泉市住龙镇人民政府代表所辖水塔村与万向信托签下公益林收益权信计划合同——"万向信托——绿色摇篮 1 号"。龙泉市水塔村 112 户村民参与了这次信托项目。

据悉，每亩生态林每年有 21 元的政府补贴，此次生态林收益权信托将水塔村 3.7 万亩生态林未来 10 年的政府补贴现金流归集，进行资产证券化。由于每年的补偿金额都有增加，信托公司看好这一现金流和生态林的未来价值，加之生态林的交易程序相对简单，因此成为了林地信托的首次试探。在这项计划中，万向信托向农户发放信托收益权凭证，排他性地收取损失性补偿基金的支付收入。在财政向信托计划支付损失性补偿基金后，万向信托将扣除 1‰管理费后的损失性补偿基金作为信托收益在 5 个工作日内分配给水塔村村民。农户不仅可以拿到补贴，还能通过抵押收益权证，获得放大 10 倍的信用贷款，或者通过产权交易平台进行权证的交易。根据计算，农民凭借凭证每年每亩直接增加收益 2 元，如果计算上激活林地资产后的其他金融价值，信托期内每五年平均每户可新增 2.96 万元的信托凭证资产。农户可以以其获得的信托凭证对应的信托财产价值按照一定折扣率进行抵押。若按 80% 的抵押率，则信托期内每五年平均每户可获得 2.37 万元的贷款。

3. 探索村级担保合作社

林农独立进行林权抵押贷款面临了一些实际性问题，一方面是林农在办理林权抵押贷款时需要往返于城乡之间，既费时费力，又拖延了资金到位时间，特别是一些文化程度较低的农户不知道办理贷款的具体程序；另一方面，金融部门因对林农的资产情况、信用程度、资金用途等情况不了解，考虑到资金的安全问题和风险问题，不敢进行贷款。因此，在浙江出现了一些担保和反担保的形式，帮助解决林农在林权抵押贷款中遇到的这些问题，使林农贷款更方便快捷，同时，也降低了银行面临的风险。

2014 年 3 月龙泉市开展村级担保组织试点，由花桥村 42 名村民和村委会共同出资 60 万元组建了花桥村惠农担保合作社。社员将山林、土地、房屋等证件抵押给合作社，为合作社提供反担保，并向合作社缴纳一定的担保费用（120 元/万元）。

担保合作社和信用联社建立协作伙伴关系，合作社将风险保证金存入信用社，信用社确认其担保行为，以风险保证金 10 倍的总限额向社员发放林权抵押贷款，并给予一定的利率优惠，贷款利率由平时上浮 88% 下降到上浮 20%。如果社员不能如期归还贷款，信用社将从合作社的风险保证金中划扣贷款的本金和利息，合作社再通过合法程序取得该社员的山林处置权，对村民的林木、农房、承包土地等进行价值评估，以拍卖、采伐、转让等方式获取资金偿还贷款本息。

在这个过程中，信贷调查和林权评估由担保合作社承担。在农户借贷过程中，主要的问题是信息不对称，难以评估林地价值。而村民自己最了解土地和林上作物的价值，合作社扎根基层，了解村情，对当地林农的山林经营情况、还贷能力、信用程度等非常清楚，对于敢不敢放贷、放贷量的多少能掌握比较好的分寸，可以减少不良贷款和抵押山林的纠纷。因此由担保合作社估值并进行担保更为可靠。同时，合作社对抵押物的处置也更为方便。这种优势正好弥补了专业担保机构的不足，缓解了专业担保机构的担保压力，解除了金融机构的后顾之忧。

从村民的角度而言，需要借款时，直接将相关证件在合作社进行抵押，合作社审核同意并签核意见章后，就可以到农信联社领取贷款，而且贷款利率优惠，不需再另外找人担保，让农户贷款更简单、更快捷、更优惠。

花桥村村主任介绍说："农民贷款难的一个问题是处置难，担保合作社成立后，如果出现了借贷问题，由合作社出资补偿，并且对抵押物进行处置。因为是同村邻里，评估山林价值和处置更容易一些。"

我们采访了其中一位村民，据他介绍说："根本不会想到银行会贷款给我，以前没有贷过款，家里也没有可以抵押的财产，村民相互担保麻烦，进城一次不方便。这一次，通过合作社，信用社直接给我 5 万元的贷款，从申请到取到现金只用了两天时间。我在邻村买了种羊，现在已经产下了羊羔。"

合作社为林农的林权抵押贷款提供担保，不但延伸了合作社的功能和作用，也为新形势下的农民专业合作社赋予了新的地位。

4. 成立森林资源收储中心

由于森林资源资产不同于其他资产，在借款人无法偿还时，银行将抵押物变卖、拍卖以清偿其债务的方式遭到限制。为推动林权抵押贷款，浙江各地林业主管部门纷纷成立森林资源收储中心，为林农的林权抵押贷款进行担保。一旦借款人无法偿还时，森林资源收储中心代为偿还。

5. 林权信息化建设

合作社提供担保可以解决金融机构面临风险、林农贷款难的两方面问题，但是对于合作社本身而言，其仍然面临了较大的风险。合作社成员不是专业的林业评估人员，对农户的山林价值只能凭经验估算，误差很大，在一定程度上带来了信贷风险。如果发生不良贷款，且借款人的山林价值不足以还贷，将使合作社蒙受重大损失。同时，林农的山场普遍散、小、多，而专业的林业评估机构工作人员少、力量弱，每家每户逐个进行评估的难度较大。相同的，因林业资产的特殊性，各种融资方式在评估风险上都存在一定的问题。为确保合作社、专业担保机构及金融机构的信贷资金安全，降低信贷风险，提高评估工作服务的效率，减轻林农负担，解决林业融资问题，必须要建立起有效、全面、公开的信息平台，为各融资机构解决评估难的问题。

2006 年，浙江省龙泉市结合林权信息化建设，开展农户林权信息及森林资源资产情况调查。将林农的山场勾绘在地形图上，对森林资源资产情况进行调查评价，利用电子软件将地形图、森林价值等信息存入计算机，建成了林权和森林资产信息管理系统，制成智能信息卡，实行林权管理"一户一证一图一表一卡"的林权 IC 卡管理制度，对林农的森林资源资产实行动态服务管理。林农凭着林权 IC 卡，就可以查询所承包的山林的坐落位置、地形地貌等相关信息，为办理林木采伐、林权抵押贷款、林权流转等手续提供方便。至 2013 年底，龙泉已累计完成了全市林地所有权 100% 和经营权 70% 的林权勘界工作，采集林权证信息 7 万多本，共 50 多万宗地。结合农村信用体系建设，完成了全市 19 个乡镇 400 多个行政区 5 万多户的信息采集工作，建档率 97.5%。资产评估价值总计 66 亿元，累计综合授信 4 万多户，共 28 亿元。林农只需持有该卡，就可以由农民专业合作社或专业担保机构为其担保，或由金融机构直接办理林权抵押贷款，实现了统一评估，随用随贷。这不仅极大地方便了林农，减轻了林农的负担，也缓解了林业部门森林资源资产管理、森林资源资产评估的压力，节约了大量的人力物力，方便了林权抵押贷款的实施，促进了林业经济的发展。

三、林业金融的相关建议

1. 银行机构加大投入

根据《关于做好集体林权制度改革与林业发展金融服务工作的指导意见》的相关规定，在已实行集体林权制度改革的地区，各银行业金融机构要积极开办林权抵押贷款、林农小额信用贷款和林农联保贷款等业务。

（1）充分利用财政贴息政策，切实增加林业贴息贷款、扶贫贴息贷款、小额担保贷款等贷款总额。根据林业贷款贴息政策的规定，主要贴息对象为：一是林业龙头企业种植业、养殖业以及林产品加工业；二是各类经济实体营造的工业原料林、木本油料经济林以及有利于改善沙区、石漠化地区生态环境的种植业；三是国有林场、国有森工企业多种经营贷款项目以及自然保护区和森林公园开发的森林生态旅游项目；四是农户和林业职工营造林、林业资源开发贷款项目。

根据林业贷款贴息政策规定，地方单位和个人林业贷款中央财政年贴息率为3%，新疆生产建设兵团和大兴安岭林业集团公司的林业贷款中央财政年贴息率是5%。

林业贷款贴息的期限最长为3年，贷款的期限不足3年的，按实际贷款期限贴息。农户和林业职工营造林小额贷款贴息期限最长为5年，贷款期限不足5年的，按实际贷款期限贴息。

（2）充分利用好已建成的信用体系、担保组织形式等，更为快捷、有效地评估贷款风险，增加林权抵押贷款总量，扩大林农贷款总覆盖面。可以结合信用体系、担保组织和林权抵押的方式，开展免评估贷款、可循环小额信用贷款。同时，鼓励发展"家庭合作"式、"股份合作"式、"公司＋基地＋农户"式等互助合作集约化经营道路，鼓励把对林业专业合作组织法人授信和对合作组织成员授信结合起来，探索创新"林业专业合作组织＋担保机构"信贷管理模式与林农小额信用贷款的结合，促进提高林业生产发展的组织化程度以及借款人的信用等级和融资能力。

（3）延长林业贷款期限。根据《关于做好集体林权制度改革与林业发展金融服务工作的指导意见》的相关规定，银行业金融机构应根据林业的经济特征、林权证期限、资金用途及风险状况等，合理确定林业贷款的期限，林业贷款期限最长可为10年，具体期限由金融机构与借款人根据实际情况协商确定。

（4）降低林业贷款利率。根据《关于做好集体林权制度改革与林业发展金融服务工作的指导意见》的相关规定，银行业金融机构应根据市场原则合理确定各类林业贷款利率。对于符合贷款条件的林权抵押贷款，其利率一般应低于信用贷款利率；对小额信用贷款、农户联保贷款等小额林农贷款业务，借款人实际承担的利率负担原则上不超过中国人民银行规定的同期限贷款基准利率的1.3倍。各级财政要加大贴息力度，充分发挥地方财政资金的杠杆作用，逐步扩大林业贷款贴息资金规模。

（5）各类型的银行开展多种多样的林业金融优惠服务。根据《关于做好集体林权制度改革与林业发展金融服务工作的指导意见》的相关规定，为支持林业经济的发展，进一步发展农村信用合作社。农业银行要发挥其特色优势，加大林业相关的信贷投入，大力开展符合林业产业特征的金融服务。中国邮政储蓄银行可以利用结算网络完善、网点众多等优势，积极提供银行卡、资金结算、小额存单质押贷款等金融服务项目。各类国有银行可以采取直贷、贷款转让、信贷资金批发等多种形式积极参与林业贷款业务。

（6）优化林业贷款服务，咨询服务，加强宣传。根据《关于做好集体林权制度改革与林业发展金融服务工作的指导意见》的相关规定，各银行业金融机构对林业重点县的县级分支机构要合理扩大林业信贷管理权限，优化审贷程序，简化审批手续，推广金融超市"一站式"服务；要结合实际，积极开展面向林区居民和企业的林业金融咨询和相关政策宣传。探索建立村级融资服务协管员制度。

2. 完善社会信用体系，实现省际信息联网

我国"十一五"规划提出，以完善信贷、纳税、合同履约、产品质量的信用记录为重点，加快建设社会信用体系。2007年召开的全国金融工作会议进一步提出，以信贷征信体系建设为重点，全面推进社会信用体系建设，加快建立与我国经济社会发展水平相适应的社会信用体系基本框架和

运行机制。

要促进林业金融的发展，必须要建立起完整的社会信用系统，用来记录社会主体信用状况，揭示社会主体信用优劣，警示社会主体信用风险，并整合全社会力量褒扬诚信，惩戒失信。只有在社会信用系统的完整可用的前提下，银行等金融机构才能合理扩大贷款额度，创新金融产品，加大林业产业融资范围，促进林业经济的发展。同时，完整的社会信用体系可以维持复制的市场交换关系，形成良好的信用环境和信用秩序，促进林业市场经济的发展，增加就业，从而提高林农收入。此外，良好的社会信用体系可以降低银行业信用风险，从而维护林业金融体系的安全，确保林业金融的稳定发展。

完整的社会信用体系，从纵向来说，要包含信用管理行业和信用法律体系两方面。信用管理行业是指企业资信调查、消费者个人信用调查、资产调查和评估、市场调查、资信评级、商账追收、信用保险、国际保理、信用管理咨询、电话查证票据等行业，覆盖市场参与主体的信用信息数据库和训练有素的信用管理人员，为市场参与者提供各种信用信息产品与服务。信用法律体系为社会信用系统的建立提供法律依据和保障。从横向来说，社会信用体系包括公共信用体系、企业信用体系和个人信用体系。其中公共信用体系是政府信用体系。

综合银行、工商、税务、公安、司法、财政、审计、证券监管、质检、环保等政府部门企业信息，整合注册登记、生产经营、人才及技术、纳税缴费、劳动用工、用水用电、节能环保等信息资源，各部门要积极配合，及时沟通情况，建立和完善市场主体的信用信息征集机制及评价体系，建成市场主体的综合信息共享平台，进行分类管理，提供给征信与评级机构使用，为企业融资提供方便快速的查询服务，以解决企业在申请银行贷款时信息不对称、风险难以控制的问题。同时，健全负面信息披露制度，构建守信受益、失信惩戒的信用约束机制，提高公共服务和市场监管水平，增强企业信用意识。

要保障社会信用体系的有效性，就要建设完备的法律法律体系。按照信息共享、公平竞争、有利于公共服务和监管、维护国家信息安全的要求，制定有关法律法规。为同时做好信息公开，保障个人隐私、商业秘密，保护信息当事人的合法权益，需要严格区分公共信息和企业、个人的信用信息。同时还要促进信用体系的标准化建设，形成完整、科学的信用标准体系。

省级部门和相邻省份共同构建通用的省际公用信息平台，建立起完善、公开、一致的林业信息系统，推动林业信息化、标准化发展；统一林业相关政策，解决省际林权流转中遇到的产权不明晰问题。

3. 探索多种担保方式

为了解决林权抵押贷款中由于难评估、成本高、风险大、难处置导致的贷款数额小、期限短、利率高等问题，建议由政府出资成立担保公司，或者引入担保公司，并对其进行风险补贴。开展再担保、联合担保以及担保与保险相结合等多种方式的担保服务。担保公司帮助银行审核贷款人的相关资质证明，降低银行的运营成本；在被担保的贷款人没有履行合同约定的债务时，担保公司承担约定的责任或履行债务，分担银行风险。银行合理利用第三方评估机构、担保公司的担保、合作社相互担保等提供的担保信息，放大贷款额度，并给予一定的贷款利率优惠。从而让林权抵押贷款不再流于形式，银行更愿意接受，实实在在地让农户和企业收益。

同时，宣传并推广村级担保合作社的担保体系，解决该担保组织的注册问题。让有意愿融资的林农自愿加入或共同成立互助形式的担保组织，解决林业贷款的各类问题，促进林业金融的发展，帮助林农实现简单、快捷、优惠的林业贷款项目。

4. 完善森林保险制度

林业作为一个受自然气候条件影响很大的产业，具有一定的不可控风险，林农容易因火灾、病虫害、风灾、雪灾、洪水等自然灾害而遭受巨大经济损失。根据有关规定，防护林、用材林、经济林等林木及砍伐后尚未集中存放的圆木和竹林等符合保险条件者均可参加森林保险。森林保险作为增强林业风险抵御能力的重要机制，不仅有利于林业生产经营者在灾后迅速恢复生产，促进林业稳定发展，而且可减少林业投融资的风险，有利于改善林业投融资环境，促进林业持续经营。同时，通过开拓森林保险市场，有利于保险业拓宽服务领域，优化区域和业务结构，有利于培育新的业务增长点，做大做强保险业。因此，开展森林保险对实现林业、保险业与银行业互惠共赢、共促发展有着重要的意义。

目前来看，森林保险需要解决以下几个问题，寻求突破，实现森林保险的发展。

（1）建立健全森林保险相关的法律法规。我国目前缺乏规范的林业保险法律法规，森林保险的性质得不到界定，森林保险的组织体系、经营范围、基金管理、费率制度、赔付标准等也缺乏法律规范。由于森林保险缺乏相关的法律法规，在实际经济活动中，缺乏法律依据，森林保险的设计和投保就没有法律保障及约束。1996年颁布的财产保险基本条款中明确规定森林不在保险标的范围内。这样，就出现了森林保险属于农业保险的范畴，但是却不在财产保险标的范围内的问题。类似的森林保险的法律问题，亟须得到相关部门的重视和解决。只有在法律的保障之下，森林保险的各类服务才能有效、有序地进行。

（2）森林保险产品创新。目前，大多数森林保险属于政策性保险，商业性保险机构没有自主开发和经营森林保险的动力，这源于林业的特殊性。森林生产周期长、灾害多、突发性强、恢复慢，使得林业的经营管理者需要具有较高的专业技能，灾害种类和频率、受损强度等难以预估，为森林保险的评估带来了难度。同时，由于森林作物周期长，生长慢的特性，使得保险金额也难以确定。因此，森林保险产品的创新，需要既懂林业，又懂保险的技术人才。而只有在森林保险产品上进行创新，实现森林保险的利润，才能使得商业保险机构有足够的动力发展森林保险，促进森林保险业从政策性保险向商业性保险的转变，以及在市场中的正常发展。

目前，森林保险只有火灾险一种，而森林有火灾、病虫害、风灾、雪灾、洪水等多种自然灾害，单一的险种远不能满足实际需求。因此，应该更加重视保险在林业发展中的作用，发展各类相应的保险产品。

（3）加大宣传力度。由于大多数林区处于经济发展相对落后的地区，许多林农对于森林保险还存在不恰当的认识。特别是政策性强制险，让本来就面临着资金困难的林农对于森林保险的反感增加。林农没有动力主动进行保险，在灾害发生后，不能得到足够的补偿。所以，当地政府和林业相关部门需要加大森林保险的宣传，改变林农对于森林保险的旧观点，让林业经营者认识到森林保险的作用和意义，认识到林业产业进行保险的必要性，有进行森林保险的主动性。

（4）加大扶持力度。在森林保险险种单一、市场化程度低的情况下，仍然需要政府对该类型保险给予补贴、税收优惠等扶持，特别是在商业保险机构里发展森林保险产品时，给予资金支持，鼓励更多的商业机构发展林业相关的保险产品，进行产品的创新，带动这一行业的发展热情。

5. 土地银行

土地银行是指主要经营土地存贷及与土地有关的长期信用业务的金融机构。土地银行大致运作方式是，由政府把某一地区的农民承包地使用权、农村集体建设用地使用权以及"拆院并院"之后的农民宅基地使用权分类整合，通过实现土地的"零存整贷"，将土地整体贷出，推进了农地流转，促进了农业产业化和规模化发展。

土地银行在土地存贷方面的具体操作方式是：农业经营专业合作组织采取类似银行的运作方式，首先根据地理位置、土地肥沃程度、升值潜力等，对农户的土地确定一个比较合理的储存价格，农民自愿将闲置或不愿耕种的土地的承包经营权存入土地银行，并对存入土地银行的土地收取一定的利息；其次土地银行将农户零散存入的土地进行适当的打包、整合或适度改造，在维持基本农业用途不变，确保耕地复耕能力的情况下，贷给其他土地需求者（如农业企业、种养大户等），收取贷出利息，种植农户需要按照土地银行的要求进行种植。这其中利息的差额用于土地银行自身的发展，或者建立风险资金，通过发放土地抵押贷款，有效解决农业发展资金问题等。土地银行不仅解决了土地抛荒撂荒问题，又实现了土地的规模化、集体化、集约化经营，促进了农业生产方式的转变。

为实现存入土地的完整贷出，土地银行需要与合作的农业企业签订协议，保证企业能向农业经营大户提供种子、化肥等农用生产资料和技术指导，并同大户签订农产品收购的最低价格，降低了种植大户的生产销售风险，有效调动了农民发展农业的积极性，促进了农民收入的增加，同时，也实现了土地银行、农民和企业三者的联合和互动。土地承包经营权流转后，向土地银行存入土地的农户不用再经营土地和农业，土地将由土地银行统一经营，这些农户就可以有富余的劳动力，通过参加技能培训，进入城镇务工，获得务工收入，同时，也有土地流转的利息收益和土地银行不定期的利益分配。如果农民重新回到农村，还可以从土地银行中取出土地，进行农业活动，获取农业收入。因此，农民可以从土地的束缚中解放出来，在选择职业、居住地点等方面有了更大的自由。

土地银行实现了土地规模经营的同时，也解放了大量的农村劳动力，为城镇发展提供劳动，实现了土地、资金、劳动等多种资源的合理再分配，解决了农民就业问题，拓宽了农民的增收渠道，提高了农民的收入。

在金融方面，土地银行的利息差额收入可以用来发放土地抵押贷款，农民将土地使用权进行抵押，可以获得中长期的信用贷款资金。土地银行为农业融资探索了一条新的途径，帮助解决农业发展中的资金问题。同时，土地银行还可以办理土地信托业务，在政府支持下发行土地债券，筹措社会资金用于发展农业生产。土地银行可以开展土地担保的业务，帮助农民进行土地抵押贷款。

土地银行是符合农民利益、推动农业规模化经营、合理配置农村劳动力资源、解决农民贷款问题的创新性举措。该项制度的创新，不仅促进了农业经济的发展，解放了生产力，也为解决农民融资问题探索了新的解决途径。林业作为农业中的重要组成部分，可以充分利用土地银行的优势，或者借鉴土地银行的运作方式，建立符合林业发展特征的林业机构，促进林业经济的发展，解决林业发展中的融资问题。

林业产业的发展在借鉴土地银行的运作模式上，需要解决以下问题。

（1）林地确权。要实现土地银行的运作，首先需要对林地进行全面的确权工作，继续深化集体林权制度改革项目，推进林地确权工作。

（2）林地价值评估。要对林业用地进行有价值的存取，或者对林地进行抵押贷款，都需要按照林地的地理地貌、林上作物、林地质量、价值波动等情况进行价值评估，进行分类整合，并根据不同类别制定合理的级差存储金。这需要既懂林业，又懂金融的专业化人才，或者专业评估机构进行评估。

（3）机构的所属问题。由于该机构承担了林地的存贷、流转、整合以及林地抵押、林业信贷、林地担保等业务，涉及大量林地使用权和经营权的流转，必须保证机构为国家、集体所有，必须由当地政府进行控制和管理。

（4）宣传引导。由于林业多处于交通不便的山林地区，经济发展落后，林农大多选择进城务工，荒山荒地的情况非常普遍。类似土地银行机构成立之后，还需要相关部分进行大力的宣传，让林农了解该机构的运作方式，了解闲置林地具有的巨大经济价值，鼓励并引导林农在自愿的前提下，将闲置、多余的林地存入该机构，得到相应的储存租金补偿。各部分可以采用存储土地换福利、就业、廉租房的方式进行宣传，鼓励林农存储林地，实现林地的统一回收，规模化经营和管理，从而促进林业经济的发展。同时，也要大力宣传该机构的林地抵押贷款、信托产品、担保等多种金融业务，将这一林业融资的新平台进行推广，让林业小微企业和林农尝试通过新的平台解决资金问题，促进林业金融的发展。

（5）林地安全。该机构将林地实现整块贷出，让企业进行规模化、集约化管理经营的同时，需要签订合同或者协议，保证林地用途的合法合规。需要保证林地的林业用途，同时保证林地的可持续性发展属性，符合森林生态化建设的要求。违反者必须承担罚款和相应的法律责任。

6. 建立并规范省级评估机构，培养评估人才

森林资源是林业企业赖以生存和发展的物质基础、生产资料的主要来源，同时也是林业企业和林农进行林权抵押贷款的基础。解决林业企业和林农的融资问题，必须解决森林资源资产的价值评估难题。

资产评估是指，在市场经济的环境下，由专门的机构和专业人员根据相关法律、法规及资产评估准则，根据特定的目的，遵循适用原则，依据法定程序，选择适当的价值类型，运用科学方法，对资产的价值进行评定和估算的行为。资产评估实际上是对资产价值进行判断的行为，它是评估者根据所掌握的市场资料和资产资料，在对现在和未来的市场进行多因素全面分析的基础上，对资产所具有的现时市场价值进行估算。

森林资源资产评估是指评估人员依据国家有关规定和资产评估准则，在评估基准日，根据特定的目的，选择适当的价值模型，运用科学的方法对森林资源资产价值进行估算，并发表专业意见的行为。

森林资源资产评估不同于其他一般资产评估，森林资源资产的价值随着市场的供给需求和经营管理者的维护不停变动，因此森林资源资产评估也是一种动态的社会经济活动。森林资源资产的价值量是由其经营管理者付出的劳动、资本、科学技术所决定的，作为一种市场经济里的有价值的商品，它还受到市场里供给需求的关系等客观因素的影响。因此，不同时

间、不同市场里对一特定的森林资源资产进行评估的结果常常也不相同。除此之外，森林资源资产的评估是为特定的目的服务的，当评估的目的不同时，就会采用不同的评估标准和评估方法，同样的森林资源资产在进行价值评估时得到的结果就可能不同。所以，从这些特点上来说，森林资源资产评估的结论是一种判断性的意见，是建立在外部环境，按技术上的可能性、经济上的合理性而进行充分分析的基础之上的，它会随各种因素的变化而变化。这使得森林资源资产评估具有不同于其他资产评估的特殊性质。

森林资源资产价值评估的工作，是复杂而细致的技术工作。对每一项森林资源资产进行价值评估之前，从业人员必须先到现场进行勘查。详细了解该森林资源资产的树种组成、林龄、郁闭度、树高、胸径、蓄积量以及生产成本、生产条件等情况，才能正确计算其评估值。这项工作对技术和严谨的科学态度有着较高的要求，需要评估者具有林业相关的各项专业技能。森林资源资产评估的过程中涉及大量的数据测量、计算和分析，是一项十分复杂的工作，需要工作人员有细致而认真的工作态度，在有知识基础的同时，工作经验也十分重要。

就森林资源资产评估的以上特征来说，这是一项对技术有较高要求的工作。评估者不仅要掌握一般资产评估的理论和技术，还要了解森林资源本身特殊的生长变化规律、森林的经营技术和调查技术等，其知识结构既涉及经济学、法学、管理学、财务、统计、审计的专业知识，又涉及林学采运等方面的专业知识，要求评估师掌握多方面的知识和技能，或者需要多种人才的配合工作，相互取长补短，发挥各自专业优势，合作评估。

建议省级部门设立专门资金，选拔人才，培养一批专业的、通过资质认定的森林资源资产评估师。辅助地方政府对林地进行专业合法的价值评估，促进林权流转，进一步解决林权抵押贷款难问题，从而实现林业经济健康有序的发展。

7. 创新融资机构，拓宽融资渠道

（1）创办新型林业金融机构。在有条件的林业地区组建村镇银行、农村资金互助社和贷款公司等新型林业金融机构。鼓励各类金融机构和专业贷款组织通过委托贷款、转贷款、银团贷款、协议转让资金等方式加强林

业贷款业务合作，促进林区形成多种金融机构参与的贷款市场体系。

（2）引导天使投资基金、创业投资基金、风险投资基金和私募基金等多种林区外资本组织投资林业企业，促进基础性林业项目的发展，使政府由直接支持转向间接支持。

（3）扶持有条件的企业通过创业板、中小企业板和"三板"上市融资。建立非上市公司股权流转平台，促进中小企业区域性的股权交易。

（4）鼓励和帮助符合条件的企业发行私募债券、集合债券和集合票据。帮助有条件、有需求的林业龙头企业通过债券市场发行各类债券类融资工具，为生产经营募集所需资金。帮助经营业绩好、信誉良好的各类林业中小企业发行中小企业集合债券，如从事森林旅游、林业加工的中小企业。

（5）进一步发展信托业务，开发适合地区的信托产品。

参考文献

［1］诸葛翔：《支撑日本林业的金融制度》，载于《林业资源管理》1985年第6期。

［2］朱笔云：《让金融资本流入林业洼地》，载于《林业经济》2011年第20期。

［3］傅常虹、魏国强、赵守富：《浅谈林业项目贷款》，载于《农业发展与金融》2007年第11期。

［4］董可健：《关于林业贷款问题》，载于《农村金融研究》1982年第12期。

［5］崔学东、王艳玲、张致卿：《金融支持林业改革发展的难点及对策》，载于《甘肃金融》2011年第5期。

［6］佚名：《林权IC卡助推林业与金融合作共赢》，载于《绿色财会》2012年第3期。

［7］潘焕学、秦涛：《基于资本形成机制的林业金融体系构建路径》，载于《林业经济》2009年第11期。

第十一章

林权流转与林地基础设施建设

一、林地基础设施建设问题综述

改革开放以来，我国的农业发展迅速，尤其是21世纪以来，农村的经济状况和生活水平得到了极大的改善。但林业的改革和发展相对缓慢，直到2007年集体林权改革后，林地的生产力被极大地释放出来，得到快速发展。但相较于经济社会的快速发展，山区林地的基础设施建设相对落后，基础设施供给不足、投资匮乏、效率低下、服务落后等问题成为制约林业进一步解放生产力的"瓶颈"。

（一）基础设施的定义

舒尔茨和贝克尔（Schultz and Becker，1986）指出，基础设施可以分为核心基础设施和人文基础设施，核心基础设施是以交通、电力等提升资本及土地生产力的设施，人文基础设施是指卫生、教育等提高劳动生产力的设施。通常情况下，基础设施包含如交通、邮电、供水、渠道和灌溉、科技服务、环境保护、教育、卫生等公用工程设施和公共服务设施。农村和城市的基本基础设施需求有所不同，农村基础设施可以分为四大类：一是农田水利、农业基地等生产性基础设施；二是义务教育、公共卫生等社会事业基础设施；三是天然林保护、防护林、种苗、自然保护区、退耕还林等生态环境设施；四是饮水、道路、电力等生活基础设施。

基础设施具有一些独特的性质。其中，大部分都是准公共品，具有非竞争性和非排他性，增加消费者对商品的消费数量和质量不会改变，任何人也不能阻止其他人同时使用该商品。且基础设施具有自然垄断性，基础设施所提供的公共服务是社会得以生存和发展必不可少的，若缺少这些公共服务，其他商品与服务便难以生产或提供。且基础设施通常只有达到一定规模才有效，在建设过程中要面临很大的沉淀成本，有整体不可分性，同时，其发挥效力也有长期性和周期性的特点，这使得提供者进入市场更加的困难。此外，基础设施还具有不可贸易性、社会性和公益性等特质，这些特质使得基础设施服务的提供不能完全依靠市场的力量。

按照投资目的和资产收益不同来划分，林区基础设施可以分为营利性基础设施和非营利性基础设施。营利性基础设施是以盈利为目的的，提供者会对使用者收取费用，有持续稳定的利润流来弥补成本，这类基础设施包括天然气供应、旅游景点、收费道路等。非营利性基础设施并不是没有利润收入，而是其建设的目的在于带来社会效益，提高公共福利，而不是盈利。这一类基础设施包括两种：一种有一定的收入，但不足以弥补建设成本，如污水处理、垃圾处理、小型水库等；另一种不收费或无法收费，如一般道路。

（二）我国当前林地基础设施建设的困境

1. 集体所有林地基础设施建设困境

在我国，城市与农村的基础设施建设实行不同的财政政策，农村基础设施建设没有统一的规划和提供，由农村自行解决，国家给予一定的财政支持。农村公共品提供的资源配置格局以农业税费改革为分界点，农业税改革前，农村基础设施和公共事业建设主要依靠乡镇统筹，资金来源于对农民收取的提留——公积金、公益金和管理费，国家收取农业税附加返还也给予乡镇进行基础设施建设一定的资金支持。农业税费改革后，农村原来用于公共事业建设的资金来源被切断，新的税费制度下，农村基建的资金主要来源于上级政府的转移支付和村级"一事一议"资金。而其中，上级政府的转移支付需要当地的资金配套，对于比较贫困的地区，这部分转移支付资金很难获得。"一事一议"资金成为主要来源，而"一事一议"制度的执行效果并不理想。村民自筹资金，虽然获得了决策的权利，但村民认识的局限性导致一些公益性较强的基础设施建设不足，且筹资筹劳具有上限，使得较大的工程项目和急迫的基础设施建设不能达成。因此，总体上而言，在新的背景下，农村基础设施建设面临着资金不足、积极性不够的问题，农村政府负担沉重。

2. 国有林场基础设施建设困境

除了集体所有的林区外，还有一类特殊的林业组织——国有林场。国有林场是在无林少林、荒山集中连片地区建造的以造林为主的基层事业单位。我国共有国有林场 4000 多个，管护着全国近一半的林地，是整个林业生态系统的核心组成。国有林场是一种特殊的组织，是国家培育和保护森林资源的生产性事业单位，除扩大森林资源、提高森林质量、发挥国有林地潜力的主要任务外，还承担着林区的教育、卫生、治安和社会管理的任务。林场和农村交叉，管理难度很大。定位和体制上的特殊性，使得国有林场在发展中面临较大的难题。在基础设施建设方面，国有林场的人员经费并不由国家划拨，人员开支大，更无力负担林场的学校、医院等社会事业的建设。而林场的基础设施建设也陈旧落后，受到国家投资限制，很多林场的设施是 20 世纪五六十年代建设的，至今不能得到更新和改善。林场债务缠身，据统计，全国国有林场债务达到 309 亿元，再加上森林资源下降、国家采伐指标限制，林场发展更是举步维艰。

（三）林业改革与林地基础设施建设

林地的种植和经营具有特殊性，长期以来林地一直归国家和集体所有，经营机制死板、利益矛盾冲突的问题随着林业经济的发展越来越凸显出来。2007 年由中共中央国务院推动，在全国范围内进行了分山到户、林地确权的集体林权制度改革。这一改革激活了林区生产的活力，同时也为林区更加有效的发展、更加完善的建设提供了契机。2014 年，国务院又通过了《国有林场改革方案》，助力国有林场的改革和发展。

1. 集体林权改革与林地基础设施建设

在集体林权制度改革之前，各级政府和林业部门担负着地区林业经营的全部责任，林农没有林地经营权，生产积极性很低，政府从林地管护、种植、砍伐到交易都需要监督把关，在经营过程中，也通过税费的方式征收大部分的利润。这种方式使得地区的生产效率低下，风险责任也过大，林地经营的好坏决定了政府的收入和再分配能力，因此地区差异也很大。林权制度改革之后，政府的主导权下放给集体和个人，繁重的育林、管护、砍伐等监督职责也由新兴的合作组织、服务组织等承担，政府的职能也由日常的经营转为指导管理、公共服务，这释放了政府进行林区基建的空间。

另外，集体林权制度改革之前，村集体主要通过集体经营的林地收入来获取资金，市场与自然风险都由村集体承担，收入波动较大，对于地区基建和社会服务的提供不能提供保障。林权改革之后，在林业较发达的地区，村集体大多还保有集体所有林地，林农进行经营种植时需要缴纳使用费和承包费，这降低了村集体的收入风险，村政府拥有了稳定的收入来源，得以更好地提供公共服务，极大地促进了林区水电、道路、水利和公共事业的建设。而基础设施建设的改善，也调动了林农的生产积极性，更好地促进了地区发展。

2. 国有林场改革与林地基础设施建设

2014 年 12 月，国务院通过了《国有林场改革方案》，围绕生态、保障职工生活两大目标，推动了国有林场的管护和监管体制的创新改革。国有林场改革方案为国有林区基础设施建设的改善打开了大门。改革方案推进了国有林场的事企分开，分离各类国有林场的社会职能，将所办学校、医疗机构等移交属地管理。引入市场机制参与公益林日常管护，健全林场职工转移就业机制和社会保障体制，将国有林场富裕职工妥善安置，多渠道解决就业和保障问题。还将国有林场基础设施建设纳入同级政府建设计划，中央配套改革补助资金，对债务通过协商和商业化原则化解。《国有林场改革方案》为推动国有林场建设、解决林场发展矛盾带来曙光，在新的制度和机制下，我们也可以期盼林地基础设施建设工作能够更加有效地开展。

二、公共财政投入与林地基础设施建设

基础设施的建设由于其独特性，对资本的依赖性很高。而资本作为最活跃的要素，对利润率的追逐更加明显，与城市相比，农村尤其是山区生产效率低下，对资本的吸引力很差。长期以来，山区都处于资本输出的状态，城乡差距因此更加扩大。城市较高的生产率和更完善的基础设施，又吸引山区劳动力不断流入，山区的生产力由此进一步下降。这是一种恶性循环，长此以往，不利于山区地区的发展，也是与城乡一体化相悖的。因此讨论基础设施建设融资问题，是提高山区社会服务水平、保持劳动力平衡的重要议题，也是实现城乡一体化、推动林区发展的前提。

我国幅员辽阔，但整体而言森林覆盖率较低，生态也较为脆弱。促进林区的持续健康发展，是实现国民经济可持续发展、改善生态状况的紧迫任务。而林区建设对财政投入的需求较大，财政投入在林业投资的构成中占据绝对的优势地位。在这一部分，我们将重点关注与林业相关的基础设施建设中的财政投入。在前面讨论的四类农村基础设施建设项目中，天然林保护、防护林、种苗、自然保护区、退耕还林等生态环境设施建设是与林业发展息息相关的，而这些重点工程项目中，国家财政的支持是重要的组成部分。目前，我国已建立起包括天然林资源保护工程、退耕还林工程、森林抚育造林和良种补贴、生态效益补偿、湿地补贴等一系列财政支持体系，在下面我们会详细讨论，并探讨公共财政投入与促进林权流转、推动城乡一体化发展的紧密关系。

1. 现阶段林业公共财政投入状况

林业作为一个产业发展由来已久，森林资源为我们提供了丰富的食品、燃料、用材、原料等，其经济价值不可估量。但除了经济产业外，森林的生态价值是更加不容忽视的，尤其在经济发展到一定程度的时候，更需要注重森林生态环境的建设。而在整个森林资源的建设过程中，公共财政的投入是必不可少的。首先，森林资源经营周期长，经营风险大，风险具有一定的积累性，森林资源建设需要相应的保险措施，而一家或几家保险公司难以承受这样大的风险，商业运作的保险公司也会因为无利可图而不愿承担。因此，中央的财政支持是保障森林安全、实现森林资源健康发展的保障。其次，森林资源所产生的生态和文化效益具有一定的不可分割性与非排他性，属于准公共产品，需要政府的投入来改善及保护。从国际经验来看，世界各国都采取了有力的政策措施和财政支出来保障森林的生态稳定，提高森林的生态效益，如美国的休耕工程、日本的林业补助金等。最后，林业产业尤其是生态林，其产业发展收益低，如果没有国家的政策和财政支持，很难有足够的激励吸引农民参与林业经营。一类特殊的例子是国有林场，国有林场地理位置偏远，以生态功能为主导，经营效益日益低下。此时若没有财政的支持，很难维持经营。

我国的林业财政政策从实施部门来区分，可以分为四大类：一是林业重点工程，这是中央财政主要支持的对象，包括天然林保护工程和退耕还林工程；二是国家林业局部门预算内的工作和项目；三是中央财政补助地方专款，包括森林生态效益补偿、林业补贴、林业防灾减灾补助等；四是林业基本建设投资，用于林区民生、林业科技等建设项目。

在这一部分，我们重点讨论几项重要的林业投资：天然林保护工程、退耕还林工程、林业补助资金（包括森林生态效益补偿、森林抚育补贴、造林补贴、湿地补贴、林业贷款贴息等）。图 11 - 1 给出了 2000 ~ 2014 年的中央财政林业专项资金投入情况。从图中可以明显看到，十五年间林业专项资金投入是稳步增加的，平均每年增加 17%，高于 GDP 增长的速度。当然增长趋势近年有些放缓，从集体林权改革到现在，年平均增长率在 11% 左右。整体而言，国家对林业的投资力度是逐渐增大的。林业投资占整个公共财政支出的 0.5% 左右，且投资增长速度大于公共财政支出增长的速度。

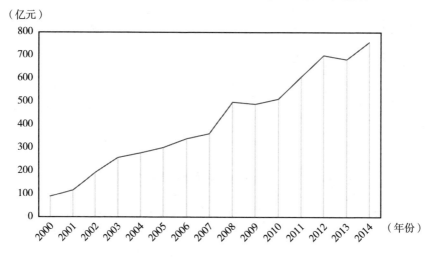

图 11 - 1　2000 ~ 2014 年中央财政林业专项资金投入情况

　　1998 年特大洪水后，党和国家认识到水土保护的重要性，2000 年国务院批准了《东北、内蒙古等重点国有林区天然林资源保护工程实施方案》，启动了天然林保护一期工程。天保一期工程旨在恢复天然林发展、促进天然林休养生息。工程实施 10 年，近 9500 亩天然林得到有效管护，近 100 万职工得到有效的安置。2010 年底，国务院批准了天保二期工程方案，二期工程旨在增加森林蓄积量，促进林区生态状况和经济社会和谐发展。两期天然林保护工程中，中央财政投入了大量的资金。在人员上有森林管护、职工安置、教育医疗与养老补助等多项补助；在基本建设上有人工造林、封山育林等多项补助，还对工程中的房产、土地和车船使用提供了税收优惠。

　　图 11 – 2 给出了两期天然林保护工程的财政资金投入状况。图中可以看出，一期天保工程的资金投入逐年持平，维持在 50 亿 ~ 80 亿元范围内，但在 2010 年天保工程二期实施后，工程资金有了大幅的提高，达到 150 亿 ~ 200 亿元。这一提高主要源于各项补助政策的补助金额随着社会生活水平的提高而出现了大幅上涨，也可以看出国家对天然林保护的重视程度在提高。

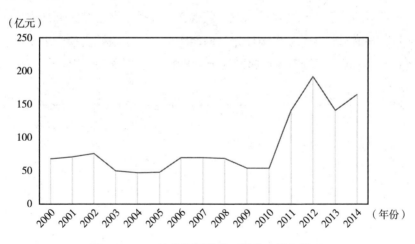

图 11 – 2　天然林资源保护工程资金投入情况

　　退耕还林工程也是在 1998 年特大洪灾后提上议程的重大工程。国务院认识到"治水必先治山，治山必先兴林"，在 2001 年 3 月将退耕还林列入"十五"纲要，并在 2002 年正式启动。退耕还林工程实施以来，中央投入了大量的财政资金用于农户补助和林地草地恢复。2014 年，又启动了新一轮的退耕还林还草，计划到 2020 年实现全国约 240 万亩坡耕地和沙化耕地还林还草。图 11 - 3 给出了 2000 ~ 2014 年国家退耕还林工程资金的合计与明细。总体来看，退耕还林工程资金的投入分为三个阶段。首先是 2002 年退耕还林试点工作，此时投入资金有限，随着试点的扩大而增长。2002 年后全面实施退耕还林，2003 ~ 2007 年间退耕还林资金的投入是比较稳定的，在每年 200 亿元左右。2007 年之后，中央提高了退耕还林补助标准，中央的退耕还林资金投入提高到 250 亿 ~ 350 亿元之间。从各项明细来看，对退耕农户的粮食和现金补助期限是 2001 ~ 2013 年，这期间补助额度呈钟形，2003 ~ 2009 年居多。2007 年后，主要的资金投入变为完善退耕还林补助政策和巩固退耕还林成果专项资金，退耕还林的工作重心由建设和种植转为完善和维护。2014 年启动了新一轮的退耕还林还草工程，每亩补助也提到了千元以上。

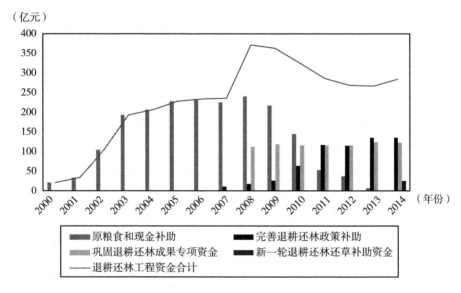

图 11 - 3　退耕还林工程资金合计与明细

林业补助包括森林生态效益补偿、森林抚育补贴、造林补贴、湿地补贴、林业贷款贴息等。其中，森林生态效益补偿政策 2001 ~ 2003 年在 11 个省展开试点，2004 年正式建立了中央财政森林生态效益补偿基金。十余年来，财政补偿范围不断扩大，标准也在逐步提高，到 2014 年，纳入补偿范围的国家级公益林面积共 5.85 亿亩。森林抚育补贴在集体林权制度改革后才逐步推行，2009 年开始试点，2012 年正式建立补贴制度。对抚育国有林、集体和个人所有的公益林总的幼龄林和中龄林按亩进行补贴。造林补贴工作从 2010 年开始展开试点，到 2012 年正式推行，补贴对象为国有林场、农民和林业职工、农民专业合作社等，鼓励其在宜林荒山荒地、沙荒地、迹地、低产低效林地进行人工造林、更新和改造，2010～2014 年 5 年间，共投入 90 亿元，2014 年投入 28 亿元。林木良种补贴也是在 2010 年试点，2012 年正式推行，主要包括良种繁育补贴和林木良种苗木培育补贴，2010～2014 年共投入 18 亿元。湿地补贴是在我国持续的湿地面积减少、污染加剧、功能退化的情形下，推出的一项强有力的保护政策，2010 年起中央财政设立了湿地保护补助资金，但资金的支出项目不定，用于多类与湿地保护和恢复相关的支出。2014 年，中央推出了一系列湿地补贴试点，包括湿地生态效益补偿试点、退耕还湿试点、湿地保护奖励试点和其他湿地保护补助，当年中央共投入资金 16 亿元。林业贷款贴息由来已久，始建于 1986 年，21 世纪以来得到不断的充实和完善。贷款贴息旨在解决森林资源危机、森工企业经济危机、防沙治沙以及山区脱贫致富等问题而设立的重要政策。

图 11-4 给出了各项林业补助资金的合计和明细。从图中可以看出，近几年，特别是集体林权改革后，林业补助的资金总额在持续上涨，由每年 50 亿元左右增长到每年 300 亿元。各项投入中，森林生态效益补偿占据绝大多数的比例，是覆盖面积最广、补偿力度最大的一项工程，且随着时间递增，在集体林权改革后出现了快速增长。其次是森林抚育补贴，在推出之后得到了快速的增长，现平均每年 50 亿元左右。还可以看到，我国林业补助政策日益多样化，未在这几大工程之列的其他补助资金也在逐年增长，足可以看出国家发展林业、保护森林环境、构建和谐生态平衡的决心。

2. 林业财政政策实施情况调查

在集体林权改革实施之后，国家林业局集体林权制度改革监测项目组每年都会对林权改革情况进行调查和监测。在这部分我们选取集体林权改革监测数据中的农户层级的数据，对林业财政政策的实施情况进行分析。

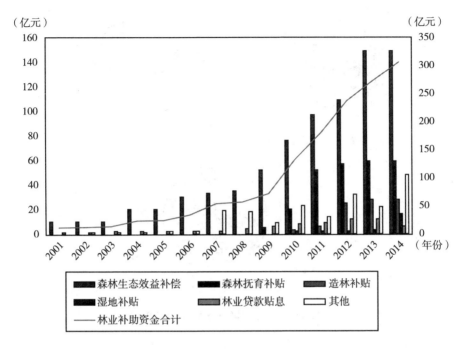

图 11 – 4 林业补助资金合计与明细

这份数据包括福建、湖南、云南、辽宁、甘肃、江西和陕西 7 个省份 3500 户农户的抽查数据，数据中包括农民家庭信息、林地信息和其他信息等多样化的内容。我们选取了针对农户实施的林业财政政策，包括生态公益林补偿、造林补贴、中幼林抚育补贴三类补贴，统计了农户对几项政策实施的满意程度。图 11 – 5 给出了农民对政策的满意程度调查结果。3500 户中，有 1640 户拿到了生态公益林补偿，1278 户得到了造林补贴，1000 户得到了中幼林抚育补贴。从整体来看，获得补贴的农户有 2/3 对政策持满意态度，公益林补偿的满意度甚至达到 3/4，这一比例相对较高。表示不满的农户中，认为补贴力度不够、金额浮动不足的占大多数，这一类农户大多数家庭收入偏低，公益林的收益被禁止后，不能及时从别的途径获得其他收入，造成了短期内的不满情绪。这在改革过程中是不可避免的，也希望政策能够为这些农民提供更好的就业途径，以实现生活方式的转换。

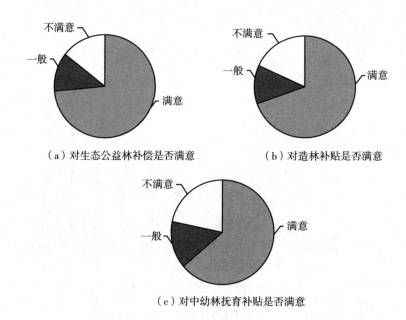

（a）对生态公益林补偿是否满意　　　（b）对造林补贴是否满意

（c）对中幼林抚育补贴是否满意

图 11－5　政策满意程度调查结果

3. 公共财政投入是林业基础设施建设必不可少的

（1）林业基础设施现状需要公共财政投入来改善。在我国，林业基础设施建设是相对落后的。我国共有林地 1.7 亿公顷，而耕地只有 1.2 亿公顷，林业的投入并不比农业多，甚至林区的发展还要落后于以耕地为主的农村地区。林地多在山区，山区本就环境恶劣、交通落后，再加上多年的基础设施建设缺失，致使林农仍处于主要依靠劳力来进行耕作，远远没有达到机械化的程度。

整体来讲，林业基础设施落后有三个方面的突出问题。一是交通不便，道路条件差、数量不足。国家林业局进行的一项调查显示，很多省份的道路缺失度达到 30%，一些省份如山东、浙江等超过了 60%。仅四川、贵州、广西等 15 个省（自治区）的待建道路里程就达到 21 万多千米，需要 1000 亿元的投资。除了总体差异，地区差异也很明显，有些地区经济发展水平较高，政府财力充足，对国家的补贴需求较少，而一些地区只能依靠国家大部分甚至是全额的补贴来完成道路的修建。二是"三防"工作站、技术工作站等支持性设备不足，即使有也不完善，工作环境不尽如人意。在基层，各种林业站如林业病虫害防治站、技术工作站、森林防火工作站等是对林业生产经营进行支持和监督的直接机构，也肩负着国家政策的落实和宣传任务，是林业发展所必不可少的。但我国的绝大多数林区都存在林业工作站不足的问题。例如，林业基层工作站在政策不稳定时期进行过一些撤并和再建工作，有一些不甚合理，导致我国20多个省份的林业工作站缺失率达到30%。三是市场建设不完善，必要的产权交易、产品交易、服务中心等基本服务场所仍未建立，林农的权益不能得到有效的保障。林业服务机构在林业发展中起到了中介的作用，是林业要素和产品市场发展的重要枢纽。我国很多林业比较发达的省份，如福建、浙江一带，已经建立起初步的林业服务或者产权交易中心，但中心的服务水平参差不齐，仍在摸索当中。而大部分地区的林业服务机构十分匮乏，这大大增加了林农的交易成本。加快林业机构的建设，对巩固集体林改成果、促进产权流转、加速城镇化进程是必不可少的，且相关机构的固定投资数额并不大，运营完善也可获得可观的利润，亟须中央相关政策和财政投入的支持。

（2）林业基础设施性质决定公共财政的重要性。

首先，林业不同于其他产业，具有更大的不确定性，分散经营的风险极高。一方面来自于自然灾害，如火灾、病虫灾害等；另一方面，林业交易市场不完善，呈现区域化，使得林业生产的市场风险也很高。即使没有外来的灾害，林业种植本身的不确定性也很大，林子在生长过程中难以避免出现问题。此外，林业的生产周期长，无法带来稳定的、持续的现金流，同时对前期投入的要求很大，如果是散户很难承受。而林地经营具有一定的规模效应，只有达到一定的规模时，才能达到分散风险、获得稳定收益的目的。从这个意义上讲，仅依靠林农个体的力量无法实现林业的快速增长，需要有集体性、协调性、大型的基础设施的支持才能促进林业的集约化经营，降低风险，提高收益。而公共财政投入是建立基础设施的必要支持，在建设基础设施的过程中，林农的支持是必不可少的，但仅靠林农个体的力量难以承受。农民收入整体偏低，资产存量很少，无法提供必要的建设资金，且依靠自身资产难以获得充足的融资。此时，只能依靠国家的力量来进行基本的基础设施建设。

其次，林业基础设施属于准公共品，具有不可避免的外部性。例如防虫、防火一类的防护设施，其服务范围是一个区域内的所有林农，甚至是更大范围内的整体生态平衡。再如技术服务机构，知识和信息的外溢是不可避免的。在这种条件下，如果由个人或谋利的集体提供，很容易出现"搭便车"的行为，林农的经济负担也会加重。因此，由国家财政来进行公共品的提供是解决这一问题的重要途径。

（3）促进林业健康发展公共财政投入必不可少。林业作为一个经济产业而言，其发展仍处于生产力低下、发展模式极为落后的阶段，要促进林业产业的跨越式发展，需要更多的公共财政投入的支持。首先，林业的发展需要改变林农落后的观念。集体林权改革在 2008 年才开始施行，在此之前，林地经营是由集体和国家进行的，林农并没有直接的经营所有权。集体林权改革后，林农拿到了林地，这是对林农生产积极性极大地促进。但长期以来靠山吃山、传统封闭的经营理念和经营环境并不容易改变，信息的闭塞、生产技术的落后，使得林农不能很好地拓展市场、改变生产模式。此时，国家政策和一系列财政补贴的存在是改变这一局面、解放农民思想的媒介。例如，促进林地流转补贴政策、林地抵押贷款贴息政策，政策的导向和环境的影响，使得农民放开观念，林地真正作为一项资产流动起来，林地长期性、低利润的生产状况也能得到改善。

此外，森林资源除了能带来经济效益，还能带来巨大的生态效益和丰富的文化影响。森林资源是重要的生态资源，长期以来，对森林资源的维护和改善处于缺失的状态，农民并没有生态平衡的整体观念，出于个人利益，甚至对森林资源进行大肆的破坏。这种情况下，对于整个生态环境的影响是巨大的。在 20 世纪末期出现的特大洪水、严重沙尘天气就是一个严重的后果。因此，森林的生态建设必不可少，而生态建设不可能依靠个人和集体的自觉性去进行，国家的政策导向和财政支出的保障是进行生态建设的唯一出路。21 世纪以来，我国出台了许多有力的森林保护政策，如天然林保护工程、退耕还林还草工程等，这些工程取得的成绩也是有目共睹的。公共财政作为强大的后盾，其重要的作用不可磨灭。可以看到，对于森林资源的长期健康发展、对于整个生态系统的健康可持续发展，公共财政都扮演着不可缺少的角色。

三、其他林地基础设施建设的融资方法

（一）林业基础设施建设融资渠道和方式

林业相关的基础设施种类繁多，基础设施建设需要的资本量、资本投入周期等也不尽相同，在融资渠道上不能一概而论。总的来说，基础设施可以分为营利性和非营利性两类，下面将分别针对这两类设施对其融资渠道和方式进行讨论。

1. 非营利性基础设施融资

非营利性的基础设施，一般具有公共品的性质，其非竞争性和非排他性决定了不能单纯依赖市场机制来提供，否则容易出现资本供给不足、"搭便车"的现象。非营利性的基础设施一般还关系到较大区域甚至是整个国家的发展，如大型的水土保持、森林建设的项目，这类项目的外部性十分大，无法依靠市场得到有效地提供。因此，对于这类基础设施，需要以国家的公共财政为主导，以市场的参与和配合为辅。

政府的公共财政支持可以分为两类。一类是政府直接投资，对于涉及国计民生的关键性工程，如大型水利工程、信息系统的建设等；或者是需要跨省的项目工程，如跨省公路的修建；再或者虽然在一个省或地区内建设，但规模较大，资金需求较大，这三种情况下都需要中央财政的统一安排。而地方特殊的建设项目，可以由省或市县自行投资完成，中央通过转移支付提供必要的支持。政府直接投资的方式多通过税收、土地出让金或地方债券来进行融资。政府直接投资可以满足大量的资金要求，也不受到地域或时间的限制，能够最大限度地实现设施的有效性。但政府直接投资也容易出现资金浪费、设施运营效率低下、运营成本偏高，为政府财政带来较大的负担。

除了政府直接投资外，还可以采取间接投资的方式，政府安排预算和具体的措施，而基础设施的投资、建设和运行都由私营企业来完成。常见的几种间接融资方式有：一是特许经营。特许经营将设施的经营权托付给私营企业，由其提供产品和服务。这种情况下，基础设施的建设由于耗费大量的资金，仍由公共财政支持，政府对其保有所有权。而设施的运行由专门的公司来进行，使得政府从烦琐的经营事项中脱离出来，避免长期的低效的财政负担。但特许经营也会带来一定的问题，对于非营利性的基础设施，经营者为了能够获得更多的收益，可能会额外收取费用或减少产品服务的提供来维持自身的利润，且经营者的维护和监督意识不足，可能会加速资产折旧。因此在这种方式下，政府需要明确委托事项，避免上述问题发生。二是除了特许经营外，还可以采取市场主导、政府资助的方式。国家通过多种手段减轻基础设施运营时的负担，如价格补贴、税收减免、设施所有权转让、贴息，等等。不同的情况下，采取合适的资助方式可以一方面支撑市场参与基础设施经营；另一方面也减轻财政的负担。但同样有着监督和管制方面的问题，这种方式只能作为辅助，不能大规模地应用。

2. 营利性基础设施融资

营利性基础设施在使用过程中可以获得一定的利润来弥补建设时的成本，因此营利性基础设施的融资方式更加灵活多样。除了非营利性基础设施的融资方式外，营利性基础设施还可采取直接市场融资、间接市场融资、政策性金融体系融资等多种方式来筹集资金进行建设和运营。

直接融资的方式是按照完全市场化的方式运作，可通过公开市场发行股票或者私募市场由机构、私营企业进行投资，或者在债券市场通过发行专项债券或地方债权来融资。市场化融资之后，可以由国家建立专门的运营和管理公司来进行运营，或者对私营企业进行授权，由其来进行全部或部分的运营。营利性基础设施由于具有稳定的利润收入，收益是长期可观的，因此风险相对较小，也使得直接融资成为可能。

除了直接融资外，也可采取间接融资的方式。间接融资的资金来源主要是商业银行贷款。在进行贷款时，贷款主体需要明确，基础设施建设项目常由于其主体模糊不清、还贷保障机制不完善而难以获得银行贷款。基础设施建设的信贷主体可以是林区具有一定规模的产业化企业，为了自身企业发展的需要，同时带动当地的经济发展，承担起建设基础设施的责任。同样也可以是利益相关主体结合起来的林业合作性经济机构。合作性机构旨在为林农提供生产过程中的指导和服务，可以对合作性机构提供贷款，进行大型农机设施的建设。当然，对于一些小型的项目，如小型水利建设和改造，可以对利益相关的农户或村集体提供贷款，由当事人进行基础设施的建设，从而更好地满足自己的需求。

上述融资都是针对具体项目进行的融资，融资方式会随着不同的项目而改变。除此之外，对于长期经营的营利性基础设施，可以建立系统完善的政策性金融体系，来提供安全稳定的资金保障。政策性金融体系是将政府的政策指导与市场的资金支持有效结合起来的系统，以国家的信用为基础，来保障基础设施建设过程中的资金融通。政策性金融体系一般是由上层的国家农村开发银行、地方开发银行和下层的农村合作社等直接机构互相合作、共同构成。政策性金融体系的资金来源可以是政府的财政拨款、发行债券、其他金融机构的政策性贷款、自身吸引的存款投资等，为基础设施建设提供信贷、担保服务或者补贴。

（二）林业基础设施建设融资组合与模式

1. 不同主体主导下的融资组合

林业基础设施因为种类繁多，项目自身的性质就有很大的不同，地区具体情况也差异明显。例如，东部地区大多经济发展水平较高，政府财力雄厚，地区基础设施建设水平也较高，在融资上会相对容易，而西部和中部地区就会因为自身条件的不足陷入恶性循环。此外，基础设施的受益者构成也有不同，有的有具体的受益者，有的外部性很大，受益者很难界定。因此，基础设施建设的融资主体也应该根据具体的情况有相应的组合。下面介绍几种常见的组合模式。

（1）由政府、大型企业、农村集体组织构成的三位一体组合。政府有雄厚的财政支持，还可以通过杠杆作用吸引社会资本参与基础设施建设；企业可通过多种市场化途径吸引资金，并从参与建设与运营中获取利润；而农村集体积极参与基础设施建设，以更好地满足自己的需求。这种多方位的组合方式，可以使各个主体发挥自己的优势，形成"中央引导、地方主导、集体参与、多方筹建"的局势。

（2）以企业为中心，形成不同的组合方式。中央财政的规模有限，不可能支持所有的基础设施建设，因此调动民间资本、吸引企业参与建设是解决财政缺口问题的关键。以企业为中心的融资组合有很多种，包括政企合一型、驻地组合型和企业联合型等。政企合一型是由政府组建政策性融资平台，对项目进行招商引资。在吸引企业的过程中，通常以土地作为筹码，将土地使用权出让，以平衡在建设过程中所用的资金。驻地组合型的主体是大型企业和村集体，村集体为自己的建设需要，通过政府吸引企业参与投资及建设，在建设中以村集体的资产或者财政补贴为基础，招商引资进行建设，建成后交于村集体监管维护，建设过程中村民可参与共建。企业联合型是指当地的私营企业与大型的城市基础设施投资集团联合，城市投资集团贡献其雄厚的资金和完善的技术，而当地企业根据地方发展和自身发展的需要因地制宜进行建设，建成后由当地企业进行运营、管理和维护。

2. 基础设施项目建设融资模式

城市基础设施的建设已经发展得很成熟，在融资模式上发展出许多完善的类型，实现了公有公营、私有私营、公有私营、自助模式等多种融资、建设和运营方式。这些方式在山区林地基础设施建设过程中也可以使用和借鉴。下面我们就介绍几种常见的基础设施建设融资模式。

BOT 模式是指 Build-Operate-Transfer，是建设、经营、转让三个词的缩写，这种模式是由政府或相关机构提供建设项目和运营项目的特许权，并以此作为融资的对象，获得特许权的公司对投资者、经营者进行协调、分工，并承担风险，完成建设任务，获得利润。最终项目建成后，设施的所有权与经营权仍交还给政府和相关机构。BOT 项目的融资采取有限追索的模式，政府和公司进行有效的风险分担。这种模式是我国经济建设中最常见的一种模式，在国内外均受到重视。在发展过程中，还衍生出了 BOOT、BLT、BOO、BT 等多种其他模式。

PPP 融资模式也是一种常见的模式，是 Public-Private Partnership 的缩写，是指政府、非营利性的私人机构和营利性的企业互相合作、相互结合的一种融资模式。PPP 项目一般由各级政府或相关机构发起，项目发起人并不拥有项目所有权、经营权，只是提供特许经营权、担保等支持。项目经营者是私人机构或企业，获得特许权后，进行建设并且经营，从中获取利润。PPP 项目的资金也以银行贷款为主，银行机构除了商业银行还包括政策性银行、国际金融机构等。PPP 模式的发展起步较晚，在近几年才得到政府的重视，但 PPP 模式能够更大程度的减弱政府资金负担和投资风险，且给民营企业提供进入基础设施运营的机会，而民营企业为了自身的利润，会采取更有效的方式建设及运营项目，提高了效率，因此 PPP 模式得到了快速的普及与发展。

PFI 模式是指 Private-Finance-Initiative，是由私人企业或机构发起的，独自进行融资并承担项目的前期设计、开发建设，项目建成之后由私人经营或者卖予政府有关部门的一种模式。在这种模式中，私人企业或机构独自承担项目的融资是最大的特点。PFI 模式的资金由私人企业或机构以灵活的方式筹集，资金的回收可以采取独立运营、自负盈亏的方法，由承担项目建设的企业自主经营，以开发和建设利润来进行偿还；也可采取建设转让型，在完成建设后，政府和相关部门购买经营权，并以购买资金偿还。

此外，还有其他的融资模式如 ABS 融资模式。ABS 是指利用证券化的方法将不流动的资产证券化，使其流动起来，实现资金的流通。但这种方式对金融市场、项目安全性、主体信用都有较高的要求，不容易实现。

上述的四种融资模式，都可以有效地拓宽融资渠道，缓解资金不足的问题。在不同的模式中，政府担当不同的角色，其中以 BOT 模式中政府的主导性最强，PFI 主导型最弱。BOT 模式是市场与政府协作的最好代表，能够充分利用两者的优势，既发挥市场机制的作用，也满足政策导向的需要。PPP 模式的应用范围很广，可以为非营利性基础设施建设项目提供融资，这种模式可以利用政府功能，政府与民营机构风险共担，分散了项目风险，提高了建设效率。PFI 模式中，政府可以完全托付给私人企业和机构进行项目的开发建设，从而极大地缓解了资金压力，但这种模式的应用范围较小，多为盈利效益较好的小型基础设施项目。

四、优化我国林地基础设施建设的建议

从上面的讨论中可以看出，林业基础设施是集体林业发挥经济效益、森林资源能够健康发展、整个生态资源能够稳定持续的重要基础，是我国推动林业改革、实现城镇化的重要前提。基础设施具有乘数和杠杆作用，要实现整个林业产业的现代化和可持续发展，完善的现代林业基础设施体系能够大大加速这个进程，降低发展成本，增强市场活力，为林业的发展创造空间。目前我国整体的林业基础设施落后，林区经济发展水平较低，森林资源面临的生态问题仍然十分严重。因此，加快林地基础设施建设、完善林业基础设施体系，未来的发展仍然任重而道远。下面我们给出了关于优化我国林地基础设施建设的意见和建议，希望对未来的政策制定有所参考。

（1）加大财政投资力度，财政投资标准与时俱进。我国幅员辽阔，森林资源丰富，但我国的林地利用率只有59.77%，土地沙漠化的现状还没得到改善，生物多样性也亟须保护。此外，经济的发展也给环境带来了巨大压力，世行统计，过去10年中由于经济发展带来的环境损失占GDP的10%。21世纪以来，我国虽然推行了天然林保护工程、退耕还林工程等一系列的森林生态系统恢复工程，但森林系统的恢复不是一朝一夕能够完成的，这一浩大的工程对资金的需求量巨大且持久。目前，中央和地方财政对林业的投入十分不足，林业占整个"三农"投入的比例只有10%，且投入的不确定性大，各年的波动明显。资金的匮乏和政策的不稳定性使得林业生态系统的建设举步维艰。此外，国家为鼓励林农参与生态改造，推行了一系列的补贴政策，但这些补贴政策的补贴力度尚显不足。且标准是固定的，并不随着经济发展而改变，政策在实施当年有一定的吸引力，但随着时间变化，其激励性在逐渐减弱。这使得政策的资金支出仍然很大，但却没有了政策激励力度。因此，在未来，不仅要重视林业发展，加大财政投资力度，还要及时修正财政政策，或者设立更加科学灵活的标准，使得林业能够持续健康的发展。

（2）引入社会资本，完善多种融资途径。森林资源储量巨大，面积广阔，基础设施建设往往需要大量的国家财政资金的投入。我国已经开展了各项林业相关的生态建设工程，工程也有了不小的成效，但也可以看到，相关工程对资金的需求巨大，随着经济的发展，国家的财政负担也在逐年加重。因此，在未来的林业发展过程中，仅仅依靠政府恐怕不能完全解决林业基础设施短缺的问题，国家除了要重视林业方面的投资，加大资本的投入外，还应该积极拓宽融资渠道，尽可能地引入社会资本进行建设。政府在建设过程中保持主导地位，通过补贴等方式吸引社会资本加入，或者按照投资的组成明晰产权和收益，实现投资主体、融资渠道、投资方式上的多样化，满足基础设施建设的需求，填补建设落后的缺口。

（3）推动市场交易制度建设，建立中介服务体系。由于林业一直以来都属于国家所有，受到计划经济式的管理，集体林权改革后，林业产品和要素的价格仍然是扭曲的。在林业改革过程中，仅仅明晰产权是不够的，更需要对产权收益的方式进行明晰。因此，在改革过程中，林业产品和要素的资产交易市场是一项重要的基础设施。交易市场使得产品的交易更加规范化、价格更加市场化，同时对于要素而言，林地作为一种资产，能够通过抵押、转让等方式流转起来，林权的流转真正实现了权利的资产化，大大降低融资成本，同时降低林农的经营风险。而这一体系的建立，需要国家的政策引导和财政支持，通过信息化服务系统的搭建，理顺林业产品和要素的交易价格机制，畅通产品和要素的流通渠道，促进林权改革的深化。

（4）促进现代化林业发展，提供有效的科技服务。目前我国的整个林业产业都处于产能极低的状态，要实现产业的跨越式发展，除了降低交易成本、疏通资金、明晰产权等基本问题外，更重要的是利用现代科技的力量，实现产业的转型升级。因此，要强化林业的基础设施建设，除了道路、水利、防火防虫等基本的林业基建项目外，更重要的是推广现代化的林业生产技术，促进林业规模化建设，实现林业的科技创新发展。一方面，要增加林业相关的科研、技术推广投入。科研方面，以科研院所、大学等机构为依托，联合多方面、国家化的力量，加大政府财政投入，促进科技成果的转化和应用。另一方面，要加大基层科研服务站、技术支持工作站等机构的建设，及时向农民推广科研技术，传达政策导向，实现信息的流通，同时依托本地资源，积极展开实地实践和研究，因地制宜地解决林业生产过程中的关键问题。更重要的是，要完善林业产业发展的蓝图，在基本的设施建设和政策导向上，淘汰落后的产业和产能，推广更有效益、更加资本密集型的产业技术，同时处理好林业污染的问题，改变产业环境质量差的现状。

参考文献

［1］北京大学光华管理学院集体林权制度改革课题组：《集体林权制度公共财政问题调研报告》，载于《林业经济》2009 年第 6 期。

［2］刘璨、李成金、许兆军等：《我国林业财政政策研究》，载于《林业经济》2014 年第 1 期。

［3］刘红梅、王克强、郑策：《林业财政政策研究》，载于《财政研究》2005 年第 7 期。

［4］臧一哲：《农村基础设施投资组合模式研究》，中国海洋大学，2014 年。

［5］赵冬辉：《中国农村基础设施建设融资问题研究》，东北林业大学，2012 年。

［6］赵锦勇：《关于公共财政对林业基础设施建设投入的考察》，载于《林业经济》2010 年第 12 期。

图书在版编目（CIP）数据

林权流转政策与城乡一体化研究／朱善利等著．—北京：经济科学出版社，2017.3

ISBN 978 - 7 - 5141 - 7836 - 4

Ⅰ. ①林… Ⅱ. ①朱… Ⅲ. ①集体林 - 流转机制 - 关系 - 城乡一体化 - 研究 - 中国 Ⅳ. ①F326. 22②F299. 2

中国版本图书馆 CIP 数据核字（2017）第 048203 号

责任编辑：赵 蕾
责任校对：王肖楠
技术编辑：李 鹏

林权流转政策与城乡一体化研究

朱善利 赵锦勇 陈 骐 等著

经济科学出版社出版、发行 新华书店经销

社址：北京市海淀区阜成路甲 28 号 邮编：100142

总编部电话：010 - 88191217 发行部电话：010 - 88191540

网址：www. esp. com. cn

电子邮件：esp@ esp. com. cn

天猫网店：经济科学出版社旗舰店

网址：http://jjkxcbs. tmall. com

北京季蜂印刷有限公司印装

710 × 1000 16 开 16. 75 印张 260000 字

2017 年 5 月第 1 版 2017 年 5 月第 1 次印刷

ISBN 978 - 7 - 5141 - 7836 - 4 定价：42. 80 元